L A
GAZETTE
DE
CYTHERE.

TABLEAU DU MONDE.

LA GAZETTE DE *CYTHERE*,

OU

AVANTURES

GALANTES ET RECENTES,

Arrivées dans les principales Villes de l'Europe.

TRADUITE DE L'ANGLAIS.

à la fin de laquelle on a joint le Précis Historique de la Vie de Mad. la Comtesse DU BARRY, avec son Portrait.

Aeneadum genitrix, hominum, divúmque voluptas,
Alma Venus &c. &c. &c.

LUCRECE.

LONDRES,

MDCCLXXIV.

EPITRE

DEDICATOIRE

À

VENUS.

GRANDE REINE!

Il n'eſt presque pas d'Etat ſur la terre qui n'ait ſon Gazettier propre & particulier; il en eſt même certains qui en ont plus qu'ils n'en devroient avoir; l'utilité de ces Ecrivains privilegiés & publics eſt aſſez généralement reconnue, & elle ſeroit complette, ſi ces Mſrs. étoient plus véridiques, moins copiſtes les uns des autres, & ſurtout moins prévénus. Votre vaſte Empire, auquel tous les autres ſont ſubordonnés & duquel ils ſont tous tributaires, manque ſeul d'une eſpèce d'Hiſtorien, chargé d'annoncer à tous vos sujets, par des feuilles périodiques, les évènemens intéressans qui font la matiere des déliberations du Conseil de *Cythere*, & le sujet de la plus douce, comme de la plus étendue politique de votre cabinet.

Je sens d'avance combien la tâche que je m'impose est au-dessus de mes foibles talens : ma main n'a même récueilli qu'en tremblant le présent que j'ose faire à Votre Majesté', &, dans l'hommage que je lui en fais, ma plume me fût échappée mille fois, si mon zèle pour l'utilité publique eût été moins vif & moins vrai.

Je dois avouer à Votre Majesté', & j'espère qu'elle ne me fera pas un crime de ma franchise & de ma naïveté, que Votre Fils, si aimable quand il le veut, si malin & si dangereux quand, pour se livrer à son caprice, il oublie les principes d'éducation dans lesquels Vous avez pris le soin de l'élever, je dois, dis-je, Vous avouer, o Grande Reine ! que ce petit Dieu a beaucoup augmenté la difficulté de mon entreprise ; son inclination libertine, son naturel volage, son penchant pour le desordre, font trop souvent le martire des cœurs que Vous avez soumis à son empire : & sans jouer ici le rôle infame de délateur, je crois pouvoir me plaindre avec toute la Na-

Nature, que fes fleches trempées presque toujours , & à votre infçu fans doute , dans le
poifon le plus dangereux , bien loin de jetter
les cœurs qu'elles atteignent dans une douce
& heureufe ivreffe , elles les précipitent au
contraire dans des excès de rage & de desespoir ,
qui trop fouvent aviliffent l'homme ; pour quelques amans tendres, heureux & vertueux que
l'amour fait, une infinité de fes victimes fe livrent tous les jours à des mouvemens de cruautés, d'horreur, de crapule & d'infamie qui
fcandalifent l'humanité & la plongent dans le
deuil & le desordre : on eft même aujourd'hui
fi prévenu contre le caractère de Votre Fils,
que je crains , que le feul titre de mon petit
Ouvrage ne foit un prejugé contre mon travail &
contre moi-même ; la modeftie & la vertu en
feront allarmées, & quoiqu'il ne contienne rien
qui choque la décence & les bonnes mœurs,
la pudeur le rébutera peut-être comme dan-
géreux.

Les Perfonnes vertueufes & délicates penfe-
ront peut-être qu'un vil intérêt m'a fait écrire
autant pour flater le vice, que pour l'étendre
& le propager; je protefte, Grande Reine,
que je ne me fuis nullement propofé d'ajouter
à la corruption générale en multipliant les piéges tendus à l'innocence , & que bien loin

d'être le Panégeriste du vice, je n'ai cherché qu'à le rendre plus odieux en le plaçant à côté de la vertu dont l'éclat doit le terrasser; si j'avois eû d'autres motifs, je n'eusse jamais osé Vous dédier des productions d'un corrompu, qui Vous auroient outragée & que Vous n'eussiez pû honorer de votre indulgence.

Si donc j'ai mêlé quelques anecdotes un peu scandaleuses avec des faits intéressants par la vertu qui en fut le principe, j'ai cru y être obligé par le devoir de mon état qui ne me permettoit pas d'avoir des articles de préférence; mais sur-tout, j'ai pensé, qu'en ne déguisant pas les travers honteux de ces jeunes gens, qu'on appelle *Etourdis* à Paris, & *Libertins* partout ailleurs, je pourrois peut-être parvenir à leur inspirer une honte salutaire, & à tourner leur goût du côté des nobles sentimens que la lecture de certains articles de ma Gazette pourroit ranimer en eux. D'un côté j'ai voulu les ramener au culte pur & delicieux qui fait le bonheur de vos fidéles Sujets, en leur mettant sous les yeux les exemples les plus propres à piquer leur émulation par la vertu couronnée des Héros que je leur propose pour modelle; d'un autre j'ai essayé de les arracher à ces Temples publics de prostitution, dans lesquels une infinité de Pretresſes ſchismatiques préſident à des ſacrifices dont Vous avez horreur ; pour les ſortir de ces gouffres d'iniquité , je leur en ai fait meſurer la profondeur & les tortueuſes dimentions ; j'ai élévé votre autel véritable au milieu des autels infames , au pied desquels la débauche va faire oſtentation d'une dévotion fanatique , afin de renverſer ces derniers par le poids de leur propre infamie ; & de forcer leurs infames Miniſtres ou à les abandonner d'eux-mêmes , n'ayant plus l'occaſion d'y dépouiller & d'y égorger leurs trop crédules victimes , ou à y mourir de faim , ne pouvant plus s'engraiſſer des riches offrandes qu'une paſſion aveugle leur fait prodiguer honteuſement.

Tel a été mon Plan ; je ne me flatte pas de l'avoir exactement rempli ; mais je me promets qu'on rendra juſtice à la droiture de mes intentions , ſi l'on me lit ſans préjugé : j'exige peut-être trop : la plûpart de ceux qui me feront l'honneur de lire ma Gazette pourront cependant dépoſer en faveur de ma véracité & de ma fidélité ; j'augure même que quelquesuns pourront bien s'y reconnoître ; ſi je n'ai pas diſſimulé la plûpart des circonſtances principales qui donnent un nouveau jour aux travers de mes Héros & de mes Héroïnes , j'ai eu ſoin de n'employer que des expreſſions décentes & les moins équivoques : une gaze trop épaife eut trop couvert les défauts & je ne fuffe pas parvenu à en infpirer une jufte horreur, un voile trop clair eut révolté la délicateffe par des nudités trop transparentes; j'ai tâché de prendre un milieu entre ces deux extrêmes.

J'ignore, GRANDE REINE, quelle fera ma recompenfe de la part du Public, dont on gagne rarement les fuffrages, lors même qu'on ne cherche qu'à lui plaire & à l'amufer, mais quel que foit l'accueil qu'il faffe à ce petit Effay, mon travail fera toujours affez payé fi Vous daignez l'envifager comme le tribut refpectueux d'un Sujet fidelle & réconnoiffant; il Vous appartient même à plus d'un titre: mes fentiments font votre propre bien; mon cœur s'en eft rempli à l'ombre de votre Sanctuaire, fouffrez qu'il Vous en faffe hommage: l'entrée de ce Temple où il s'eft formé, va m'être interdite par le nombre des années qui commencent à s'accumuler fur ma tête, le Temple de l'Himen, auquel Vous devriez préfider & auquel cependant Vous n'affiftez prefque jamais, me verra peut-être augmenter le nombre de fes adorateurs; mais quoique je ne me propofe d'y entrer que fous vos aufpices, ce changement de culte m'effraye, mon cœur s'y refufe, il fe fent encore auffi fortement attaché au vôtre que lorsque dans la vigeur de ma jeuneffe il pouvoit goûter toutes les dé-lices qui font la récompence de vos fidéles & véritables ferviteurs ; il me jure dans ce moment même, que les frimats & la glace de la vieilleffe qui commencent à menacer mon temperament, n'éteindront jamais, malgré leur vigeur, la flame ardente dont il eft embrafé fans en être confumé; il protefte qu'il les bravera, je dois l'en croire, fi ce prodige eft en fon pouvoir, car la fincérité, la candeur, & la franchife, font la bafe de fon caractère.

J'ai l'honneur d'être avec le plus profond refpect, de

VOTRE MAJESTÉ,

Le très humble & très fidelle Sujet,
ETC. ETC. ETC.

NB. *Au moment que nous finiſſions ce Volume,*
un de nos Correſpondans nous a envoyé le Précis hiſtorique de la Vie de Madame la Comteſſe **DU BARRY.** *Cette pièce nous a pa-*
ru ſi relative au Plan que nous nous étions for-
mé, que nous avons cru devoir en augmenter le
nombre de celles qui compoſent ce Volume, nous
l'euſſions miſe à la tête, ſi la choſe eut été pos-
ſible, l'Héroïne devoit ſans doute avoir le pas
ſur celles qui la précèdent dans ce Tome : mais
nous eſpérons qu'entre Camarades elles s'accom-
moderont ſur la préſéance, d'autant mieux que
Mad. **DU BARRY** *doit voir actuellement, d'un*
œil aſſez indifférent les honneurs de ce monde
périſſable.

Note du TRADUCTEUR.

LES
AMANS INGÉNUS.

J Aques Lloyd fils d'un honnête Négo-
tiant de Swanfey, petit port de mer
au fud de l'Angleterre, fut élevé par
fon père dans les principes de l'honneur & de la probité. Sa profeffion, écueil funefte à l'équité naturelle, n'avoit jamais cependant
porté la plus petite atteinte à l'intégrité du
refpectable vieillard. Son fils dont il avoit formé
lui-même la première éducation, avec toute l'attention que la tendreffe fuggère aux pères vertueux, avoit atteint fa vingtième année, & ne connoiffoit le monde que par ce qu'il en avoit ouï
dire à fon père. Le vieux Lloyd fachant bien
qu'il manquoit à l'éducation de fon enfant, pour
la rendre complette & fociable, cet air libre &
ouvert que l'on prend toujours mieux dans le
monde, que dans une campagne, où, le plus fouvent, on fe trouve vis-à-vis de foi-même, réfolut
de l'envoyer à Londres dans la vuë uniquement
de lui faire perdre ces manières timides & gênées,
qui empêchent un jeune homme de fe produire
dans le monde; qui terniffent les difpofitions les
plus heureufes, & captivent les talents les plus

A

estimables & les mieux assortis. Mais la tendresse
du père justement allarmée sur les suites que pourroit avoir le séjour du jeune Lloyd à Londres,
lui fit prendre une précaution aussi naturelle que
prudente ; & quoiqu'il ne connût à son fils aucun
penchant pour le vice , que même au contraire
il eut tout lieu de s'applaudir du succès des soins
qu'il avoit pris pour l'en préserver , il savoit que
comme les exemples de la vertu font de grandes
impressions sur une ame sensible & qui n'est pas
naturellement scélérate, les exemples du vice ont
encore un pouvoir bien plus absolu sur un jeune
cœur, qui d'ailleurs par son propre penchant &
de lui-même, s'y porte presque toujours avec empressement ; eh! dans quel endroit les attraits de
la volupté font-ils plus impérieux qu'à Londres!
Où est-on plus porté & plus invité à s'y livrer ?
D'après ces solides réflexions, le jeune homme
fut adressé à un intime ami de son père, qui se
chargea avec plaisir de lui servir de Mentor: il ne
fut pas long-tems à s'appercevoir que son pupille
ne suivoit guères ses conseils, & que, malgré ses
soins, le jeune Lloyd, entraîné par le torrent, donnoit déjà tête baissée dans des excès de dissipation
& de débauche , dont les suites font aussi hon-
teuses qu'elles font malheureuses. Lloyd en effet
avoit oublié les avis salutaires qu'il avoit reçu de
son père, avant leur séparation: le germe même
de sa bonne éducation sembloit étouffé; pudeur,
décence, honnêteté, tout étoit perdu de vuë; le

feul libertinage régnoit defpotiquement dans fon cœur : en un mot Lloyd, enfoncé dans la plus crapuleufe débauche, ne fembloit être entré dans le monde, que pour en prendre tout ce qu'il a de pervers & d'infâme, & en négliger tout ce qu'il a d'agréable, d'utile & même de néceffaire. L'infortuné vieillard, averti par fon ami du défordre de la conduite de fon fils, ne balança pas à le rapeller auprès de lui, aimant mieux le voir moins poli & moins façoné, que de fe voir expofé à le perdre bientôt par une fuite naturelle de fa vie déréglée ; ou avoir le chagrin de lui voir augmenter le nombre des individus qui deshonorent la fociété, & qui en font autant le fuplice que la honte. Il fe flatoit même d'être encore à tems de le rapeller à la vertu & de le rendre aux mœurs & à la probité : le ciel exauça un vieillard, fi digne de l'être. Lloyd de retour à la maifon paternelle y reprit fa première façon de vivre : arraché à l'occafion, & au danger, débarraffé d'une foule de camarades uniquement occupés à ferrer le bandeau qu'ils avoient eu foin de lui attacher, il lui fut aifé de mefurer la profondeur de l'abîme dans lequel il s'étoit précipité. Effrayé de l'horreur de fes infamies, l'illufion disparoiffant, il lui fut aifé auffi, de fe réfoudre à réparer les brêches qu'elles avoient fait à fon innocence : la vertu enfin reprenant le deffus, Lloyd pendant toute la fuite de fa vie, marcha conftamment à la lueur de fa vive clarté, fans jamais s'écarter du chemin qu'elle lui fraya. A son arrivée de Londres, il trouva Miss Winifrid Price de retour de chez une tante qu'elle avoit à Briftol, où elle avoit été envoyée depuis quelques années, pour y recevoir une éducation convenable à fa fortune & à fa naiffance : Winifrid, par fa modeftie, fa décence, & encore plus par un certain air noble & ingénu qui captive un cœur vertueux, ne fut pas longtems à s'attirer les regards attentifs du jeune Lloyd ; & croyant découvrir en elle des qualités dont il connoiffoit tout le prix depuis qu'il étoit revenu de fes erreurs , il mit tous fes foins à lui plaire , & fit tous fes efforts pour gagner fon cœur, le fien s'étant déjà donné tout entier à elle. Le père de Lloyd, toujours attentif aux démarches de fon fils , & tâchant de découvrir fi fon changement de conduite étoit auffi vrai qu'il étoit apparent , ne fut pas longtems à en appercevoir la réalité, & pouvant à peine croire ce qu'il voyoit, il s'appliqua férieufement à en découvrir la véritable caufe : ne pouvant d'ailleurs plus douter du goût décidé de fon fils pour Winifrid, par fes affiduités auprès d'elle, il attribua aux charmes de la vertueufe Demoifelle, le retour fincère de fon fils à la vertu. Dès ce moment auffi il chercha les moyens de l'affermir pour toujours, en unisfant fon fils & Winifrid par les doux liens de l'Himen.

Il ne fréquentoit que très-peu le père de Mifs

Price, & il n'avoit, pour ainſi dire, aucune rélation avec lui, parce que ce dernier ſe tenoit conſtamment à un bien de campagne qu'il avoit à deux lieuës de Swanſey, & qu'il faiſoit valoir par lui-même; ſacrifiant ainſi à ſon avarice tous les agréments de la ſociété, & dirigeant toutes ſes actions par l'avidité déméſurée d'accumuler des biens & d'accroître ſa fortune. Cependant, comme la fortune de Lloyd étoit à peu près égale à celle de Winifrid, le père du premier ne déſeſpéra pas de voir exécuter heureuſement ſon projet. Un commun ami lui ménagea aiſément une entrevuë avec Monſieur Price, dont le réſultat fut, que le jeune Lloyd pourroit, quand il voudroit, rendre ſes devoirs à Mademoiſelle Price, & tâcher de l'engager à couronner l'amour & la tendreſſe dont il lui avoit déjà fait un ſecret homage.

Un jeune homme, bien fait, qui aux avantages d'un port leſte & majeſtueux, & d'une exacte proportion dans l'enſemble de tout ſon corps, joint encore celui d'un beau viſage, dont tous les traits réguliers compoſent une figure ſéduiſante & capable de faire naître les déſirs, un tel homme, dis-je, peut ſe promettre, ſans ſe flater, de faire quelqu'impreſſion ſur un ſexe qui bien ſouvent n'en demande pas autant pour ſe livrer de bonne foi & ſans réſerve. Auſſi Winifrid ne fut-elle pas inſenſible aux homages de Lloyd, qui à tous ces avantages ajoutoit encore celui d'une candeur &

d'une franchise dont on voit peu d'exemples.
Quand on se voit avec indifférence, on se parle
sans gêne, & on s'explique sans contrainte : il n'en
est point de même des premières entrevuës de
deux amans qui ont une entière liberté de se faire le don mutuel de leur cœur. Lloyd & Winifrid libres, pour la première fois, de s'assurer réciproquement des sentiments de tendresse qu'ils
avoient l'un pour l'autre, purent à peine expliquer le sujet de leur entretien : aussi timides & aussi
embarrassés l'un que l'autre, l'excès du plaisir
les plongea dans une espèce d'inaction, que tout
autre qu'eux-mêmes, eut pris pour une froide indifférence ; ils se séparèrent sans avoir eu le courage de se rien dire, & sans presque savoir qu'ils
s'étoient vus ; mais le calme renaissant dans leur
ame, & le moment de la surprise étant passé, les
entretiens qui suivirent le premier, sans être
moins intéressans, furent mieux suivis, & l'yvresse
aïant fait place au vif, mais tranquille, plaisir,
ces deux amans, enfin, purent, sans trouble, se
jurer une tendresse égale au désir, qu'ils avoient
tous les deux de s'en donner les plus vives marques. Jamais deux cœurs ne parurent être mieux
faits l'un pour l'autre, que ceux de Lloyd & de
Winifrid ; même ardeur, même sensibilité, même
délicatesse : exempts de doutes, de craintes, de
méfiance, & d'allarmes, ils n'étoient occupés
qu'à se plaire & à s'en donner des marques innocentes ; aussi se les prodiguoient-ils mutuellement :

foumis l'un & l'autre, pour la première fois, aux loix de l'amour, le premier trait qui perça leur cœur, y opéra les deux effets de la nouveauté, & la vivacité du fentiment qui en eft la fuite inévitable ; car quoique Lloyd eut donné dans des travers, les vils objets de fa paffion, en obfcurciffant fa raifon, n'avoient pas même effleuré fon cœur. Des faveurs offertes à l'enchère, & toujours accordées au plus offrant, peuvent bien faire illufion à l'efprit, & le furprendre ; mais il faut au cœur, pour le gagner, des fentiments d'une volupté pure. Une flâme impure peut bien l'environner; mais il ne peut être embrafé que par le feu d'un amour tendre, honnête & délicat. Les honnêtes, mais tendres complaifances, qu'ils avoient l'un pour l'autre, la conformité de leurs inclinations, & en un mot tout ce qui peut faire efpérer avec raifon, l'union la mieux affortie, & la plus durable, fit prendre à leurs parents la réfolution de combler les veux de leurs enfans, & de fixer le jour heureux auquel ils devoient fe promettre folemnellement de ne vivre déformais que l'un pour l'autre : ils touchoient déjà au moment où leurs pères par leur confentement, alloient ratifier les promeffes réïtérées qu'ils s'en étoient fait en fecret; lorsque par un de ces revers inopinés de fortune, qui d'ailleurs ne font que trop ordinaires, ces tendres amans fe virent tout-à-coup fruftrés de leur plus douce efpérance. Le père de Lloyd aïant perdu prefque

tous ses biens, par l'accident que je vais raconter, celui de Winifrid, qui dans cette alliance
n'envisageoit que l'accroiffement d'une fortune
déjà honnête pour fa fille, rompit brusquement
ce mariage projetté, lorsqu'il apprit qu'il ne
reftoit à Lloyd presque plus rien, que l'amour
le plus vif, le plus paffionné, le plus ardent, &
les reffources d'une probité inaltérable.

Le vieux Lloyd s'étant affocié avec un Négo-
tiant de Waterford en Irlande, ils avoient frêté
enfemble un navire deftiné pour les isles *de des-
fous le vent*, & comme Lloyd y avoit contribué
pour la plus grande portion, il s'attendoit auffi à
un profit très-confidérable: ce Navire périt malheureufement dans le voyage, & quelques hommes de l'Equipage, recueillis du naufrage par un
autre Navire qui faifoit la même route, vinrent
apporter la trifte nouvelle de ce malheur, qui fut
bientôt répandue dans tout le Païs. Le jeune
Lloyd l'aïant apprife, plus fenfible à la perte de
fa chère Winifrid, qu'à celle de fa fortune, s'a-
bandonna dans les premiers moments à toute la
douleur qu'un contretems auffi fâcheux doit naturellement caufer: douleur d'autant plus vive &
plus accablante, que connoiffant à fonds le caractère intéreffé du père de fon amante, il ne doutoit nullement, que le vieux Price ne fût inexo-
rable & inflexible, & qu'il ne mît inceffamment
une barrière éternelle entre lui & fa fille ; leur
amour mutuel l'attachant bien moins, que la perte

des avantages qu'il s'étoit promis de cette alliance. Ce tendre & vertueux amant, accablé sous
le poids de son malheur, qu'il voyoit inévitable,
absorbé dans la tristesse la plus profonde pendant
deux jours entiers, s'obstina à refuser toute sorte
de secours que son généreux père ne cessoit
de lui présenter : refus qui mettoit le comble au chagrin de ce bon vieillard, par la
crainte qu'il avoit de perdre encore le seul bien
qui lui restoit, & la seule consolation de ses derniers jours, en perdant un fils qui paroissoit prêt
à expirer de douleur & d'amour. La vertu cependant ne perd jamais ses droits sur une ame qui en
a fait ses plus chères délices, & si quelque fois
elle paroit impuissante & vaincuë par la Nature,
ce n'est que pour prendre bientôt après une supé-
riorité marquée sur celle-ci. Lloyd en fit la
douce épreuve : la tranquilité reprenant le dessus sur l'accablement & sur la tristesse, le
rapellant à la vie, lui fit prendre la résolution d'envisager avec plus de force & de fermeté le double malheur qui ruïnoit ses plus douces espérances; mais avant de travailler à effacer
de son cœur jusqu'au nom de sa chère Winifrid,
il crut pouvoir se permettre de lui exprimer ses
regrets, avant de rompre absolument la liaison la
plus tendre, & la mieux assortie qui fut jamais;
ce qu'il fit par le petit billet suivant, avec cette
franchise, cette ingénuité, & cette candeur qui
accompagne toujours les vuës droites d'un amant

qui n'envisage & ne se propose que la vraie félicité, & le solide bonheur.

„ Vous n'ignorez pas, sans doute, le malheur
„ qui vient d'accabler le plus tendre & le plus
„ passionné de tous les amans, aussibien que mon
„ vertueux & respectable père ; notre ruine com-
„ mune ne me permet plus de vous voir, ni
„ d'aspirer au bonheur de joindre ma destinée à
„ la vôtre : soyez cependant assurée, que tous les
„ vœux de mon cœur se réunissent pour vous sou-
„ haiter un époux aussi digne de vos tendres em-
„ brassements, que je croyois l'être moi-même : si
„ le ciel vous partage à cet égard comme vous
„ méritez, le bonheur de votre union avec un
„ autre que moi, sera la seule chose qui puisse
„ me consoler du malheur de n'être pas à
„ vous ".

Quoique Lloyd ne se fût pas flaté d'une réponse
de la part de Winifrid, il reçut le jour suivant
un petit billet, dans lequel cette généreuse amante
s'exprimoit avec autant de franchise, de sincérité
& de tendresse que lui.

„ Mon entière dépendance aux volontés de mon
„ père ne me permet pas de disposer à mon gré
„ de mon sort, ni de suivre le penchant de mon
„ cœur pour répondre à vos touchans adieux: les
„ souhaits généreux que vous me faites, resteront
„ sans effet, puisque tout autre engagement que
„ celui dont je me flatois avec vous, ne pou-
„ vant me rendre heureuse, je suis déjà réso-

„ luë à rejetter tous ceux qu'on pourroit me
„ propoſer ".

Le malheur du jeune Lloyd fut bientôt ſuivi
d'une perte bien plus grande & plus ſenſible que
celle de ſa fortune : ſon père, qui depuis la fatale nouvelle du nauffrage de ſon vaiſſeau, ne traî-
noit plus que des jours languiſſants, & que le chagrin précipitoit vers leur fin, ſuccomba enfin à ſa
triſte deſtinée, & expira entre les bras de ſon fils.
A peine ce fils affligé par des coups auſſi ſenſibles,
eût-il fermé les yeux à ſon digne père, que réa-
liſant le petit patrimoine, dont la mort de l'auteur de ſes jours le laiſſoit maitre, il ſe retira à
vingt milles de ce triſte lieu, après avoir exactement ſatisfait tous ſes créanciers. Arrivé dans ſa
nouvelle demeure, il ne fut pas longtems à s'appercevoir, que le moyen qu'il avoit jugé le plus
propre pour diſtraire ſon chagrin, ne lui réuſſis-
ſoit que foiblement : le cœur plein de ſa chère
Winifrid, la diſtance qu'il avoit mis entre lui & elle, ne ſervoit qu'à lui en faire ſupporter l'abſence
avec plus d'impatience : continuellement occupé
de ce tendre objet; ſa ſéparation de ſon amante,
& qu'il croyoit éternelle, le jetoit dans le plus
grand accablement : les idées les plus affligeantes
ſe peignoient à ſon imagination : elle m'aime, ſe
diſoit-il quelque fois à lui-même; mais enfin obligée de ſe ſoumettre aux volontés d'un père ab-
ſolu & intéreſſé, ne ſera-t-elle pas forcée de donner ſa main à celui que la cupidité aura choiſi

pour fon époux? Quel trifte fort ne lui referve pas ce père cruel, fi par une conftance au-deffus de fon fexe, elle s'obftine à ne point recevoir celui qu'on lui deftine? Ah! chère Winifrid, difoit-il quelque fois, je vous ai promis dans ma lettre plus que je ne puis vous tenir; je vous défirois alors un mari auffi tendre que moi: ah! fi vous étiez témoin des pleurs que l'idée de vous favoir dans d'autres bras que les miens, me fait verfer, vous mêleriez, fans doute, vos larmes aux miennes, & nos cœurs déchirés par la plus vive douleur, réitéreroient, fans doute, les ferments qu'ils ont faits de ne vivre que l'un pour l'autre.

Cependant, autant pour diffiper ces triftes idées, & pour faire diverfion à fa douleur, que pour fe faire une occupation journalière, il s'appliqua à quelque léger travail, & fa main fecondant les efforts de la nature dans fes riantes productions, il fe fit une douce & paifible habitude de cultiver un petit champ, pour pourvoir à fes befoins les plus ordinaires: il y trouva une fource de contentement & de plaifir, qui contribua enfin à lui rendre fuportable fon éloignement de Winifrid.

Deux ans entiers s'étoient paffés dans cette alternative de trifteffe & de confolations, lorfqu'il reçut une lettre d'un Procureur de Bath, qui lui annonçoit la mort d'un de fes oncles maternels, qui laiffoit douze mille livres argent comptant dans fa caffette; & une terre dans le Duché de

Glouceſther qui donnoit cent livres de revenu tous les ans.

La ſurpriſe de Lloyd fut d'autant plus grande dans cette occaſion, qu'il ne pouvoit pas s'imaginer, comment ſon oncle avoit pu faire des épargnes aſſez conſidérables, pour mettre en reſerve une ſomme de douze mille livres, le connoiſſant d'ailleurs pour un homme ſans induſtrie, & vivant dans un état de médiocrité, qui n'annonçoit pas un homme à précaution. S'étant rendu tout de ſuite à Bath, & aïant rangé toutes les affaires qui regardoient cette ſucceſſion, il ſe hâte de revenir chez lui, ſe flatant déjà que la raiſon qui avoit fait rompre ſon mariage avec Winifrid, ne ſubſiſtant plus, il pourroit enfin mettre le comble à ſon bonheur en ſe réuniſſant à ſa chère amante. Il ſe diſpoſoit déjà à partir pour Swanſey, pour porter lui-même cette nouvelle au vieux Price, & faire à Winifrid un nouvel homage de ſon cœur, lorsqu'il vit entrer chez lui le père du plus doux objet de ſa flâme. Celui-ci, quoique retenu depuis quelque tems dans ſon lit par des infirmités ordinaires à ſon âge, & pouvant à peine ſe traîner, à la nouvelle qui ſe répandit bientôt de la fortune inopinée de Lloyd, hazarda de ſe mettre en chemin, & d'aller ſavoir par lui-même, ſi tout ce qu'on en diſoit étoit exactement vrai. On s'imagine bien que ce ne fut ni par tendreſſe pour ſa fille, ni par un retour en faveur du jeune Lloyd, que ce vieux avarc s'expofa aux dangers d'un voyage , dont les fuites pouvoient lui être très-funeftes, & on devine aifément la véritable caufe de fon imprudence : Lloyd ne s'y méprit pas non plus; mais fon amour pour Winifrid l'emportant fur toute autre confidération, lui fit répondre avec empreffement à la curiofité de Price : oui, Monfieur, lui dit-il, on ne vous en a pas impofé ; le ciel témoin de ma conftante tendreffe pour votre fille, femble avoir levé l'obftacle qui féparoit deux cœurs, fi bien faits l'un pour l'autre ; fi par un revers inopiné de fortune, je me fuis vu arraché à l'objet de mes plus chers défirs, & fi c'eft vous-même qui avez ordonné cette féparation cruelle, je me flate que vous voudrez bien feconder la providence qui femble avoir eu pitié de mon trifte fort & que vous m'accorderez le main de Winifrid, fans laquelle ma fortune & ma vie même me deviennent indifférentes. Le vieux Price plus touché de la réalité de la fortune du jeune homme, que de fon amour tendre & pathétique, fe précipita dans fes bras. Ah! mon cher Lloyd, lui dit-il, je vous félicite bien fincèrement du bonheur qui vient de vous arriver, & puifque vous n'êtes pas encore marié, je vous accorde de grand cœur ma fille : elle eft digne de vous à tous égards, & je crois pouvoir vous affurer, que fa tendreffe pour vous, m'a paru auffi conftante que celle que vous avez pour elle ; ne perdons pas un moment, mon cher enfant ; partons, & venez vous-même confirmer à ma fille le bruit qui s'est répandu, & qui par le vif intérêt qu'elle prend à votre fortune, craint encore que ce bruit ne soit faux ou exagéré. Le jeune Lloyd se rendant aux sollicitations du vieux Price, après avoir satisfait aux devoirs de la plus généreuse hospitalité, & avoir engagé son hôte à prendre un repos qui lui étoit absolument nécessaire, & le vieux Price un peu remis de sa fatigue, ils se mettent en chemin & arrivent heureusement à Swansey. Je ne m'arrêterai pas à décrire ici le moment intéressant, où Lloyd & Winifrid, réunis après une trop longue absence, purent sans peine s'embrasser & se dire tout ce que deux amants passionés ont à se dire dans pareille circonstance. C'est à l'amour à peindre la flame vive, ardente & pure dont il embrase les cœurs vertueux. Le pinceau d'un mortel est trop foible & trop mal assuré, pour en faire un tableau ressemblant.

Mais si nos deux amants se refaisoient abondamment des peines & des chagrins de leur absence, par la jouïssance des plaisirs les plus délicieux, & d'autant plus précieux qu'ils prennent leur source dans la plus vertueuse tendresse ; le vieux Price ne goûtoit pas une satisfaction moins vive, en se représentant que le mariage prochain de Lloyd & de Winifrid, alloit le mettre en possession de tout l'argent de son futur gendre, & lui donner une inspection générale sur toutes ses autres affaires. Son impatience & son avidité ne lui permettoient plus de retarder cette union qu'il ambitionoit plus pour lui-même, que pour le bonheur de ces deux amans. En aïant fixé le jour, Lloyd part pour prendre les derniers arrangemens; mais fur-tout pour retirer l'argent dépofé chez les Banquiers, & dont le père de Winifrid s'étoit réfervé d'être mis en poffeffion, avant la conclufion du mariage.

Il arrive très-fouvent que l'on fait nauffrage, lors même qu'on fe croit au port : & lors qu'il paroît que la fortune a épuifé tous fes caprices, bien fouvent c'eft alors qu'elle fe plait à faire voir, que fon inconftance lui fournit des reffources intariffables, pour fe jouer des hommes, & pour faire échouer les deffeins qui paroiffent les mieux concertés. Nos amans en firent pour la feconde fois la trifte épreuve, & Lloyd fe vit obligé par un de ces revers d'autant plus accablans, qu'on a moins lieu de s'y attendre, de renoncer encore une feconde fois au doux efpoir de devenir l'époux de Winifrid. Fouillant le cabinet de fon oncle, il trouva fur une table, fur laquelle il n'avoit pas encore regardé, un papier qui lui parut de conféquence: il l'ouvre avec précipitation & y lit à-peu-près ce qui fuit.

„ Sentant approcher la fin de ma carrière, je
„ ne puis m'empêcher de déclarer, qu'un de mes
„ anciens amis, me confia douze mille livres, le
„ feul bien qu'il avoit pu fauver d'une banque-
„ routte qu'il avoit été obligé de faire : aïant
„ deux

„ deux enfans encore très-jeunes, & étant obli-
„ gé de quiter le païs lui-même, il me recom-
„ manda de placer cette fomme à la banque de
„ Briftol à mon nom ; afin que, quand les Etifans
„ feroient grands, & en âge de faire valoir ce petit
„ héritage, je la leur rendiffe, avec les intérêts
„ qui en feroient provenus. Je connois trop bien
„ la droiture de ma famille, & je fuis trop con-
„ vaincu de la folidité de l'honneur dont elle à
„ toujours fait profeffion, pour douter qu'elle
„ n'exécute, après ma mort, l'intention de mon
„ ami. Les Orphelins font actuellement dans l'Hô-
„ pital de St. SPH. Leur nom eft Carey. Je char-
„ ge, à cet effet, mon héritier de s'acquiter de ce
„ devoir indifpenfable, pour acquiter ma Con-
„ fcience, &c. &c. &c.

Dès ce moment il prévit les fuites fâcheufes
de ce funefte contre-tems. Les allarmes, les mieux
fondées, le jettèrent dans l'accablement le plus trifte ;
mais fon exacte probité l'emportant fur le plus
vif & le plus ardent amour, il ne balança pas un
inftant fur le parti qu'il devoit prendre dans cette
délicate conjoncture : il part fur le champ pour
en porter la trifte nouvelle à fa chère Winifrid,
qui étoit la feule perfonne qui l'occupât dans ce
moment. Qu'avez-vous à m'apprendre de finiftre,
lui dit cette chère amante, à fon arrivée ? Qu'eft-ce
que c'eft que cette trifteffe peinte fur votre vifage ?
Que dois-je augurer de cette contenance abatuë ?
Que fignifie enfin ce morne filence, & qui vous eft fi

peu ordinaire avec moi? Au moment où nos cœurs vont se jurer au pied des autels une fidélité éternelle, le vôtre s'y refuseroit-il? Ne suis-je plus en un mot votre chère Winifrid? Et venez-vous me dire que je ne dois plus vous nommer mon cher Lloyd? Parlez; rompez donc ce silence obstiné, qui m'effraye, & me confond. Vous voyez, ma chère Winifrid, (car malgré tout, je ne puis me dispenser de vous donner ce doux titre) vous voyez le plus passioné des amants, & le plus infortuné de tous les hommes. Nous devons perdre tous les deux la flateuse espérance d'unir à jamais notre fort. Les sanglots étouffant la voix de Lloyd, & ne pouvant plus prononcer que des sons articulés, il lui remit le fatal papier qui contenoit les dernières dispositions de cet Oncle, qui par sa mort avoit ranimé leurs espérances. A peine Winifrid y eut-elle jetté les yeux, qu'elle y reconnut l'acte le plus formel de leur mutuelle séparation: sa tendresse lui en peignant d'avance toute l'horreur, elle n'en put supporter l'effrayante représentation. Ils étoient l'un & l'autre dans cette affligeante situation, lorsque le vieux Price averti du retour de Lloyd, entra dans la salle où ces deux amans étoient évanouis. Ne sachant à quoi attribuer un accident aussi singulier, il se fixa sur le plaisir trop vif qu'ils avoient dû éprouver dans cette entrevue ; & ne pensa plus qu'à leur donner ses soins, pour les faire revenir l'un & l'autre, sans s'affliger sur les suites qui, dans pareille circonftance, ne font pas bien dangereufes. Auffi-tôt que Winifrid eut recouvert l'ufage de fes fens, elle fortit pour aller donner un libre cours à fes lar-mes, & laiffa fon Père avec fon malheureux Lloyd.

Le vieux Price avoit déjà ramaffé le papier qu'il avoit trouvé auprès du fiège fur lequel fa fille s'é-toit évanouïe. Sa façon de penfer, bien différente de celle de Lloyd, lui avoit déjà fourni le moyen d'arranger le tout à fon avantage, & conformé-ment aux défirs des deux amans. Je ne vois pas, dit Price, qu'il y ait là de quoi s'allarmer : ce pa-pier n'eft connu que de vous & de moi : perfonne ne fait que votre Oncle eût en dépot cet argent : les Orphelins eux-mêmes ignorant tout, n'ont au-cun droit de rien éxiger de vous : pourquoi leur révéler un fecret qui vous replonge dans la plus extrême mifère ; car ne vous flatez pas, vous n'a-vez qu'à choifir, ou de renoncer à ma fille, ou de me remettre cette fomme. Quelle dure alter-native pour un homme auffi intègre, & auffi pas-fioné que Lloyd ! Cette inique & cruelle propofi-tion révoltoit fa probité, & défefpéroit fa tendreffe. Quelle critique circonftance ! Sacrifier fa tendreffe à fon honneur, ou fon honneur à fa tendreffe ! Ce fut ce dernier parti qu'il prit, comme il avoit déjà prévu devoir le faire. Non, Monfieur, ré-pondit-il à Price, jamais mon inclination ne me fera faire de baffeffe : je me croirois indigne de la tendreffe de Winifrid, fi, pour obtenir fa main, je devois vous facrifier ma gloire : elle-même dé-

favoueroit ma foiblesse, & bien-loin de me tendre sa main pour recevoir la mienne, vous la ver-
riez, pour la première-fois, vous refuser une
obéïssance aveugle à vos volontés: ce n'est pas
par un crime que je dois prétendre de l'obtenir,
& si ce n'est qu'en suivant votre conseil, que je
puis espérer de vous fléchir, soyez assuré que je
ne serai jamais votre gendre: la volonté de mon
Oncle fût-elle moins clairement expliquée qu'elle ne l'est; dusse-je faire les informations les
plus difficiles, pour découvrir la demeure de ces
Orphelins; en un mot me fut-il mille fois plus
facile de garder cet argent; je ne me rendrois pas
coupable d'une telle infamie: j'aime mieux encore
me consumer par l'excès de ma tendresse, que de
me voir déchirer par les plus cuisants remords.
Le Père de Winifrid vouloit encore tâcher de le
vaincre, & se disposoit à lui représenter les motifs
les plus séduisants: arrêtez, Monsieur, lui dit
Lloyd, avec cette fermeté que l'honneur outragé
fait si bien suggérer, arrêtez: un lâche peut être
vaincu; mais un homme d'honneur est inébran-
lable, quand on veut le rendre complice d'un
crime; & pour vous prouver que votre peine est
inutile, c'est que dès ce moment je pars, pour
m'acquiter envers mon honneur, mon Oncle, &
les Enfans auxquels je vais remettre leur bien.
Un homme qui ne seroit que tendre, ne s'occu-
peroit que de l'affliction de ce jeune amant, & se
peindroit aisément le suplice & le martire de son

cœur, après un parti si violent. Mais l'honnête homme découvrira dans cet océan d'amertume, une source de consolation bien abondante pour une ame vertueuse. Si la perte de sa chère Winifrid désespéroit Lloyd, sa vertu le soutenoit puissamment contre un si cruel revers; si son cœur, navré de douleur, le jettoit dans le plus profond accablement, son ame satisfaite de la gloire, nageoit dans les plus douces délices; en un mot si Winifrid, peinte à son imagination avec tous ses charmes, rouvroit toutes les playes du cœur de Lloyd, la vertu avec tous ses attraits les rendoit moins cuisantes, & moins dangereuses.

Lloyd, arrivé chez lui, se hâta d'exécuter l'intention de son Oncle, & reprit le premier train de vie qu'il avoit choisi après son premier malheur. L'acte héroïque qu'il venoit de faire, avoit éclaté, & lui avoit fait un honneur infini : il auroit pu même en retirer les plus grands avantages, si son cœur, plein de Winifrid, eut été capable d'autres engagements; mais son amour & sa tendresse pour sa première amante, quoique sans espoir, n'avoit rien perdu de leur force ni de leur vivacité. Vivement sollicité de faire un établissement, qui d'ailleurs eut fait l'objet de ses vœux, s'il avoit pu oublier Winifrid; il s'y refusa constamment, préférant une honnête médiocrité à une fortune considérable & à la possession d'une très-jeune & très-aimable Demoiselle, qui se feroit crue très-heureuse d'unir sa destinée à un homme qui à tous les agréments d'une jolie figure, joignoit encore l'avantage de paſſer pour un héros en probité & en amour.

Mais enfin le tems étoit venu, où la conſtance, ſuffiſanment éprouvée, devoit recevoir le prix qu'elle avoit ſi glorieuſement mérité. La mort enleva enfin le trop avare & trop cruel Price; & Winifrid, après les délais marqués par la bienſéance, pouvant diſpoſer à ſon gré de ſon ſort, rendit juſtice à la véritable tendreſſe de Lloyd, couronna ſa probité, & ſatisfit à ſon propre cœur, en épouſant l'homme le plus tendrement aimé & le plus digne de l'être. Depuis quinze mois ils vivent enſemble, avec les mêmes ſoins, le même empreſſement, & la même tendreſſe, que les premiers jours qui ſuivirent leur Himen : l'unique fruit qu'ils en ont encore, les comble d'une joie & d'une ſatisfaction qu'eux ſeuls peuvent exprimer. Tous leurs voiſins admirent dans Winifrid l'épouſe la plus fidelle, la plus modeſte, & la plus vertueuſe; & dans Lloyd l'époux le plus tendre, le plus complaiſant, & le plus doux. Heureux les ménages ſi bien aſſortis que celui-là ; plus heureuſe encore la ſociété, ſi elle n'en reconnoiſſoit pas d'autres !

FRERE MODESTE de CAPO-CORSO, CAPUCIN, &c. &c. &c.

Rome . . . . 1773.

PErſonne n'ignore que les derniers troubles de l'Iſle de Corſe n'y ayent donné occaſion à pluſieurs troupes de bandits & de ſcélérats de s'aſſembler en corps, ſous prétexte de déffendre leur liberté opprimée ; mais réellement pour piller leurs compatriotes, & égorger inhumainement les Génois, & enſuite les Français, leurs plus cruels Ennemis. Pierre *Perreti*, originaire de la partie ſeptentrionale de cette Iſle; quoique d'aſſez bonne famille, ne voulant pas ſeconder les vuës que ſes parents avoient ſur lui, après bien des fraidennes, & ne ſachant plus où donner de la tête, ſe préſenta au chef d'une troupe de ces bandits: ſon air déterminé, ſa taille avantageuſe, des bras nerveux, une ſanté robuſte, une figure patibulaire qui n'annonçoit pas au-delà de vingt - cinq ans, en un mot tous les déhors d'un coquin décidé, le firent admettre avec plaiſir, au nombre de ces aſſaſſins. *Perreti* ne fut pas long-tems à prouver combien il étoit digne d'être membre de cette ſociété; & pluſieurs occaſions qui ſe préſentèrent, coup ſur coup, lui donnèrent lieu de prouver à ſon chef, qu'il ne s'étoit pas trompé

dans le choix qu'il avoit fait, & à fes camarades,
qu'il étoit digne de toute leur eftime. *Perreti* enfin, par des coups d'éclat & d'un héroïsme furprenant, mérita toute la confiance du Comman-
dant, & s'attira la jaloufie de fes confrères, tant
par la fupériorité de fes talents, que par la place de
Lieutenant-Commandant à laquelle il fut nommé,
quoiqu'il ne fut qu'un des derniers reçus. Cependant au milieu des profpérités, des honneurs, &
des fuccès les plus glorieux, *Perreti* faifant de fé-
rieufes réflexions fur fon état, en connut tout le
danger ; & penfant que fi malheureufement il
étoit pris par quelque détachement François, qui
faifoit la patrouille la plus exacte, & qui, de tems
en tems, enlevoit des pelotons entiers de ces bandits, fa gloire, & fon autorité s'évanouïroient comme un fonge, & que ce feroit fur l'échaffaud qu'il
faudroit faire le trifte aveu du néant, & de la
vanité de cette même gloire. Rebuté par les périls auxquels il étoit continuellement expofé; les
fatigues, les veilles, & les marches forcées qu'il
étoit obligé de faire continuellement, dans une
profeffion qui tôt ou tard conduit au fuplice, aïant
affoibli fa fanté & épuifé fes forces; mais plus
que tout cela encore, les cris & les remors de fa
confcience, le bourrelant nuit & jour, & lui reprochant fon infamie, il prend la généreufe réfolution d'abandonner fes Camarades, de fe confa-
crer à la pénitence, de changer les avantages d'un
Héros, contre ceux d'un faint, & en un mot d'ef-

faïer, s'il ne feroit pas plus doux & plus fûr d'imiter la foibleffe du grand nombre, que de trop fe confier fur fes propres forces.

Comme *Perreti* n'avoit point fait part de fon projet à fon fupérieur, qui fans doute, ne l'eût pas approuvé, il partit & quita fa tr upe, fans congé. La Grace agiffant, de plus en plus, fur le cœur de *Perreti*, & l'horreur de fa vie paffée fe peignant à fon imagination fous les plus effrayantes couleurs, le repentir, le plus violent & le plus fincère, étoit fuivi des plus fortes réfolutions d'un changement de vie. S'étant endormi un jour au pied d'un arbre, dans un endroit affez folitaire, après une méditation des plus ferventes fur les jugements de Dieu, St. François lui apparut en fonge tout rayonant de gloire, fous l'habit le plus humiliant, & chargé de tous les inftruments de la plus auftère pénitence: écoute, *Perreti*, lui dit le *Séraphique Efprit*, je fuis envoyé vers toi par ton maitre & le mien; regarde mes mains, mon côté, & mes pieds; & reconnois à ces facrées ftigmates (*) que je fuis & le favori, & l'envoyé du fils de Dieu: tes fentiments de componction font enfin parvenus jufqu'au Thrône des Miféricordes: toute la cour célefte, & particuliè-

____

(*) Les Stigmates font les cinq playes du fauveur, imprimées par un Séraphin au grand St. François, d'où il porte le fur-nom de Séraphique.

rement, les glorieux pénitents de *mon Ordre*, ont adreffé leurs fupplications au très-haut: ta Grace a été accordée à nos ferventes prières; mais à une condition: vois-tu ces vieux haillons, qui quoique d'une des plus groffières étoffes, n'ont pu tenir contre le tems qui ufe tout; cette groffe corde, ce long chapelet, ces vieilles fandalles, cette haire, ce Cilice, & cette difcipline? Ce font autant de marques de ma puiffante protection, & des gages fort affurés de la vie éternelle: je les ai bénis moi-même fur l'autel de l'Agneau fans tache; afin que leur vertu en fut plus puiffante: fi tu veux donc partager la gloire des bienheureux, tu dois entrer dans mon Ordre: que fa rigueur ne te décourage pas; chaque état a fes douleurs, & la béfaffe a des avantages, inconnus aux trop fenfuels mortels: aproche, & que je te révête moi-même de ce St. Habit. Sans doute que *Perreti*, voulant obéïr à la voix du St., aïant fait quelque effort, pour s'approcher de l'Envoyé de Dieu, s'éveilla, comme il arrive prefque toujours; & tout plein de l'efprit de Dieu, que St. François lui avoit foufflé avant de difparoître, il crut la réalité de cette vifion; & regardant autour de lui, fa furprife fut extrême, de ne pas voir le meffager célefte, & de ne pas trouver tout l'attirail monacal, brulant déjà d'impatience d'augmenter le nombre des Fainéants, des Hipocrites, & des Libertins. Une expérience trop conftante ne prouve que trop bien qu'un Moine, qui n'eft qu'inutile à

la fociété, eft auffi rare à trouver, qu'un beau dia-
mant, dans les Mines les plus riches.

Perreti, un peu remis de l'agitation où l'avoit
mis fa vifion, en pénétra aifément le fens mifté-
rieux, & prenant à la lettre & pour une réalité,
ce qui n'étoit probablement, qu'un effet d'une
imagination échaufée, & plus encore une fuite des
préjugés d'une éducation fuperftitieufe, fit vœu
fur le champ, d'entrer dans l'ordre de St.
François, & de fe retirer dans un Couvent de
Capucins ; comme étant ceux de fes Enfans
qui fuivent le plus exactement l'auftérité de fa
règle.

Bien des gens pour qui j'écris, ne feront pas fâchés, peut-être, que je faffe ici une courte digreffion, pour leur donner une idée de la vie des
Capucins, & du réglement de leurs maifons.

Tous les Moines, en général, mais plus particulièrement les Capucins, font trois veux, en entrant dans l'ordre. Ils promettent à Dieu de vivre
dans une perpétuelle continence, & dans la plus
rigoureufe chafteté. Ils promettent au monde de
ne lui être pas à charge, & de vivre dans la
plus exacte pauvreté. Et enfin ils promettent à
leur fupérieur la plus aveugle obéïffance. On con-
vient affez généralement, qu'ils ne tiennent aucune de ces trois promeffes, malgré le ferment
folemnel dont elles font accompagnées. Leur
amour pour les femmes, & encore plus pour les
jolies filles, prouve invinciblement par les fuites

ordinaires & fréquentes, leur imprudence de promettre une chofe que la nature défavoue, &
qu'elle fait bien, quand il lui plait, leur faire violer. Tous les états, affez malheureux pour être té-
moins du luxe, des richeffes, de l'opulence de
la plus part des Moines, dépofent contre le vœu de
pauvreté; & les défordres inteftins, les petites guer-
res civiles, & les atrocités qui en font très-fouvent les
fuites, les meurtres même qui s'en fuivent quelquefois, prouvent évidenment, que le vœu d'obéïf-
fence n'eft pas le mieux accompli. Cependant,
comme ces trois vœux font le fondement de toutes les Règles Monaftiques, les Fondateurs en
avoient tiré toutes les conféquences, médiates &
immédiates, d'où il réfultoit un plan de vie mor-
tifiée & pénitente, qui n'a été jamais bien régulièrement fuivi, & qui aujourd'hui n'eft qu'un
prétexte plaufible pour vivre affez publiquement
dans des défordres honteux, & dans la moleffe la
plus recherchée. Les dehors de pénitence, que
ces *pieux Fainéans* affectent quelque fois; la
fimplicité apparente de leurs maifons, toutes leurs
dévotions fuperftitieufes, en un mot tous ces airs
Caffars que quelques-uns d'entre eux favent fi
bien prendre, ne trompent aujourd'hui que les
fots & les Femmelettes : & s'ils écrivent en grands
Caractères au-deffus de la maitreffe-porte de leur
Monaftère, que l'entrée en eft interdite aux Femmes; outre la reffource qu'ils ont de les faire entrer par la porte de leur Eglife; ils favent bien les

aller trouver chez elles, où pour l'ordinaire ils ont les entrées *très-Libres.*

D'après ce portrait que je puis affurer être plus flaté & plus adouci, qu'il n'eft exagéré, le Lecteur fera plus à portée de fuivre le trait d'hiftoire que j'ai à continuer, & que je vais reprendre. Ce que je viens de lui dire des Moines en général, lui fervira d'introduction à l'anecdote que je lui affure être des plus véritables, & des plus fingulières.

Perreti, fans perdre du tems, fuit les fortes impulfions de la grace : vaincu par fa force, toujours victorieufe, comme affurent certains Théologiens, ou feulement *rélativement victorieufe,* comme difent d'autres, il marche, à grand pas, à la fuite d'un fillon de lumière qu'il crut appercevoir dans le ciel, & qu'il ne doutoit nullement avoir été tracé par le St., en fe retirant dans le féjour des Bienheureux, jufqu'à ce qu'arrivé devant la porte du Couvent des Capucins de Corté, il ne doute plus de la volonté du ciel & de fa vocation divine, en voyant cette trace de lumière fixe fur la Capucinière; comme l'étoille, qui avoit guidé les Mages, s'étoit arrêtée fur l'étable. Il fonne & demande à parler au Gardien; fon air contrit & humilié, fit bientôt déviner au vieux Supérieur, le fujet qui ammenoit *Perreti* dans fa retraite: celui-ci, fans lui donner le tems de l'interroger, lui fit un récit abrégé de fa vie; il ne fut pas même obligé de diffimuler & de cacher le trait deshonorant de son brigandage ; il étoit assuré de trouver quantité de Capucins convertis, qui n'avoient pas valu plus que lui dans leur jeunesse ; mais insistant fortement sur la vision, il conclut sa suplique, en protestant qu'il vouloit vivre & mourir dans les austérités de la vie pénitente, & qu'à cet effet il demandoit instanment le St. Habit. Le Gardien ne pouvant retenir ses larmes, en apprenant que le St. Fondateur de l'ordre, qui depuis longtems n'avoit donné aucune preuve évidente de sa vie spirituelle, venoit de la manifester au monde, & confondoit par là l'incrédulité, qui commence à douter & à se moquer de la vertu, de la puissance, & même de la sainteté de cet homme, qui au témoignage des historiens de l'ordre, a été le tipe le plus parfait & le plus accompli du Rédempteur des hommes ; le Gardien, dis-je, ne pouvant se posséder de joie, assemble sur le champ la communauté, & après un discours pathétique, éloquent, & convenable à la circonstance, dépouilla *Perreti* de ses propres habits, le tondit, & le révêtit de l'habit de l'ordre avec les cérémonies d'usage en pareil cas. *Perreti* prit à son nouvel enrollement le nom de *Modeste*, par opposition à celui de *sans-quartier* qu'il avoit pris lors de son premier engagement : & désormais ce sera sous le nom de Frère *Modeste*, que nous désignerons notre digne Capucin.

Dès sa première entrée au noviciat, Frère

Modeste donna les marques les plus certaines de la converſion la plus ſincère : il en trouva les mortifications, qui d'ailleurs y ſont exceſſives, trop légères ; il renchérit ſur tous les exercices de la plus rigoureuſe pénitence ; ſon habit, tout vieux qu'il étoit, quand on le lui donna, lui parût trop approcher de ceux qu'on porte dans le monde ; il en réforma l'élégance apparente, en le déchirant en mille endroits, & ne le conſervant un peu entier, que dans la partie que la décence ne lui permit pas de percer à jour ; la corde, dont il ſe ceignit, étoit bien plus groſſe que celle de ſes confrères ; il augmenta ſon *Ro-zaire* d'un très-grand nombre de Dixaines ; ſa diſcipline ne lui parut pas aſſez rude pour enſanglanter ſon corps ; il y ajouta quantité de pointes tranchantes ; ſes ſandalles lui parurent une chauſſure trop leſte & trop délicate ; il obtint la permiſſion de marcher abſolument nuds pieds. Je ne finirois pas ſi je voulois décrire toutes les pieuſes inventions que ſa ferveur lui ſuggéra pour accabler ce corps, qu'il prétendoit avoir été traité très-délicatement ; je me contenterai d'ajouter, que le Maitre des novices fut contraint d'arrêter les excès de pénitence, auxquels *Modeste* ſe livroit, qui, en même tems qu'ils excitoient la jalouſie de ſes Frères, faiſoient craindre qu'il ne fut enlevé par une mort forcée & prématurée, qui auroit privé l'ordre d'un ſujet rare, excellent, & qui paroiſſoit bien propre à lui rendre ſon premier luſtre.

C'eſt dans de pareilles circonſtances, & dans des converſions auſſi ſurprenantes, que le malin Eſprit, redouble ſes efforts, pour détourner les ames du chemin de la vertu. *Modeſte* en fit la plus rude & la plus affligeante épreuve: le Dé-mon avoit d'autant plus d'avantage, que Frère *Modeſte* s'étoit livré aux débauches les plus ex-ceſſives, & qu'il avoit goûté ci-devant les plaiſirs dans toutes ſes différentes eſpèces. L'eſprit ten-tateur les lui peignoit continuellement ſous les plus vives couleurs, & le vexant nuit & jour par des illuſions ſéduiſantes & dangereuſes; le ruſé ſéducteur tiroit même avantage des macérations du bon Novice ; & ce qui devoit naturellement ſer-vir à réprimer la revolte de la chair, ne faiſoit bien ſouvent qu'aiguiſer l'aiguillon de la concu-piſcence : tout juſqu'à ſa robe de groſſe bure, vérifioit, pour ainſi dire, cette chair que les ſtratagèmes de Satan, entretenoient dans toute ſa force intrinſèque ; quoiqu'à l'extérieur, ſon corps décharné & exténué ménaçât d'une ruine prochaine. *Modeſte* déſeſpérant de faire une glo-rieuſe réſiſtance, & commençant déjà à perdre un peu de terrain vis-à-vis de ſon redoutable en-nemi, crut qu'en changeant de demeure, le Dé-mon ſe contenteroit du champ de bataille qu'il lui céderoit, & qu'il ſe mettroit à l'abri de ſes pourſuites. Aïant conſulté ſon Directeur, qui d'après un examen ſérieux de toutes les circon-ſtances, crut qu'effectivement la fuite étoit le

ſeul

feul remède aux violentes tentations dont le jeune
Religieux étoit affligé , en fit fon rapport au R.
P. Gardien, qui dans le moment lui fit expédier
une obédience, pour le Couvent des Capucins de
Rome. *Modefte* avoit cru devoir choifir cette
grande ville par préférence, à caufe des fecours
fpirituels qu'il pouvoit y recevoir en abondance
& de la première main, au cas que Satan s'ob-
ftinât à l'y fuivre. Il comptoit beaucoup fur-
tout , fur l'autorité du R. P. Général , & presque autant fur le pouvoir du Chef univerfel de
l'Eglife , qu'il pourroit aifément appeller à fon
fecours, fuppofé que le Démon fut affez imprudent , que de venir compromettre fa gloire
dans la Cité Sainte, où des croix, des chapelets,
des agnus, des reliques, nouvellement trouvées,
l'attendoient pour l'accabler & le confondre; &
de plus , une patente , en forme d'indulgence,
duëment fignée du Souverain Pontife , pour lui
fignifier d'avoir à déguerpir fur le champ, & de
laiffer en paix le jeune Moine. Toutes ces confidérations donc firent prendre à *Modefte* la route de
la capitale du monde chrétien. Le jeune Frère , muni des atteftations les plus glorieufes, eft
reçu avec toute la cordialité & toute la fincérité
dont les Moines font fufceptibles.

Mais foit que *Modefte*, pendant la traverfée de
l'ifle de Corfe à Rome , eut fait une efpèce de
trève avec fon ennemi ; foit, ce qui eft plus
probable, qu'ils euffent figné un traité de paix,

par lequel se cédant mutuellement quelque chose, ils s'en garantissoient respectivement la possession tranquille ; il est certain que le Novice y
arriva dans une assiétte tranquille, & qu'il s'y comporta, presque en arrivant, d'une façon à confirmer que Satan n'avoit pas osé l'attaquer dans
ces saints retranchements. Si cependant il est
permis de conjecturer dans une affaire de cette
importance ; on peut raisonnablement conclure,
de la suite, que *Modeste*, dans son accord, dé-
finitif ou provisionel avec le Démon, lui avoit
cédé la paisible possession de son cœur & de
son ame, & que le Démon, en compensation, avoit
cédé au Moine la jouïssance de son corps ; en un
mot il y a lieu de croire, que Satan régloit, &
conduisoit l'intérieur, & que *Modeste* régloit, & dirigeoit l'extérieur. Ainsi le premier se mêloit
des affaires du dedans, & le second, de celles du
dehors.

En conséquence d'une paix si avantageuse pour
l'un & pour l'autre, Frère *Modeste* pensa sérieu-
sement à diversifier les exercices de la pénitence par des amusements innocents : il commença
à prendre goût pour les divertissements du cloître, qui, par le goût exquis qui y règne chez
les Capucins, les mettent beaucoup au - dessus de
ceux auxquels on se livre dans les autres Couvents. Leur uniformité le lassant, à la fin, il
pensa de s'en procurer au dehors ; révêtu de l'emploi de Quêteur, il avoit toutes les facilités

imaginables, tant pour les varier, que pour se
les procurer, toutes fois & quand bon lui sem-
bleroit. Dieu résolu d'être fidèle observateur de
son traité, *Modeste*, en traînant la bésace dans la
ville de Rome, cherchoit à y faire une connoissance avec laquelle il pût partager une portion
de ce que la charité des Fidelles lui donnoit pour
ses confrères. Enfin après bien des recherches,
il choisit pour son dessein, une fille d'une vertu
assez moyenne, mais qui lui parut la plus propre
à le délasser sur la fin de sa quête, par son enjouement & son embonpoint : *Modeste* rapellant
peu-à-peu ses premières inclinations, n'étoit pas
tout-à-fait délicat dans le choix de ses joujoux ;
d'ailleurs son nouvel accoutrement ne favorisoit
pas sa délicatesse, s'il en eut été susceptible ; enfin il s'arrangea avec cette créature, du mieux
qu'il lui fut possible. *Antonia*, c'est ainsi que se
nommoit la nouvelle mère spirituelle du Couvent des Capucins de Rome, *Antonia*, quoique un
peu Libertine, étoit d'ailleurs honnête, & sincèrement attachée à *Modeste* ; leurs accords faits,
les arres reçuës & données de part & d'autre,
elle lui dit, que, pour l'acquit de sa conscience,
elle devoit l'avertir qu'elle étoit actuellement
entretenuë, par un homme de la garde du Pape ;
que cet homme, Italien à tous égards, étoit ex-
cessivement jaloux, & soupçonneux ; & que si
malheureusement il s'apperçevoit de leur intrigue, il n'y avoit aucun quartier à attendre, ni

pour l'un ni pour l'autre ; que d'ailleurs fa figure, embellie de deux fuperbes mouftaches, étoit en état d'infpirer l'effroi ; que c'étoit un gaillard de fix pieds deux pouces, & qui ne marchoit jamais fans un grand fabre aiguifé de frais ; qu'ainfi il y avoit tout à craindre de la plus petite imprudence ; & qu'en conféquence il ne lui étoit poffible que de lui accorder quelques moments à la dérobée. Tout autre que *Modefte* fe fut dédit fur le champ , & eut cherché des plaifirs plus tranquiles & moins perrilleux ; mais, tout ce que *Antonia* venoit de lui raconter de fon rival, loin de le confterner & de le décourager, ne fervit qu'à lui rapeller avec fatisfaction fes anciennes proüeffes ; fon cœur martial commençoit même à reprendre le-deffus ; & s'il en eût cru fon premier mouvement, il eut lutté ouvertement avec fon Copartiteur ; tant il eft vrai que ce que dit Horace, fe vérifie toujours : *Naturam fi expellas* &c. ; mais le jeune Frère, impofant filence à fon amour-propre, qui l'invitoit à provoquer ouvertement le garde de S. S., prit le parti le moins violent , le plus fage & le plus fûr, pour un homme de fon état ; & confidérant plus dans fa perfonne, le caractère de Religieux, que l'ancien titre de Lieutenant-Général d'une troupe de bandits, il fe réduifit à vaincre fon ennemi, & à remporter un avantage complet fur lui, en n'employant que la rufe, la feinte, & l'hipocrifie même, fi le cas le requéroit ; & quoiqu'il ne fût pas, depuis long-temps, dans la milice Ste., il en avoit cependant férieufement médité une des règles les plus fondamentales de fon Code ; & s'étant convaincu de fon importance & de fon utilité, il crut ne pas devoir s'en écarter, à l'exemple de tout le corps Eccléfiaftique, dont, par ce moyen, le militaire eft presque toujours la dupe.

Antonia promit à Frère *Modefte* la première nuit qu'elle auroit de libre, pour la ratification folemnelle du contrat, s'engageant néanmoins à lui laiffer fortir fa pleine exécution, en attendant qu'ils puffent le révêtir de toutes les formalités requifes. Le ciel favorifa bientôt leurs vœux. Le St. Père, à la fortie d'une audience qu'il avoit donnée aux Ambaffadeurs de Bourbon, avec lesquels il venoit de prendre les arrangements ultérieurs qui devoient fuivre la fuppreffion de la ci-devant fociété de Jéfus ; fe trouvant fatigué & excédé de travail, eut fantaifie d'aller fouper à Caftel-Gandolfe, avec fon Confeffeur Bontempi, & d'y coucher, pour ne revenir au Vatican que le lendemain pour diner. L'amant d'*Antonia* fe trouvoit juftement de garde, & fut obligé d'être de l'efcorte. *Antonia* ne manqua pas d'en avertir Frère *Modefte*, qui, vû l'impatience où il étoit de s'expliquer à loifir avec la mère fpirituelle, ne manqua pas de fe rendre, lorsqu'il put fortir, fans être découvert, devant attendre pour cela, que toute la communauté fût retirée & enſévelie dans un profond ſommeil. Il ne fit cependant pas languir ſa belle, puiſque les Capucins ſe couchent à ſix heures, & que *Modeſte* pouvoit, en toute ſureté, eſcalader la cloture à ſept au plus tard; comme il le fit effectivement. Il partit donc, comme un éclair, & vola entre le bras d'*Antonia*, qui lui rendoit tous les jours ſa profeſſion plus agréable, & qui l'encourageoit puiſſanment à porter la béſace. Arrivé chez elle, les préludes ne furent pas longs; ils étoient tous les deux expéditifs: après une lecture aſſez rapide de leur acte d'aſſociation, ils en jurèrent, de la façon la moins équivoque, l'accompliſſement; & l'aïant mis à exécution, le mieux qui leur fut poſſible; après bien des ratifications formelles, ils ſe couchèrent ſans malice, & s'endormirent paiſiblement ſur le lit ordinaire d'*Antonia*. A peine goûtoient-ils les douceurs d'un ſommeil qui leur étoit devenu néceſſaire, qu'*Antonia*, qui dormoit moins profondément ſans doute, entendit & reconnut la voix de ſon amant, qui frapoit à coups redoublés, & qui déjà commençoit à jurer, comme un homme de ſa profeſſion. Qu'on juge de la ſurpriſe, de la peur, & en un mot de la triſte ſituation de cette fille: elle éveilla à force Frère *Modeſte*, qui rêvoit, dans cet inſtant, à l'office de Matines, & qui croyoit entendre dans le dortoir la lugubre *creſſelle* qui l'appelloit au chœur.

Antonia, à demi morte & au désespoir, assura *Modeste* qu'il n'y avoit aucune ressource pour eux, & que, certainement, le Garde, dans le premier accès de sa fureur, les immoleroit tous les deux à sa vengance. Il n'y avoit pas même du temps pour réfléchir & délibérer sur le moyen le plus propre de se soustraire à la colère ou plutôt à la rage de ce rival ; & les coups redoublant à la porte, à peine *Modeste* eut le temps de ramasser ses habits, & de se précipiter tout nud sous le lit, qu'*Antonia* fut contrainte d'ouvrir la porte, & de faire entrer son premier amant. Emporté par le dépit, il commença à éclater en reproches sur la lenteur inusitée de sa maîtresse, & la saisissant par le bras, il étoit prêt de passer des menaces aux effets; mais cependant *Antonia* fit si bien, qu'elle le radoucit & le calma. Il lui ordonna, la paix étant faite, d'allumer de la chandelle, pour pouvoir se deshabiller à son aise. A cette demande *Modeste*, crut que sa dernière heure étoit arrivée, & qu'étant infailliblement découvert, il passeroit sous le tranchant du glaive de son rival ; mais l'adresse d'*Antonia* soutint encore, pour quelques momens, son espérance. Cette rusée Pélerine avoit eu soin de laisser tomber de l'eau dans la boëte où étoit le briquet & l'amadouë ; & par cette précaution, elle avoit rendu cette ressource inutile ; en effet, elle avoit beau battre le briquet, & son amant eut beau essayer par des

coups plus forts de faire prendre feu à l'amadouë, ils ne purent jamais parvenir ni l'un ni
l'autre à en avoir une feule étincelle. Malgré
cela *Modefte*, qui ne pouvoit pas déviner le
ftratagème *d'Antonia*, croyoit entendre la cloche funèbre & lugubre de la capucinière annocer fa mort, à chaque coup que le fer donnoit
fur le caillou; mais enfin voyant que toute la
force du Garde, & fon opiniatreté étoit inutille,
pour avoir du feu, dès lors il commença à efpérer & à fe flater que leur maîtreffe commune
trouveroit bien le moyen de le fauver, en travaillant à fe fauver elle-même. Il béniffoit en
même tems les femmes, dont les reffources &
les fineffes font inépuifables. Celle-ci, pour achever de tromper fon *Argus*, lui propofa d'aller
chercher lui-mème de la lumière au corps-de-
garde, qui n'étoit pas éloigné de fa maifon; à
cette propofition *Modefte*, confirmé dans la bonne idée qu'il a oit conçue de l'habileté *d'Antonia*, treffailloit de joie, autant que fa critique
pofition le lui permettoit; y penfes-tu, lui répondit le foldat; je fuis ici, fans permiffion,
& je ne puis m'expofer fans danger, à me
faire reconnoître. Cette réponfe, fuivie d'un
ordre exprès pour *Antonia* d'y aller elle-même, fit retomber *Modefte* dans fa première
perplexité, & embaraffa extrêmement la fille,
qui fe vit presque à bout de fon latin; mais
revenant bientôt à elle-même, il y en au-

roit pour trop long-tems, avant je ne fuſſe habil-
lée & en état de ſortir, dit-elle à ſon amant; mais
croyez-moi, ajouta-t-elle, il y a au coin de la
ruë la plus voiſine d'ici une Lampe qui brule devant une image de la bonne Vierge, qui y eſt
dans une niche; allez-y allumer la chandelle: la
bonne Marie ne vous en empêchera certainement
pas. *Modeſte*, qui, à cette ſaillie, ne pouvoit
preſque contenir ſon rire, quoi qu'il ſe vit expoſé au plus grand danger, faillit à tout perdre
par un ſoupir qui lui échapa malgré lui: enfin
le Garde, fatigué & harraſſé, ne voulant pas profiter de ce dernier expédient, pour avoir de la
lumière, préféra de ſe deshabiller à l'obſcur, ce
qu'il exécute ſur le champ. Prêt à ſe mettre au
lit, il ſe baiſſa ſelon ſa coutûme pour prendre
une bouteille de liqueur forte, qu'il avoit ſoin
d'y tenir, afin d'être à portée de ſe reſtaurer,
quand il le jugeoit à propos; mais *Antonia* qui
ſavoit ſa coutûme, n'avoit pas manqué de la placer à propos pour la lui donner elle-même;
malgré cette précaution peu s'en fallut qu'elle ne
lui devint inutile, puiſque la main du Garde
n'étoit pas à un demi pouce de diſtance de la
tête de frère *Modeſte*, lorſque *Antonia* y porta
la ſienne pour enlever la bouteille, & forcer
ainſi ſon amant à ſe relever. *Modeſte* trembloit
déjà comme un Quaker; cependant il échapoit
toujours au danger; car peu s'en fallut, que le
Garde, au-lieu de prendre la bouteille, ne le

faifit par la tête; & la chofe étoit inévitable,
fans la dextérité & la promptitude d'*Antonia.*
Antonia, fans perdre un moment, faute dans fon
lit, & s'adreffant à fon amant: la nuit eft très-
froide, lui dit-elle, dépêchez-vous; mettez-vous
vite à côté de moi, pendant que la place eft encore chaude. *Modefte* ne doutant plus d'échaper
abfolument au danger, penfoit déjà au moyen
de fortir de la chambre; quoique fa fituation
fût des plus critiques. Ce vieux lit, qui n'étoit
que de fangles, fervoit depuis fi long-tems, que
les bandes s'étant relachées, le fond touchoit
prefque au pavé de la chambre, quand on le
furchargeoit un peu; ainfi quand ce grand corps,
prefque auffi lourd que Goliat, fe laiffa tomber
dans ce lit, on s'imagine bien que Frère *Mo-*
defte devoit être tellement foulé, que ne pouvant tourner à droit ni à gauche, il rifquoit à
tout moment d'y être fuffoqué; chaque mouvement que le Garde faifoit, avant qu'il fut endormi, étoit autant de coups de maffue, qui, en
écrafant fon corps, le mettoient infenfiblement
de niveau avec le plancher. Heureufement, que
Modefte n'avoit pas eu le tems de s'habiller; car
s'il eut eu fes habits, faifant un plus gros volume, il n'eût pas pu y tenir fi long-tems; & a-
vant que le matin fut venu, il eut été obligé de
fe faire connoître, pour fortir de la preffe où il
fe trouvoit.

Mais le Garde du Pape s'étant enfin endormi,

après plufieurs tours faits dans ce mauvais lit, & *Modefte* étant bien affuré que fon fommeil étoit profond, par un rouflement, qui, quoique très-défagréable à entendre dans toute autre circon- ftance, flatta plus fes oreilles dans ce moment, qu'une mufique des plus mélodieufes ; *Modefte*, dis-je, commença à penfer férieufement à fe dé- gager ; ce qu'aïant fait avec toute la précaution imaginable, il fe trouva enfin maître de choifir le parti qu'il jugeroit le meilleur, pour fortir de ce Labirinte, dont l'entrée lui avoit été facile, mais dont il avoit déjà défefpéré de trouver la fortie.

Le premier moyen, qu'il imagina, fut de fauter par la fénêtre ; mais aïant confidéré qu'elle étoit trop haute, & que par-là, outre qu'il pou- voit fe tuer ou du moins s'eftropier, il rifquoit de rendre publique une intrigue, qu'il avoit tant d'intérêt de cacher ; il ne s'y arrête prefque pas. Le fecond moyen qui fe préfente fut de fe faifir du fabre du Garde, de lui couper la tête, dans l'inftant, au moins de l'obliger à faire une capi- tulation, honorable, tant pour lui-même, que pour Demoifelle *Antonia*. Cette dernière réfo- lution de Frère *Modefte*, fe fortifioit d'autant plus, que peu s'en falloit qu'il n'eût repris fa première façon de penfer ; & n'eût été les périls de fa première profeffion, il l'eût volontiers pré- férée à la faintété de l'état cénobitique. Cepen- dant pouvant dans l'état religieux, en gardant certaines apparences, vivre, à quelque différence près, comme lorsqu'il étoit parmi les bandits de Corse, il suivit constanment sa dernière vocation.

Enfin *Modeste* s'arrêta à un troisième expédiant comme le plus sûr, & le plus propre à triompher d'un rival qui étoit venu le supplanter, si mal-à-propos: sortant donc de dessous le lit avec toutes les précautions imaginables & en se glissant, peu à peu, pour ne pas éveiller le géant, il se dégagea à la fin; & s'habillant de pied en cap avec tous les habits du Garde, il mit à la même place les siens, afin que celui-ci s'éveillant, y fût trompé : aïant donc troqué son capuchon, contre un chapeau bordé; son mauvais habit, contre un habit galoné ; sa corde & son rosaire, contre un ceinturon & un sabre ; ses sandalles, contre des bottes; en un mot, son froc, contre un habit militaire, il étoit encore tenté de se venger sur le champ de son cruel ennemi. Les habits, dont il venoit de se révêtir, faisant un effet contraire à celui du St. habit; peu s'en fallut qu'il ne tranchât la tête à ce second Goliat; mais pour se soustraire à cette forte tentation, il se hâta de descendre, & d'aller dans la ruë prendre sa résolution ultérieure. Après quelques réflexions sur le parti qu'il y avoit à prendre, il s'arrêta à un qui, sans être ni si violent ni si tragique que ceux qui s'étoient présentés jusqu'à ce moment, étoit, pour le moins, auſſi éfficace, pour ſatisfaire à ſon juſte reſſenti-ment. Quoique *Modeſte* s'applaudit, d'avoir mis ſon adverſaire dans un cruel embarras, par la ſubſtitution qu'il avoit faite de ſes propres habits à ceux du Garde; ſa victoire n'eut été qu'imparfaite, s'il n'avoit pas jouï lui-même du divertiſſant ſpectacle de voir ce nouveau Franciſcain. Pour y reuſſir & rendre la ſcène publique, il s'en va au corps-de-garde voiſin; & aïant demandé à parler à l'Officier de Garde, il lui dit que paſſant devant une maiſon ſuſpecte, il y avoit vu entrer un religieux Capucin, & qu'il étoit ſûr que dans le moment qu'il lui parloit, le Moine étoit couché avec une fille de mauvaiſe vie, & que pour garant de ſa parolle, il conſentoit à ſe rendre ſon priſonnier lui-même, & à ſubir la punition la plus exemplaire, s'il lui en impoſoit. L'Officier avoit toute la peine du monde à l'en croire; il étoit ſi prévenu en faveur de la ſaintété des Moines, & en particulier en faveur des Capucins, que croyant que *Modeſte* lui en impoſoit, ou exagéroit de beaucoup, il ne s'en raporta à ſon récit, qu'après les proteſtations les plus fortes de la part de *Modeſte*, qui, avant tout, dut eſſuïer de la part du crédule Officier, une verte réprimande ſur la vie débordée & licentieuſe des Militaires en général. Enfin ſe rendant aux aſſurances du faux ſoldat, il exigea de lui qu'il le conduiroit à la maiſon de la courtiſanne. Arrivé devant la porte, *Modeſte* frapa ſi rudement, que le Garde éveillé à ce bruit, ne douta pas que ce ne fut un détachement, qui venoit se saisir de lui ; l'Officier aïant, sans doute, reconnu qu'il s'étoit évadé de Castel-Gandolfe : sa faute lui paroissoit d'autant plus impardonable, qu'il avoit quité son poste, pendant la nuit. Ne doutant donc plus de son malheur, il ne vit d'autre expédient que de se mettre sous le lit, & pour empêcher ses camarades de faire de grandes recherches, il se saisit des habits qui étoient sur la chaise, & se tapit, le mieux qu'il lui fut possible à peu-près à la même place où *Modeste* avoit eu tant de peur & tant de peine. En attendant, *Antonia*, fort en peine & fort allarmée, ouvrit la porte. *Modeste* & sa suite entrant avec précipitation, lui demandent où étoit le Capucin, qu'ils savoient positivement avoir passé la nuit avec elle ; & sans lui donner le tems ni de répondre ni de se tranquiliser, toute l'escouade acourre à la suite de *Modeste*, qui l'introduisit dans la chambre d'*Antonia*. *Antonia* sachant positivement que *Modeste* s'étoit évadé, & étant bien assurée qu'on ne le trouveroit pas chez elle, protesta en prenant tous les saints à témoin, qu'il n'y avoit pas de Moine chez elle, & qu'elle ne recevoit jamais de pareille engeance. *Modeste*, qui connoissoit exactement tous les coins & toutes les cachettes de la chambre, se douta bien que le gaillard se seroit fourré sous le lit ; commença à fouiller ; & retirant d'abord une partie de son accoûtrement monaſtique; ici, Monſieur, dit-il à l'Officier de Garde, ici : je ne crois pas me tromper ; & aïant mis ſa tête ſous le lit ; ah ! j'étouffe, dit *Modeſte*; quelle odeur inſuportable! Vraiment, non, Monſieur, je ne me trompe pas; c'eſt lui-même; l'odeur du gouſſet capucinal infecte; j'en ſuis étourdi: j'avois bien toujours oui dire que pour trouver un Capucin, il n'y avoit qu'à le ſuivre à la piſte ; comme les chiens ſuivent le renard ; je n'euſſe jamais cru qu'ils ſentoient ſi mauvais; l'odeur du bouc, quand il eſt en chaleur, eſt plus ſupportable que celle du Capucin. Prenant la Lanterne que la Garde avoit apportée, il découvrit l'infortuné Gaillard, malgré ſa grandeur naturelle ſi rapétiſſé, qu'à peine pouvoit-on le diſtinguer; tant il s'étoit, pour ainſi dire, appétiſſé & applati ſous ce lit, trop bas pour ſervir de cachette aiſée & commode. Bon, Meſſieurs, s'écrie *Modeſte*, le voici, ce St. Moine, avec toutes les marques caractériſtiques de la ſainteté ; & tirant de deſſous le lit, la croix, le roſaire, la diſcipline & la corde, vous voyez bien, Meſſieurs, que le St. homme étoit venu ici pour faire pénitence : c'eſt bien domage que nous venions le troubler dans cette ſainte retraite : voyez, Meſſieurs, comme il eſt tout nud: il étoit prèt, ſans doute, à ſe donner la diſcipline : ce n'eſt aſſurément que par modeſtie, & que pour cacher le mérite de cette bonne œuvre, qu'il eſt venu ſe mettre ici ſi mal à ſon aiſe: permettez, père révérend, que je vous aide à macérer votre corps, pour la Gloire de Dieu. Frère *Modeste*, en même tems, lui donnoit de si grands coups de corde, que le pauvre malheureux en étoit déjà tout meurtri. Sortez de ce réduit, mon cher Frère; sortez; n'aïez pas peur: nous vous épargnerons la peine de vous flagrer vous-même; & puisque vous avez choisi ce lieu pour vous y mortifier; bien loin de vous détourner d'une si sainte action; nous vous aiderons avec plaisir dans ce St. exercice: vous savez bien qu'il n'est rien de plus salutaire pour l'ame qu'une discipline bien donnée. Pendant que Frère *Modeste*, tant par ses discours ironiques, que par de bons coups de corde, achevoit de confondre le prétendu Capucin, les soldats, détachés de la Garde, s'abandonnoient aux ris immodérés causés par une scène aussi comique, ajoutoient de leur côté, par leur railleries au malheur du prétendu reclus, & lui faisoient les niches les plus insultantes, & les pièces les plus atroces: il ne savoit lui-même où il en étoit: cette scène lui paroissoit être un véritable sortilège; & il se reconnoissoit à peine lui-même. Enfin obsédé de railleries & d'insultes, & meurtri déjà en plusieurs endroits de son corps, il se hazarda à parler; & assura avec le plus grand air de vérité, qu'il n'étoit pas Capucin. Bien loin de persuader & de convaincre, on redoubla, & les ris, & les outrages; & pendant que le Capucin prétendu essuïoit les brocars de toute cette troupe, la désolée *Antonia*

s'éffors'efforçoit de crier avec les marques de la plus vive douleur; nous sommes perdus; nous sommes perdus; nous sommes enchantés; quelque magicien nous a enforcellés.

La scène, quoique des plus divertissantes, & des plus complettes, pour Frère *Modeste*, pouvoit avoir de très-mauvaises suites pour lui, si *Antonia*, ou le Garde du St. P. venoit à le reconnoître: ce qui étoit très-aisé, après le moment de la première surprise; se croyant donc pleinement vengé & pour le moins quite envers son rival, il pensa à faire une retraite honorable, & de laquelle il pût s'applaudir: c'est pourquoi, profitant de la confusion qui regnoit dans cette chambre, a-vant que son ennemi ne pût reconnoître sur lui ses propres habits, il gagna adroitement la por-te, & descendant assez vite les escaliers, il s'é-carta précipitament de ce quartier, s'imaginant qu'il avoit laissé son Compétiteur en bonne main, pour compléter sa victoire. Il n'étoit cependant pas encore au fond des dégrés, que l'Officier de Garde qui s'étoit apperçu de son évasion, le sui-vit pour lui en demander la raison: je suis obligé lui dit Frère *Modeste* de me rendre au plus vite à Castel Gandolfe: je suis très-fâché de ne pouvoir rester plus long-tems avec vous: je vous recom-mande le vénérable Capucin, & vous prie d'a-voir pour sa personne les égards & le respect dûs à son St. Caractère. Par cet air de vérité, Frère *Modeste* se tira de ce mauvais pas.

D

Le Garde du Pape, forti de deſſous le lit, &
pouvant ſe voir & ſe contempler à ſon aiſe, fut
ſtupéfait, & abaſourdi de voir les habits, & tout
l'aſſortiment d'un Capucin. Ne pouvant en
déviner la raiſon, & ne trouvant pas d'ailleurs
ſes véritables habits, il fut pleinement convaincu
que le Ciel avoit ſuſcité quelque Démon, pour
enlever les uns, & apporter les autres; afin de
l'expoſer à un rude châtiment des offenſes dont
il s'étoit rendu coupable. Il n'y a pas d'hommes plus ſuperſtitieux que les Italiens, & particulièrement les Napolitains. *Antonia* n'avoit
pas été long-tems à défaire le nœud gordien, &
elle fut bientôt au fait de tout; ce qui lui étoit
plus aiſé qu'à ſon amant. Celui-ci, perſuadé que
le Ciel vouloit le châtier; ô Ciel! s'écria-t-il, je
reconnois que je vous ai offenſé. C'eſt bien ma
faute, ſi je ſuis ſi ſévèrement puni. Je ne pouvois pas ignorer que ce jour ne fût celui du St.
Vendredi; & cependant, ô chair! ô trop fragile
chair! j'avois aſſez d'autres jours pour aſſouvir ma
honteuſe paſſion; pourquoi ſouiller la ſaintété de
celui-ci par une débauche infâme. O! St. Janvier, je me recommande à vous; ayez pitié de moi;
& ſoyez aſſuré qu'à l'avenir vous aurez le premier
rang dans les objets de ma dévotion. Après avoir
fini ces triſtes, mais ſuperflus & inutiles regrets,
& s'être recommandé, de ſon mieux, aux créatures
céleſtes, il tâcha de mettre dans ſon parti des
gens qui ne paroiſſoient guères diſpoſés à s'atten-

drir en fa faveur. Meſſieurs, leur dit-il, faites de moi, tout ce qu'il vous plaira: mon fort eſt entre vos mains; mais je vous proteſte que je ne ſuis nullement ce que je parois être; je vous aſſure que je n'ai jamais été Moine, & que je n'ai jamais eu de vocation pour la vie pénitente. Il alloit continuer fa touchante harangue, quand l'Officier de garde l'interrompit. Non-non, révérend Père, lui dit-il, vous ne nous ferez pas illuſion, nous y voyons clair: cependant nous ſommes très-ſenſibles à votre triſte avanture. Sa-fa dépêchons; prenez vite vos habits, & vos fan-dalles; nous n'avons pas le tems de nous amuſer: cependant le Caporal, vivement ſcandaliſé d'a-voir entendu ce mauvais ſujet renier ſon maître, animé d'un St. zèle pour la gloire de St. Fran-çois, cengla à ce prétendu apoſtat quelques coups de corde, qui ne furent que le doux pré-lude des traitements qui lui reſtoient à recevoir. Ce pauvre miſérable, jouant le rolle de patient, fut affublé à la Capucine par ces cinq à ſix gaill-lards, qui ſe plaiſoient à lui ſervir de valets de chambre dans cette occaſion. Le nouveau Capu-cin étant habillé, & étant pourvu de tous les at-tirails de la pénitence, l'Officier le conduiſit de-vant le miroir; & l'aïant obligé à s'y conſidérer, il lui demenda, s'il étoit Capucin ou non. Celui-ci, trompé par fa propre apparence, reſta inter-dit, & prit le parti de ſe réſigner aux ordres du Ciel. Enlevé de la chambre de fa maitreſſe, ſans avoir le cœur de lui faire ſes adieux, il ſe vit indignement conduit par cette impertinente ſolda-teſque, qui, depuis la maiſon de la Courtiſanne juſ-qu'au corps-de-garde, ne ceſſa de lui donner des coups de corde, & de lui demander s'il recon-noiſſoit St. François pour ſon maître. Aïant paſ-ſé tout le reſte de la nuit, expoſé à la groſſiére-té, & à toutes les brutales ſaillies de la garde, il fut ramené, dès qu'il fut grand jour, à la pla-ce publique, pour y être expoſé aux inſultes de toute la canaille, & baffoué d'une manière pro-portionée, à la griéveté de ſa faute. Il ne fut pas long-tems ſans être reconnu de pluſieurs de ſes camarades, qui enfin s'aſſemblent en troupe, & ajoutent aux inſultes & aux railleries, qu'il avoit éprouvées, la nuit paſſée. Cette métamor-phoſe ſingulière donna une ample matière à leurs ſarcasmes. Pour lui, reconnoiſſant le doigt de Dieu dans cette avanture, il fut quiter, le plus vite qu'il put, ſes habits, pour leſquels il eut tou-te ſa vie une ſingulière vénération, croyant qu'ils lui avoient été donnés par miracle, pour l'aver-tir de faire pénitence. Il promit à Dieu de ne plus aller chez ſa maitreſſe le Vendredi, & à St. Janvier, de ne jamais paſſer devant ſa ſtatue ſans lui adreſſer une fervente prière. Le tems ap-prendra ſi le Garde de ſa Saintété ſera plus pru-dent, plus exact, & moins libertin à l'avenir.

Quant à Frère *Modeſte*, il revint fort gai & fort ſatisfait, au couvent; il s'aplaudiſſoit même du fuccès de fon avanture; & s'imaginant qu'elle feroit publique le lendemain, fans qu'il y fut compromis, il fe propofoit d'en rire comme les autres; mais fur-tout de s'en divertir avec *Antonia*.

Cependant avant de fe coucher, il reprit dans fa cellule le fecond habit qu'il y avoit; les Capucins étant tous dans l'ufage, malgré leur pauvrété & leur faloperie, d'en avoir toujours au moins un de relai, avec tout l'affortiment ordinaire; & étant refforti dans l'inftant, il fut dépofer les habits militaires fur la porte d'un autre couvent de Capucins qui étoit affez près du fien. *Modefte* avoit eu la précaution de fouiller dans les poches du dit habit, & de s'en approprier particulièrement le peu d'argent qu'il y trouva, & cela feulement en compenfation de la perte réelle qu'il avoit faite de fon Froc, &c.

Frère *Modefte* n'eut pas long-tems à s'applaudir de fa prouefle; & par un de ces accidents qui tiennent du prodige, cette avanture eut pour lui les fuites les plus terribles & les plus funeftes.

Clément XIV. dont la régularité, la févérité & la profonde politique font le caractère diftinctif, fut informé dès le lendemain, de la trifte avanture, arrivée à un de fes Gardes; & l'aïant interrogé lui-même fur les circonftances de cet accident; le Garde tremblant, & adouciffant, le mieux qui lui étoit poffible, les acceffoires, pôu ne pas fcandalifer le Chef de l'Eglife, raconta en peu de mots l'hiftoire de la métamorphofe miraculeufe. Le St. père eft trop éclairé pour autorifer le fuperftitieux foldat, dans une fauffe croyance à ce fujet. Lui-même, de l'ordre de St. François, il fait trop bien de quoi font capables les Francifcains dans des circonftances pareilles ; & comme il eft ennemi déclaré du vice, fa rigidité ne lui permit pas de le laiffer impuni, même dans fa propre famille. Il fit appeller fur le champ les fupérieurs des maifons des Capucins de Rome ; & leur aïant remis l'habit qu'il avoit retiré des mains profanes du Garde, il leur dit qu'au moyen de cet indice, il falloit abfolument découvrir le coupable & l'infame, qui deshonnoroit l'ordre ; afin d'en faire un exemple capable d'intimider les autres, & de mettre fin, s'il eft poffible, à des défordres contre lefquels les gens du monde s'élèvent avec force.

L'ordre de S. S. étoit trop précis pour l'éluder ; & le Souverain Pontife eft trop ferme dans ce qu'il veut, pour qu'il y eut moyen de fe fouftraire à fa volonté, quelque rigoureufe qu'elle fût. Les trois fupérieurs font leur révérence, & affurent qu'ils vont donner tous leurs foins à la découverte du malheureux Frère. Chemin faifant, ils fe confultoient fur le moyen le plus efficace, de donner fatisfaction au S. P. & enfin après bien des moyens propofés de part & d'autre, le plus naturel leur parut de faire chacun dans leur maifon l'inventaire de la garde-robe particulière de chaque Frère, & en cas que par là on ne pût rien découvrir de pofitif, il n'y avoit pas d'autre moyen que de faire une neuvaine au St. fondateur, afin qu'étant intéreffé lui-même à venger fa gloire, il fît reconnoître le véritable auteur de cet attentat.

Les R. R. P. P., arrivés chacun dans leur maifon, affemblent chacun de leur côté leur communauté ; & après un difcours pathétique fur le fujet de cette affemblée extraordinaire, le Gardien & le père Vicaire vont faire la vifite exacte de toutes les cellules, & particuliérement celle du magafin général, dont le Frère Dépenfier gardoit exactement la clef. Cette vifite produifit le bon effet qu'on en avoit attendu ; & la neuvaine propofée, à St. François, fut feulement faite en actions de graces d'une découverte, fi effentielle à tous égards.

L'infortuné Frère *Modefte*, interrogé en plein chapitre de l'ufage qu'il avoit fait du St. habit qu'on lui avoit donné à fon entrée au noviciat, ne put ni le repréfenter, ni donner de bonnes raifons pour fe juftifier de ce qu'il ne l'avoit plus ; l'humiliant aveu de fa faute fuivit de près la conviction de fon crime, lorfqu'on lui eut repréfenté le Froc qu'il avoit profané. Sa fentence fut remife au lendemain ; parce qu'il falloit, avant tout, que le St. père fut informé de tout ce qui fe paffoit. Le Gardien des Capucins du couvent, à la porte duquel il avoit remis l'habit militaire, intervint comme partie, prétendant avec raison que le crime du Frère *Modeste*, par cette circonstance, acquéroit un nouveau dégré d'atrocité, par la calomnie évidente, quoique tacite, dont il s'étoit rendu coupable, en tâchant de jetter des motifs de suspicion sur un monastère qu'il prétendoit irréprochable.

Le Pape connoissant à fond les loix pénales de l'ordre dans lequel il avoit été élevé lui-même; s'en raportant d'ailleurs à la sévérité du Sénat Capucinal, abandonna l'infortuné Frère à son juge naturel, & se contenta de recommander au Supérieur prompte & bonne justice: ce qui fut executé de la manière que je vais décrire:

Le 25 Octob., à l'issuë de Matines, toute la communauté assemblée extraordinairement en chapitre, Frère *Modeste*, ci-devant *Perreti*, fut conduit au milieu du Sannedrin capuchoné; & après avoir fait amande honorable, devant le buste & les reliques du séraphique fondateur, fut dépouillé de l'habit de l'ordre, & dégradé, comme parjure à ses vœux, traître à tout l'ordre en général, infidèle à sa religion, comptempteur de toutes les loix, &c. &c. &c. condamné à recevoir, sur le champ, deux cents coups de discipline, & à être mis *au vade in pace* *, après avoir subi la douloureuse Cérémonie de la combustion.

(*) Le *vade in pace* est une fosse obscure, pratiquée dans l'intérieur de tous les Couvents pour servir de prison perpé-

La fentence lue à haute voix , & le patient attaché fur la table dreffée à cet effet , on lui mit cent petits pelotons d'étoupes fur le corps, arrangés miftérieufement , & enfuite toute la communauté dont chaque Moine portoit un cierge allumé , faifant la proceffion , autour de la table, mit la feu à ces étoupes ; bien entendu que comme le nombre des boullettes , égalloit celui des Religieux , chaque Religieux allumoit la fienne, pendant le chant du Pfeaume *Miferere* , & au fon de la cloche appellée *Languiffante* , parce qu'on ne la fonne que pour annoncer l'agonie de quelque Religieux. Enfuite quatre Frères levant l'énorme pierre qui ferme l'entrée de la foffe obfcure , où l'on met les criminels , condamnés au

---

tuelle à tous les mauvais Religieux , dont les crimes, vrais ou fuppofés , ne peuvent être excufés vis-à-vis du public. Ces infortunés y meurent à petit feu, n'y recevant tous les jours, par un petit trou, pratiqué exprès, qu'un peu de pain bis , & un peu d'eau. La plus-part y meurent de bonne heure. Ces fortes de prifons font interdites en France ; mais malgré la vigilance des Magiftrats, les Moines , & particulièrement les Capucins , favent fe fouftraire à leur prudente vigilance. Cette Note ne peut être utile qu'aux païs affez heureux pour n'avoir aucune rélation avec les Moines ; car dans tous les païs de la domination fpirituelle de Rome, il n'y pas jufqu'au plus groffier païfan, qui ne fache ce que c'eft que le *vade in pace*, la Cérémonie *de la combuftion* , *& la cloche languiffante,* &c. &c. &c.

dernier fuplice, Frère *Modefte* y fut defcendu, pendant que tous ces bons & zélés Pères chantoient les obfèques du condamné, comme ne devant plus revoir la lumière.

Ainfi finit cette hiftoire *Comi-tragique*, qui n'eft que trop véritable, pour l'honneur de l'humanité, de la nature, & de la Religion. Les mémoires, dont nous l'avons traduite, nous viennent de trop bonne main; & elle a fait trop de bruit à Rome, pour en révoquer l'autenticité. Il ne faut d'ailleurs, qu'avoir une foible idée de la qualité de la plus grande partie des fujets qui compofent l'ordre monacal en général, de la vie que mènent ordinairement les Frères *Quêteurs*, de la fuperftition de tous les Moines, & de leur cruauté envers ceux de leurs Frères, qui fe comportent trop ouvertement en fcélérats, pour fe convaincre que toute extraordinaire que paroiffe cette anecdote, elle n'a rien qui puiffe fervir de motif à l'incrédulité.

AVANTURE GALANTE

DE LORD M***.

Londres .... 1773.

LORD M***. avoit accoutumé de paſſer une partie de l'Eté à ſa maiſon de campagne, tant pour ſe dérober aux plaiſirs trop bruïans de la capitale, que pour y jouïr de tous les agréments & de toutes les commodités de cette ſaiſon : y étant allé cette année, comme à ſon ordinaire, il ne s'y occupa d'abord que des projets qu'il avoit formés avant d'y venir ; & ce ne fut que ſur la fin, & quelque jours avant ſon départ pour Londres, qu'il fut frapé de la beauté de Sally C——, ſa fille de ſervice. Sally étoit dans ſa dix-huitiéme année ; une taille avantageuſe, mais bien faite, la diſtinguoit de ces grands corps minces & fluets, plus propres à décorer un cabinet d'anatomie, qu'à tout autre choſe : l'embonpoint de Sally excitant le déſir, & rappellant le plaiſir, tenoit un juſte milieu entre ces maſſes informes de chair & de graiſſe qui raſſaſient par la ſeule vuë, & cette maigreur exceſſive qui nous fait fuir naturellement tout ce qui a raport à un ſquélette : ſa gorge, déjà formée, offroit le plus attrayant ſpectacle ; un mouvement preſque inſenſible, mais continuel , fembloit annoncer les efforts inutiles que faifoit fon fein , pour fe dégager des liens qui le retenoient dans la plus étroite captivité , & dans une prifon du fond de laquelle il commençoit à s'évader malgré la rigidité de Sally. La Nature s'étoit furpaffée , ce femble , en faveur de cette fille ; fon front ouvert , fes yeux noirs & piquants , & fon nez bien tiré , concouroient à compofer une phifionomie des plus régulières & des plus féduifantes ; la blancheur éclatante des dents les mieux rengées , fe mêlant avec le vermillon de fes lèvres , relevoit admirablement bien la fraicheur du tein le plus uni & le plus doux; fon col bien proportioné , & à demi-couvert par des boucles flotantes de cheveux noirs , donnoit une nouvelle force à cette aimable figure , qui d'ailleurs annonçoit l'innocence la plus parfaite & la fanté la plus brillante. Tant d'attraits fixèrent enfin l'attention de Lord M———. Il commença par de petites complaifances , dont Sally ne connut peut-être que trop bien le motif ; il fe perfuada enfuite qu'en multipliant fes petits foins auprès de Sally, il fe frayeroit aifément le chemin de fon cœur qu'il croyoit encore novice; & ne doutant nullement qu'elle ne fe rendît aux premières propofitions qu'il lui feroit, il fe perfuada être déjà en poffeffion de Sally, & de pouvoir difpofer à fon gré , pendant le peu de tems qu'il devoit refter à la Campagne, de fon cœur, de fon goût, & de tous fes fentiments ; quelques

petits préfents lui parurent plus que fuffifants
pour payer des faveurs, dont il ne devoit jamais
tâter. Sally en effet étoit trop agée pour fe laiffer tromper par des bagatelles, & trop rufée pour
ne pas tirer parti de la crédulité & de la foibleffe de fon maître ; elle fut affez adroite pour
fortifier fa paffion , en lui accordant de petites
faveurs qui ne fignifient rien, quand elles ne font
pas fuivies d'autres plus confidérables ; faveurs que
cette adroite fille avoit foin de proportioner toujours aux marques de fincérité que fon maître
lui donnoit, & qui, en le captivant de plus en
plus, l'engageoient infenfiblement à des largeffes
plus grandes. D'accord avec l'honnête *John* fon
amant, auquel elle n'avoit pas manqué de confier
toute cette intrigue, c'eft auffi fur fes confeils
qu'elle fe régloit, & fur le plan qu'il lui avoit
tracé qu'elle régla fa conduite. Son amant lui
avoit furtout recommandé de tâcher de fe faire
affurer par le Lord une fomme d'argent qui en
valût la peine, l'affurant à fon tour qu'il fe chargeoit de mettre fon innocence à l'abri de toute
atteinte, & qu'il fauroit bien la préferver de l'infamie. L'occafion fe préfenta bientôt comme
d'elle-même ; le Seigneur Anglois étoit à la veille
de fon départ ; & les fréquents rebuts, quoique
mêlés d'efpérance, qu'il avoit éprouvés de la part
de Sally, bien-loin d'éteindre fa flamme, n'avoit
fervi au contraire qu'à la fortifier, & à rendre fes
défirs plus vifs & plus ardents. Un jour enfin après

avoir éprouvé pendant plus d'une heure des refus conſtants, ne pouvant plus réſiſter à la paſſion qui le maitriſoit, & qui acquéroit de nouvelles forces à proportion qu'on le laiſſoit aprocher de plus près du ſanctuaire du plaiſir, mais dont on lui deffendoit conſtamment l'entrée, toutes ſes ſollicitations étant inſtructueuſes, il prit le même parti pour vaincre l'opiniatreté de Sally, que Jupiter avoit pris avant lui pour s'introduire auprès de *Danaë*. Sally enfin vaincue par une conſtance auſſi héroïque, & par l'éloquence plus pathétique qu'à l'ordinaire du Lord, lui promit de lui tout accorder dans un rendez-vous qu'elle lui donna.

Une fille eſt rarement cruelle jusqu'au bout; & du moment qu'on s'explique avec la même énergie du Lord dans cette dernière circonſtance, le triomphe de l'homme eſt certain, & la défaite de la fille aſſurée. Cette maxime conſtante fit croire au Lord que ſon bonheur étoit certain. Il ſeroit inutile de dépeindre l'enthouſiaſme & la reconnoiſſance de **Lord M.** A la propoſition du rendez-vous, on ſe perſuade aiſément que le moment qui doit combler nos voeux, & que l'on croit proche, répand dans l'ame un contentement & une joie que l'on ne peut que ſentir, & qui ne peut être jamais bien rendue. Sally ne manqua pas d'avertir le cocher, ſon amant, de tout ce qui ſe paſſoit, & le réſultat de leur délibération fut, que le cocher, révêtu des habits de Sally, ſe rendroit ſeul au lieu marqué, pour y recevoir leur commun maître. Le moment du rendez-vous étant arrivé, Lord M———. s'y rendit avec autant d'exactitude que d'impatience. Le court eſpace qui ſéparoit ſon appartement du grenier à foin auquel il devoit ſe rendre, lui parut encore trop long. Ce lieu avoit paru le plus propre à Sally pour faire réuſſir ſon projet, & le plus convenable au Lord pour y favourer, à ſon aiſe & ſans trouble, le plaiſir d'une intrigue qui lui avoit tant coûté de ſoins, pour la conduire à ſa fin : ſon imagination, échauffée par l'aproche du plaiſir, lui retrace tous les charmes de Sally qu'il croit déjà tenir entre ſes bras ; & quoique ce ſoit dans la plus profonde obſcurité, qu'il doit en être mis en poſſeſſion, le miſtère même, qui doit accompagner cette précieuſe jouïſſance, la lui rend & plus délicieuſe & plus chère. Sally, dit-il, en arrivant dans cette grange, Sally, ma chère Sally, es-tu ici? Le ruſé *John* contrefaiſant la voix de ſa maitreſſe, & imitant, autant qu'il lui eſt poſſible, celle dont il va tenir la place, répond avec une timidité & une eſpèce de tremblement, qui auroit trompé un amant moins empreſſé que le Lord; ouï, Monſieur, aprochez. A cette invitation le maître de Sally, tranſporté de joie, ne ſait plus de quel côté s'avancer; ſes ſens ſe confondent; ſon imagination s'égare; ſes pas chancellent; & l'yvreſſe, qui s'empare de ſon ame, retarde, malgré lui, le moment de la jouïssance ; enfin sans trop savoir dans cet instant où il va, ni ce qu'il va faire, il se trouve auprès de la fausse Sally ; il la serre étroitement entre ses bras ; ses mains parcourent rapidement tous les attraits de son cocher, que l'illusion lui fait prendre pour ceux de sa fille de service ; sa bouche se colle successivement sur celle de la Nimphe postiche & sur son sein ; les plus tendres baisers en un mot préludent à la possession de l'objet de ses désirs les plus enflammés ; & au moment où il se dispose de les remplir & de les couronner, le cocher ne pouvant, par plus d'une raison, soutenir plus long-tems son personnage, & jouer son faux rolle, saisissant, d'un bras fort & vigoureux, le trop crédule Lord, le précipite en bas de l'escalier du grenier, auprès duquel il avoit eu soin de se placer, pour être à portée, sans doute, d'exécuter le complot qu'il avoit formé avec sa chère maitresse ; heureusement que dans la chute le Lord ne se fit ni rupture ni contusion, qui en l'exposant à la raillerie du public, lui eussent rapellé, à tout instant, son infortune. L'histoire autentique, de laquelle nous avons traduit cette anecdote, assure positivement qu'il en fut quite pour la peur, & pour cinquante Guinées qu'il avoit payées d'avance à l'infidelle Sally ; elle ajoute encore qu'aïant recouvert l'usage de ses sens, dont la chute avoit dû le priver nécessairement, les cris & les plaintes qui lui échapoient

malgré

malgré lui éveillèrent à la fin tous ses Domestiques, qui ne sachant où courir, vinrent enfin le
trouver étendu au pied du fatal escalier. Qu'on
se représente leur surprise, & la confusion de
leur maître, qu'on s'imagine la satisfaction secrète
de John & de Sally dans les voluptueux embras-
semens, qui dûrent suivre de près la réussite de
leur projet; qu'on se peigne le dépit & la confusion de Lord M——; on se fera, sans doute, la
plus juste idée des suites d'une avanture aussi
singulière que malheureuse pour ce Seigneur
Anglois.

LA REVENGE de LORD B——.
sur le LORD G——.

Londres Janvier . . . 1774.

LOrd B——, jeune, riche, & capable par mille agrémens de faire la conquête du cœur le plus
revêche à l'amour, & le plus obstiné à garder sa
précieuse liberté, étoit aisément parvenu à s'introduire dans la maison de Lady C——. Toutes
les meilleures maisons de Londres lui étant ou-
vertes, Lady C——, qui passoit pour une fille

accomplie , à tous égards, gagna le cœur de Lord B——, qui ne pouvant résister aux charmes innocents de cette Demoiselle, quita bientôt toutes ses sociétés , abandonna même toutes les intrigues secrètes pour lesquelles il avoit un goût décidé, & fit constamment sa cour à Lady C——. Comme leurs conditions étoient assorties aussi bien que leurs fortunes , les parents s'empressèrent d'unir bien vîte deux amans qui, dès lors, étoient inséparables , & qui sembloient promettre dans leur union , un exemple bien digne d'être suivi, & d'autant plus admirable qu'il est plus rare. Ce couple heureux & digne d'envie, vit avec la plus grande satisfaction, mettre le sceau à son heureuse destinée dans l'église paroissiale de St. James: leur félicité ne fut pas de longue durée; les parents de l'un & de l'autre ne furent pas longtems à s'appercevoir que les apparences les mieux fondées sur la réalité, ne sont le plus souvent que de belles illusions , qui flatent, & qui n'ont de solidité qu'un instant. Et en un mot tout Londres a été témoin, que contre toute vraisemblance, un himen, qui par la constante fidélité des deux époux devoit faire exception à la régle générale , ne fit sensation que quelques jours, & que l'éclat de sa beauté fut terni, presqu'au même moment qu'il commençoit à éblouir.

Lord B—— dégoûté bientôt d'un plaisir uniforme, & d'une jouïssance trop aisée, ou pour mieux dire trop continuë, abandonna peu-à-peu fa chère moitié, & fe livra fans ménagement, aux délices fpécieufes d'une vie volage, libertine, & variée par des liaifons, qui, quoique honteufes, en font le charme, en même tems qu'elles en font les délices. Lady B—— fe voyant indignement abandonnée par celui qui lui avoit juré tant de fois, qu'elle feule avoit été en état de fixer fon inconftance, & de la fixer pour toujours; après avoir employé les moyens ufités par une femme vertueufe & tendre, pour ramener fon mari, pleinement convaincue de l'inutilité de fes foins, à cet égard, & ne pouvant plus douter d'un délaiffement entier, & d'un abandon abfolu, prit fon parti, comme le prennent toutes les femmes d'aujourd'hui, c'eft-à-dire, qu'elle penfa à fe dédomager de l'indifférence de Lord B——.

Perfonne n'ignore qu'enfin la mode a prévalu, & que ce qui n'étoit, dans le commencement, que goût, caprice, ou fantaifie, eft devenu aujourd'hui obligation & devoir; on fait enfin, qu'une Dame du premier Rang pafferoit pour une imbécile, fi elle vouloit réfifter à la tentation, d'ailleurs bien délicate, de fe venger des infidélités d'un mari, & fi elle ne le payoit de la même monnoye. Il n'y a aujourd'hui qu'un très-petit nombre de *bonnes antiquaires* qui s'élèvent avec force contre un tel ufage; qui pour le condamner, allèguent un himénée de quarante à cinquante ans, dans lequel, difent-elles, leur fidélité a été inaltérable, quoique mife très-fouvent à de rudes épreuves; mais on fcait que ces bonnes vieilles ne prêchent aujourd'hui la chafteté conjugale , que parce que perfonne ne veut courir le risque de les mettre dans le cas d'y manquer; ainfi ni leurs déclamations, ni leurs exemples forcés ne produiront aucun fruit ; & les jeunes femmes iront toujours leur train, jusqu'à ce que l'age, ou plûtôt le dégoût de leurs amans, mette des entraves à leur penchant.

Lady B⸻ que le chagrin de fe voir méprifée par un homme qu'elle aimoit réellement, avoit presque défigurée, & mife dans l'état le plus digne de compaffion, ne pouvant plus dévorer l'amertume de fa pofition, réfolut de faire comme les autres, & de chercher quelqu'un qui pût adoucir fon trifte fort. Lord G⸻ qui depuis longtems étoit aux aguets, qui attendoit impatiemment le moment, auquel Lady B⸻ reconnoîtroit l'inutilité de fe laiffer confumer par un chagrin inutile, s'infinua auprès de cette belle affligée, avec ce ton doucereux & compatiffant qui a fait tant de dupes, & qui lui a procuré tant de jolies avantures : que je vous plains, Madame, lui dit-il ; & que votre fort m'afflige fenfiblement; j'ai employé tout le crédit que je croyois avoir fur l'efprit de votre époux, pour tâcher de le rendre à fon devoir, & à vos tendres embraffements; j'ai été affez malheureux pour ne pas réuffir; & je vois à regret, que vous n'avez plus d'efpoir de le

voir revenir fidèle; je partage votre infortune; &
elle m'intéresse si fort, que je ne puis plus vous
cacher, que ce que je n'ai d'abord cru être en
moi, qu'un simple effet de ma bonté naturelle,
est devenu l'effet du plus tendre, mais du plus
violent amour. A ces mots Lord G—— tomba
aux genoux de Lady B——; & profitant en habile homme du premier désordre qui suit toujours
des déclarations si vraies en apparence, quand on
les fait à une jeune femme, sensible, & qui se
croit outragée, Lord G—— parvint aisément à
consoler la belle Lady B——, & à lui donner
un goût décidé pour des consolations si pathétiques, & qui font bientôt supporter avec résignation les plus grands malheurs. Lady revenue à
elle-même, ne se reprochant pas sa foiblesse; voulant cependant tâcher de la disculper: vous avez
tiré avantage, dit-elle à Lord G——, de ma situation; vous ne m'avez pas permis de me mettre
en garde contre vos apas trop séduisans, & contre
mon propre cœur irrité par les outrages de mon
mari; tout semble avoir concouru à ma défaite,
& à votre victoire; je suis trop avancée pour
reculer; je consens donc à vous donner mon
cœur méprisé par un perfide; puisse-je n'être pas
abusée par un choix si précipité; & puissiez-vous
ne me donner jamais lieu de me repentir de
mon imprudence! Une acceptation aussi formelle
des services de Lord G—— lui causa une sensible joie; il s'étoit bien attendu à vaincre; mais

Il n'avoit pas ofé efpérer que fon triomphe ne lui coûteroit qu'une courte déclaration. Il revint chez lui, après avoir protefté de nouveau de fon tendre amour, de fa conftance & de fa difcrétion.

Il eft quantité de jeunes gens qui ne comptent pour rien les faveurs les plus précieufes, s'ils font obligés d'en jouïr en fecret; ils trouvent même plus de fatisfaction dans la fauffe gloire qu'ils attribuent à leur publicité, qu'à la jouïffance même. Lord G—— étoit du nombre de ces jeunes étourdis qui publient partout leurs avantures; & qui ne les racontent en fecret à plufieurs amis, que pour que ceux-ci les divulguent & les rendent encore plus publiques; ainfi ne gardant plus de ménagement avec Lady B——, & fe faifant une gloire d'être publiquement fur fon compte, le public fut bientôt informé de toute cette intrigue. Lady B—— connut enfin qu'elle avoit fait un faux pas, en fe confiant au plus indifcret de tous les hommes; mais le mal étoit fans remède; il n'étoit pas même poffible de le pallier. Le jour avant que fon époux fut informé de tout, (car les Maris font toujours les derniers à favoir les intrigues de leurs Femmes) Lady B—— fit refufer la porte à Lord G—— qui venoit à fon ordinaire faire fa cour; furpris d'un tel refus, auquel il ne s'attendoit pas, il revint chez lui; & feignant d'ignorer les véritables raifons qui avoient engagé fon amante à une telle

démarche, il lui écrivit le Billet fuivant pour lui
en demander compte.

MADAME,

„ Ma furprife eſt auſſi grande que mon amour
„ eſt allarmé par le refus que vous avez fait de
„ me voir aujourd'hui; comme je ne puis pas en
„ déviner la caufe, ne défaprouvez pas, qu'une
„ impatience bien pardonnable, m'engage à vous
„ fupplier de me l'apprendre : je ne vous fais
„ pas le tort de penfer, que vous foïez capable
„ d'inconſtance ; encore moins puis-je me per-
„ fuader d'avoir donné lieu à une disgrace écla-
„ tante ; mon amour & ma discrétion me raſſu-
„ rent de ce côté; & fi je fuis congédié, le motif
„ de la fentence qui a prononcé ma disgrace,
„ fera toujours un problême pour moi, dont vous
„ feule pouvez me donner la folution. Quoiqu'il
„ en foit, adorable Lady, je ferai jusqu'au der-
„ nier foupir le plus tendre, le plus vrai, & le
„ plus fidèle de vos amans; duſſe-je être le plus
„ malheureux.

Lady B—— qui par la lecture de ce billet fe
confirmoit de plus en plus, de la fauſſeté du caractère de Lord G——, ne put retenir fes larmes; & elle les laiſſa couler en abondance fur la
perfidie de cet homme, qu'elle commença à
déteſter auſſi fortement, qu'elle l'avoit aimé. Sa

première réfolution fut de ne pas lui répondre;
mais enfin elle ne put fe refufer à la confolation de confondre un traître & un parjure; voici
la réponfe qu'elle lui fit.

„ Vous me demandez , Monfieur , la folution
„ d'un problême, que vous êtes à portée de re-
„ foudre tout feul; mais fi votre indiscrétion &
„ votre fotte vanité à vous applaudir en public,
„ d'avoir été capable de me faire manquer à
„ mon devoir , ne font pas pour vous des in-
„ ductions affez fortes pour vous donner la fo-
„ lution que vous cherchez, confultez toute la
„ ville de Londres , qui a appris, de votre bou-
„ che , ma honte & votre infamie. Je vous
„ difpenfe de conferver des fentiments de ten-
„ dreffe pour moi ; quand ceux que vous dites
„ avoir pour moi , feroient auffi vrais , qu'ils
„ font faux , un caractère comme le vôtre, ne
„ mérite en retour qu'un fouverain mépris. Auffi
„ eft-ce fur quoi vous pouvez compter de ma
„ part, pendant tout le refte de ma vie. Voilà
„ votre problême réfolu ; il m'en refte un dont
„ la folution n'eft pas fi aifée : il confifte à dé-
„ terminer à quel point la nature eft aveugle,
„ quand elle donne l'exiftence à des monftres
„ tels que vous "?
Tout autre que le Lord G——— eut été interdit après la lecture d'un congé auffi formel &
auffi cruel; mais un coupable fe rend toujours

juſtice au fonds de ſon cœur; & un méchant homme n'a jamais honte que le public la lui rende
auſſi; ainſi l'indiſcret Lord G——, bien-loin de
ſe ſouſtraire pour quelque tems au ridicule dont
il s'étoit couvert vis-à-vis des gens de bon-ſens,
ſe hâta de raconter ſa cataſtrophe dans toutes les
maiſons publiques qu'il fréquentoit, l'attribuant
à l'inconſtance générale des femmes, & ſe diſpo-
ſant à tenter fortune ailleurs.

Le lendemain de ce coup d'état, Lord B——
entra dans l'appartement de ſon épouſe au moment qu'elle penſoit à ſortir de ſon lit, qu'elle
avoit arroſé de ſes larmes. La ſurpriſe de voir entrer chez elle ſon mari, qu'elle n'y avoit pas vu
depuis plus de ſix mois, la mit dans un trouble
qu'elle ne put cacher, & dont ſon mari fut ſen-
ſiblement touché. Ne voulant pas la laiſſer long-
tems dans l'incertitude du ſujet de ſa viſite; avec
cet air gai & ingénu qu'il ne quitoit jamais; je
viens, dit-il, Lady, partager avec vous votre
affliction, & vous rendre l'office d'un bon ami;
je ne parle pas de l'outrage qu'on prétend dans le
monde que vous m'avez fait; ce n'eſt pas pour me
venger ſur vous que vous me voyez à côté de votre
lit; je vous rends juſtice; vous ne vous êtes deshonorée que parce que j'y ai donné la plus grande
occaſion; & ſi je vous euſſe été moins infidèle,
votre fidélité n'eut pas reçu la moindre atteinte;
je ſuis aſſez raiſonable pour nous rendre juſtice
à l'un & à l'autre: cependant il nous faut à l'un

& à l'autre une vengeance proportionée à l'outrage; je viens vous dire que je m'en charge. Si
vous confervez un refte de tendreffe pour moi,
& qui foit en état de vous allarmer fur celle que
je médite; je vous affure que vous pouvez vous
tranquilifer, & ne pas en redouter les fuites; je
n'ai pas deffein de me venger de Lord G——
en héros de Roman; celle que je lui prépare,
quoique moins éclatante, n'en fera pas moins fa-
tisfaifante pour nous; & je veux le punir par
l'endroit où il a péché, ou pour mieux dire, je
ne veux attaquer que la partie de fon corps qui
vous a féduitte & ma deshonoré.

A peine Lady B—— pouvoit-elle croire ce
qu'elle entendoit fi diftinctement; l'intérêt que fon
mari fembloit prendre à fa gloire; le foin qu'il
prenoit, pour l'excufer; en un mot un changement dans fon époux auquel elle ne s'attendoit
pas, & qu'elle devoit encore moins efpérer, après
le travers qu'elle venoit de fe donner, lui paroiffoit un rêve. Confufe, interdite, pénétrée de
joie & de trifteffe, elle n'avoit pas le mot à dire;
enfin ne pouvant s'expliquer, elle s'élance du
lit, & fe jettant entre les bras de fon époux,
les foupirs, les fanglots, les careffes, & les plus
tendres embraffements interprétèrent fes fentiments, & furent bien plus éloquents que tout
ce qu'elle auroit pu dire, ou pour fe juftifier, ou
pour demander grace. Le cœur de Lord B——
n'étoit que volage, & dans toutes fes inconftan-

ces il avoit confervé un fond de tendreffe pour
fa Lady, qui fe réveilla dans ce moment délicieux qui leur retraça leur première félicité.
Lord B—— méla donc fes larmes à celles de
Lady; il répondit à fes embraffemens par des
careffes que l'amour le plus vif dirigeoit; je fuis
au défefpoir, ma chère Lady, lui dit fon époux,
que mes débauches vous ayent forcée à vous
livrer à un perfide qui vous a fi indignement
trahie; & j'ai un égal chagrin de ce qu'elles m'ont
réduit à ne pouvoir vous prouver, dans ce moment, que je vous regarde encore comme ma
Femme, & que je fuis véritablement votre époux;
recevez de nouveau mes ferments & ma foi, &
fi je fuis affez malheureux que de vous avoir forcée à reprendre celle que vous m'aviez jurée;
j'ai du moins la confolation & la fatisfaction de
trouver dans votre défordre même, le remède efficace pour me retirer des miens, & pour me réunir
fincèrement à une femme qui me fera toujours
également chère, quoiqu'elle n'ait pas toujours
mérité ma tendreffe. Mille baifers fcellèrent ce
nouveau contrat; & Lord B—— fe difpofa tout
de fuite à fe venger de Lord G——, comme
il l'avoit projété.

Quoiqu'il eût promis à fon époufe une fidélité
qui feroit déformais à toute épreuve, il crut pouvoir s'en permettre encore une, parce qu'elle en-
troit néceffairement dans la vengeance qu'il vouloit avoir de Lord G——. Celui-ci avoit époufé

une femme vertueuse & digne à tous égards d'un
meilleur sort; son mari n'avoit pas rompu tout-à-
fait avec elle; il lui laissoit même toute sa liberté; & Lady G——— étoit de toutes ses parties
de plaisir, & partageoit quelque-fois son lit avec
son mari; sur-tout quand celui-ci étoit dans le
tems de ses recherches, & qu'il n'étoit pas fixé.
Il devoit se donner dans peu un bal masqué, où
tout ce qu'il y avoit de mieux dans Londres devoit paroître; Lord B——— crut trouver là une
occasion favorable à son dessein; il aprit que Lord
G——— devoit y conduire sa femme; & qu'il
avoit fait la dépense d'un habit de masque pour
lui & pour elle d'un goût nouveau & élégant; il
s'adresse au tailleur de Lord G———; & moyé-
nant quelques Guinées, il l'obligea à en faire,
pour lui & pour Lady B——— d'exactement con-
formes, & si parfaitement ressemblants aux deux
autres, que le tailleur lui-même pût s'y tromper.
L'habile Artisan seconda si parfaitement l'intention de Lord B———, que son moyen lui réussit
au-delà de ses espérances: il se rendit au bal avec
son épouse qui n'étoit nullement du secret; &
aïant affecté de danser une contre-danse, dans laquelle Lord G——— figuroit avec sa femme, il
lui fut aisé de veiller le moment où la contre-
danse étant finie, Lord G——— s'écarta un instant pour accoster dans une autre sale une Dame
à laquelle il avoit donné rendez-vous, pour
achever de conclure son marché. Lord B———

qui étoit inftruit de tout, & s'imaginant bien qu'il avoit affez de tems pour confommer fa vengeance, quite fon époufe, & fans affectation aborde Lady G——, qui fe méprenant au mafque, fe laiffa facilement entraîner dans un petit bouge à côté de la falle, & croyant bonnement répondre aux tendres embraffades de fon époux, fe prêta, fans le favoir, à une vengeance d'autant plus cruelle, & plus affligeante, qu'elle, qui étoit innocente, devoit en fouffrir la première, & en être la trifte victime. De retour chez elle, fon mari qui n'avoit pas pu auffi bien réuffir que Lord B——, voulant éteindre avec elle des feux qu'une autre avoit allumés, Lady G——, peu accoutumée à des marques de tendreffe fi fubitement réïtérées, ne put s'empêcher d'en témoigner fa furprife; vous êtes bien paffioné ce foir, dit-elle à fon mari; quoi fi fouvent! Et la danfe ne vous at-elle pas fatigué? Celui-ci, ne comprenant rien à ce difcours, lui demanda ce qu'elle vouloit dire avec un air & un empreffement, qui commencèrent à infpirer des doutes à Lady G——, fi elle ne fe feroit pas réellement trompée dans le bouge de la falle du bal. Affez embaraffée fur la réponfe qu'elle devoit faire, elle fortit de ce mauvais pas par une répartie qui donna le change à Lord G——; mais s'étant apperçus l'un & l'autre, dans quelques jours de-là, que la fource de leur plaifir avoit été empoifonée par quelque main malfaifante; & commençant déjà à en porter les marques douloureufes, Lady ne douta plus que les fuites du bal n'en fuffent la vraie caufe; & Lord G———, affuré de ne s'être pas expofé depuis long-tems à une maladie auffi honteufe qu'elle eft dangereufe, ne doutant plus de l'infidélité de fa Lady, rompit ouvertement avec elle, & demanda une féparation juridique qu'il obtint. Lord B——— après s'être trop vengé d'un affront qu'il s'étoit attiré, renonça pour toujours à la diffipation outrée à laquelle il s'étoit livré depuis fon mariage; donna tous fes foins à réparer fa fanté délabrée par des excès, dont il eut honte; fe réconcilia fincèrement avec fon époufe, qui de fon côté ne négligea rien pour faire oublier à fon mari, l'éclipfe que fa fidélité avoit faite; enfin ces deux époux, après s'être donnés un ridicule & un travers qui leur avoient attiré le mépris de leurs concitoyens, regagnèrent l'eftime & l'approbation de leurs compatriotes, par une tendre union que rien ne put déformais altérer. Ils font les délices de la fociété, l'admiration même des plus étourdis, & la confolation de leurs familles; & malgré tout cela, tant d'autres époux à Londres, qui les imitent dans leurs égaremens, ne fe difpofent pas de les imiter dans leur retour. Il n'en coute rien de donner des éloges à la vertu; on eft même forcé de le faire; mais il en coûte trop pour la pratiquer & pour la fuivre; fa beauté ravit notre admiration; mais le plus fouvent elle ne fait pas d'autre impreffion; & lors même que nous préconisons la vertu, nous sommes les plus zélés partisans du vice.

LE JUIF PETIT - MAITRE
ET CO..... U.....

Londres Octobre . . . 1773.

UN descendant d'Abraham, un arrière petit cousin du Messie; en un mot, un Juif, petit-maître, fat, Macaroni, &c. &c. &c. s'étoit avisé d'épouser une jolie femme de sa tribu, & après quelques mois de mariage, voulant absolument se mettre au niveau de tous les petits maîtres mariés, il tâcha de se procurer une Concubine, à l'imitation sans doute du père des Croyans, de Salomon, & de tous les grands personages de l'ancienne Loi. Mr. DaC—a, de la tribu de Lévi, est ce Juif dont je vais raconter une anec-dote assez comique, quoiqu'assez ordinaire. Qu'on ne s'imagine pas que ce soit un personage, ni un nom supposé que j'emprunte, c'est un des plus fameux Actionistes sur la place de Londres, & un des plus habiles & des plus souples Négociants dans cette branche honorable du commerce; son honnêteté, & son opulance lui ont fait faire une connoissance particulière avec Madame Ferguson, célèbre Religeuse du couvent de la Place Royale; en un mot, il seroit inutile de s'étendre davantage pour en donner un signalement plus circonstancié. Revenons à son avanture.

Madame DaC—a, belle, jeune, bien-faite, & sur-tout d'un tempérament, qui se ressentoit encore de son origine orientale, ne pouvoit plus supporter le délaissement total, & l'abandon le plus décidé de la part de son mari; après avoir pris patience pendant plus de quinze jours, & s'être bien assurée que l'Israëlite prodiguoit à des chrétiennes des faveurs qu'il ne devoit qu'à sa chère moitié, & autorisée enfin par son époux même à la transgression de sa loi, qui deffend expressément les alliances charnelles, avec les nations étrangères & ennemies du Peuple de Dieu, cette jeune délaissée fit ce que tant d'autres font, sans avoir les mêmes raisons qu'elle; c'est-à-dire qu'elle se procura un honête chrétien qui lui aidât à supporter les dégoûts de son mari avec plus de patience & de résignation. Si la loi de la fidélité conjugale sembloit la condamner d'un côté; la loi du *Talion* la justifioit d'un autre; en un mot, son cœur, ses besoins, & l'usage constant, qui par son ancienneté a passé en force de loi, achevèrent de lever tous ses scrupules.

Négli-

Négligée de son époux, ne voulant pas se négliger elle - même, elle jetta les yeux sur un certain Musicien, aussi fameux par sa délicatesse &
son goût dans la Musique, que par une tournure
agréable, une belle figure, & sur-tout par une
taille avantageuse & bien proportionée ; le *Haut-
Bois* & la *Flute douce* étoient ses deux instruments
favoris, & ceux sur lesquels il excelloit. Dans
le moment que Mr. & Mad. DaC—a étoient à
leur toilette, & qu'ils se paroient avec un goût
exquis & nouveau pour se rendre au Panthéon,
le premier soir de son ouverture, & où Mr. &
Mad. se proposoient de briller, & d'éclipser
tout le reste de cette assemblée ; Mad. DaC—a
reçut un petit billet de son cher amant, par lequel il l'avertissoit, que comme il devoit jouer
ce soir-là, il s'étoit proposé d'exceller, afin de
tâcher de jetter son mari dans la plus grande admiration, & de l'occuper si fort pendant tout le
reste de la soirée, que profitant de l'extase
dans laquelle il l'auroit mis, il sortiroit incognito pour se rendre dans son appartement rue
de Barwik, pour y exécuter avec elle un Duo,
plus agréable que toute la Musique du Panthéon.
La rusée *Pompéy* reçut ce billet, & le glissa
adroitement dans la main de sa maîtresse, sans
que Mr. DaC—a s'en apperçut, quoique dans ce
tems il donnât le bras à son épouse pour la conduire à l'assemblée ; la fille de chambre prétextant d'épousseter la poudre qui étoit tombée sur

F

l'épaule du Juif Petit-maître. Ce couple heureux étant arrivé au fameux Temple du Dieu d'amour; Madame DaC——a se plaça derrière l'orchestre; un coup d'œil de Mr. L. son amant l'aïant avertie que c'étoit la place la plus commode à son dessein. Mr. DaC——a au contraire s'étoit introduit, à son ordinaire, dans le milieu de l'appartement, & étoit parvenu jusqu'au centre de la Compagnie, pour y choisir une Nimphe de son goût, afin de pouvoir danser à sa fantaisie, jusqu'à ce qu'il fut entièrement fatigué; car malgré la difformité de sa ridicule personne, se croyant plus beau qu'Adonis, parce qu'il avoit richement couvert son corps, qui a plus l'air d'une *Pagode* que d'un homme, il se croyoit adoré de toutes les belles, & obligé par reconnoissence à se fatiguer avec elles, jusqu'à rendre le dernier soupir. Sa tendre moitié le voyoit avec plaisir se confondre & disparoître dans ce cercle, se proposant d'aller danser à son tour dans une assemblée moins tumultueuse, mais bien plus délicieuse, pour s'y consoler de l'infidélité de son mari, en lui rendant *Cornes* pour *Cornes*. Quand le Musicien s'apperçut qu'il pouvoit s'éclipser, sans crainte d'être découvert, il se hâta de sortir avec Mad. DaC——a qui se fit une douce violence en se laissant entraîner par un homme avec lequel il lui tardoit si fort, de diversifier ses plaisirs. Arrivés au lieu qui devoit être celui de leur entretien, ce couple, digne d'envie, répéta tant qu'il eût d'haleine le *Duo* projeté, en l'honneur de Vénus, & de son fils. Et après avoir pris les mesures nécessaires & les plus in-faillibles, pour cimenter leur liaison, ils se ren-dirent encore à l'assemblée, qu'ils avoient quitée pendant quelque tems, pour y jouïr du plaisir délicieux de voir pousser déjà sur le front du Macaroni Cocu, un bois naissant qu'ils avoient projeté de cultiver, afin qu'à l'abri de son ombre, il put se garantir par la suite des coups de soleil, toujours dangereux; lui qui depuis si long-tems avoit renoncé à porter de chapeau; & qui comme ses semblables ne portoit qu'un chifon sous le bras.

MARIE C***.

ou L'ORGUEIL PUNI.

Londres . . . . . 1773.

UN honnête Fermier de la comté de Dorset avoit eu de son mariage avec C*** une fille unique, nommée Marie, que son aisance avoit mis en état d'élever d'une manière honnête; il n'avoit pas même épargné son argent pour donner à cet enfant une éducation, utile & proportionée à son état. Marie n'avoit encore que treize ans, quand elle eut le malheur de perdre son père. Sa mère, encore assez jeune, que l'économie & l'habileté de son mari laissoit dans une situation avantageuse du côté de la fortune, voulut continuer de régir par elle-même la Ferme, voyant bien que c'étoit un moyen sûr pour augmenter son bien, & procurer à sa fille un établissement avantageux: heureuse si l'ambition, & l'attachement démésuré qu'elle avoit pour Marie, ne l'eussent pas séduitte; & si contente du bien que son mari avoit ramassé, elle se fut retirée pour vivre à son aise, & continuer l'éducation de sa fille! Le succès de son entreprise ne répondit pas à son attente, & dans moins de deux ans elle s'apperçut, mais trop tard, que la Régie d'un bien demande tous les soins d'un homme, & que rarement ceux d'une femme répondent à son attente. En effet aïant été obligée de s'en raporter entièrement à des étrangers & à des domestiques, elle fut bientôt reduitte à prendre sur une partie des épargnes de son mari pour payer sa Ferme; & voyant que si elle continuoit de la tenir, bientôt elle feroit reduitte à la plus extrême pauvreté, elle engagea le propriétaire de cette Ferme, à rescinder le bail, & à lui permettre de se retirer, pour vivre tranquillement & sans tracas: en aïant obtenu la permission, elle fut joindre une de ses anciennes amies, veuve aussi d'un riche négociant de Briſtol, qui lui avoit laiſſé une fortune conſidérable.

Ces deux veuves, à-peu-près du même âge, ſe firent un plan de vie honnête, qu'elles ſuivirent ſans faſte & ſans oſtentation; mais comme la fortune de Marie avoit conſidérablement diminué par les pertes que ſa mère avoit faites, il fallut penſer au moyen d'y ſuppléer en ſe mettant en état de gagner ſa vie. Marie étoit née avec un petit fond de vanité, qui lui faiſoit regarder la vie privée & ſimple avec un dédain qui ſe fortifioit tous les jours; étant déjà en état de former des projets rélatifs à ſon amour propre, elle tâcha d'apprendre tout ce qui eſt néceſſaire pour former une femme de chambre élégante; l'envie de paroître dans le grand monde, & des diſpoſitions heureuſes, la mirent bientôt en état d'entendre & de parler paſſablement la langue Françoiſe; enfin aïant déjà ſeize ans accomplis, elle s'intrigua ſi bien, qu'elle entra au ſervice de Lady M—— qui fut charmée d'avoir une fille de chambre d'une auſſi jolie figure que Marie. Tout en effet prévenoit en ſa faveur; douceur, honêteté, bonne grace, vivacité, dextérité, en un mot tout ce qui peut contribuer à intéreſſer vivement, Marie le poſſédoit à un dégré éminent. Juſqu'à ce moment elle avoit conſervé cette modeſtie, & cette reſerve, qu'une fille perd rarement en Province, & qu'elle ne conſerve preſque jamais dans la Capitale; arrivée à Londres avec ſa maîtreſſe, elle eut bientôt fait des connoiffances, dans le quartier de St. James, où Lady M—— faifoit fa réfidence; des liaifons intimes avec d'autres filles de fon état fuivirent de près; & en un mot, Marie ne fut pas long-tems fans prendre un goût décidé pour toutes les modes qui à fon arrivée lui avoient paru fi extraordinaires & fi ridicules, s'accoutumant infenfiblement à voir des têtes fimétriquement défigurées, & ornées aux dépens d'une quantité énorme de cheveux étrangers; pouffée autant par fon propre penchant, que par des exemples auffi multipliés, fa parure décente, modefte & fimple, lui déplait & la dégoûte; & fans en demander l'agrément à fa maîtreffe, elle quite fes habits ordinaires, & en prend dans la Garderobe de Lady M——, pendant qu'elle étoit à l'opéra. S'étant ajuftée le mieux qui lui fut poffible, elle reçut Lady M—— dans cette nouvelle décoration, qui la furprit, autant qu'elle l'allarma, par les fuites qu'elle en prévit dès-lors. Ne voulant cependant pas la gêner à ce fujet, elle lui laiffa une entière liberté de fe mettre comme elle voudroit, étant d'ailleurs très-contente de fa façon de fervir.

Comme la maifon de Lady M—— étoit overte aux gens de la première diftinction de Londres, & que d'ailleurs c'étoit là à proprement parler le rendez-vous de toute la plus jeune nobleffe, Marie prit bientôt le ton, les airs & les façons les plus agréables, les mieux polies & les plus inté-

reſſantes; Marie en un mot par la façon de s'é-
noncer, par la beauté de ſa voix & par tous
les agréments imaginables, attira bientôt les attentions de tous les jeunes gens que Lady M——
recevoit chez elle. Marie étoit de toutes les parties; on lui confioit les ſecrets les plus importants; on lui faiſoit la grace de l'admettre dans
toutes les ſociétés; en poſſeſſion de toute la confiance de ſa maîtreſſe, ennivrée d'éloges & com-
blée d'attentions par toute cette jeuneſſe étourdie, il n'en falloit pas tant pour achever de lui
tourner la tête: dès ce moment elle mit peu de
diſtinction entre ſa maîtreſſe & elle, parce qu'elle
voyoit que les jeunes Seigneurs n'y en mettoient
que très-peu; mais elle avoit trop peu d'expérience, pour découvrir l'intérêt particulier qui
dirigeoit les hommages qu'on lui rendoit. Le
premier qui la trompa, ſans la corriger, étoit un
jeune Seigneur, qui, ſous les dehors les plus apparents d'une véritable tendreſſe, la ſéduiſit au
point, qu'elle ſe crut déjà ſon épouſe, n'étant à
peine que ſa maîtreſſe. Il ſeroit difficile de dire
ſi Marie aimoit Milord D. plus par un véritable
attachement, que par une ambition déréglée de
devenir une des premières Dames de Londres;
ſon cœur, plus épris d'orgueil que d'amour, paroiſſoit ne s'être donné que pour ſatisfaire cette
première paſſion, n'étant que très-peu ſenſible à
la ſeconde. A peine Milord D., dont les vués
répondoient parfaitement à celles des Seigneurs

de leur âge, dans ces intrigues clandeftines, eut-il déclaré fon amour apparent & fa feinte tendreffe à Marie, qu'elle lui répondit par une propofition de mariage, qui ne fut nullement du goût de fon premier amant; après quelques réponfes vagues, & qui ne l'engageoient à rien, voyant que Marie étoit inflexible, & qu'elle ne vouloit répondre à fes vuës, qu'au préalable elles ne fuffent autorifées par le facrement; il fe défifta aifément, & céda fa place à Lord Volpone, qui, plus fin, plus habile & plus conftant que lui, obtint des faveurs de Marie, auffi long-tems qu'elles purent le fatisfaire, fans que Marie en devint pour cela Madame Volpone.

Ce jeune Seigneur étoit un des plus affidus à faire fa cour à Lady M—— pour laquelle même il affectoit une prédilection affez marquée; un air majeftueux, une figure agréable, des façons engageantes, & un je ne fais quoi, fi fort du goût de toutes les coquettes, lui avoit gagné le cœur de Lady M—— & celui de Marie. Sans une foupleffe extrême, & une expérience confommée dans l'art de feindre, & de tromper plufieurs coquettes à la fois, en fe ménageant les faveurs des unes & des autres, il lui eut été impoffible de fe conferver dans les bonnes graces de la maîtreffe & de la fille de chambre; mais Volpone n'en étoit pas à fon premier effai; & il étoit déjà paffé par tous les dégrés qui mènent infenfiblement un jeune étourdi à la gloire de

tromper toutes les femmes qui font affez dup-
pes de faire fond fur des proteftations folles &
extravagantes. Soit que profitant de la confidence que le premier amant de Marie lui avoit
fait fur les prétentions de cette fille , il voulût
augmenter fa gloire par une conquête que fon
ami avoit perduë par mal-adreffe , foit que réél-
lement touché des fentiments que Marie ne manquoit pas de lui laiffer entrevoir dans toutes les
occafions où la rivalité de fa maîtreffe ne pouvoit pas nuire à fon projet, Volpone faifit avec
empreffement la première occafion de pouvoir
s'expliquer en particulier avec Marie : „ j'ai cru
„ m'appercevoir, lui dit-il, que votre cœur s'é-
„ toit donné à moi ; dites-moi franchement, fi
„ c'eft de votre confentement ou malgré vous;
„ ne craignez rien , & parlez-moi fans détour;
„ fi vous m'aimez, Marie, foyez affurée d'un re-
„ tour fincère ; je ne vous parle pas des grands
„ avantages que je puis vous faire ; je fcais que
„ votre cœur n'eft pas à acheter ; il vous faut
„ amour pour amour ; & tu vois, ma chère Ma-
„ rie, le plus tendre, le plus paffioné, & le plus
„ conftant de tous les amans ”. En difant ces
mots ils fe précipita entre le bras de cette fille,
qui après bien de petites faveurs, accordées moitié de gré, moitié de force, eût cependant affez
de courage, pour empêcher Volpone de remporter
une victoire, qui devoit lui coûter plus des foins,
plus de dépenfes, & plus de fourberie.

F 5

Marie , interditte & hors d'elle-même , n'eut
pas la force de répondre à Volpone , & quelqu'un qui entra dans le cabinet de Lady M——
où ils étoient, interrompit cette première entrevuë. Cependant Volpone se retira fort satisfait ;
& quoiqu'il prévit que Marie avoit encore toute
sa vertu , il se promit d'en triompher avant peu, en
promettant ce que son prédécesseur n'avoit pas
voulu promettre ; & Marie de son côté s'applau-
dissoit d'avoir pu se faire déviner par Volpone,
ne doutant pas que Volpone ne fut éperduëment
amoureux d'elle, & que cet amour ne lui fit faire
la folie de l'épouser. Peu de jours après cette
explication imparfaite de leurs sentimens mutuels,
il se présenta une occasion qui mortifia extraordinairement l'orgueil de Marie, & qui par-là accé-
léra sa perte.

Lady M—— à qui Volpone donnoit la main fut
à un bal où devoit se trouver la première Noblesse d'Angleterre , & où les gens seuls de la première distinction avoient l'entrée; Marie qui par-là
se voyoit exclue d'une partie si fort de son goût,
fit tant auprès de sa maîtresse, & encore plus auprès de Volpone, qu'elle obtint la permission de les
y suivre ; mais elle ignoroit que sa maîtresse ne
pouvoit, sans se compromettre , l'introduire dans
cette illustre & brillante assemblée; elle fut donc
reduitte à être confondue avec le reste de la
livrée dans les antichambres; & malgré sa parure
il falut se résoudre à voir de loin sa maîtresse &

Volpone profiter de tout le plaifir du bal & de la danfe, fans pouvoir le partager avec eux. Il feroit difficile de décrire l'agitation, le dépit, & la confternation de notre petite orgueilleufe ; fa fituation étoit des plus critiques, & fa mortification alloit jusqu'au défefpoir ; & c'étoit·là que Volpone, qui la connoiffoit à fond, vouloit l'amener pour en triompher plus fûrement: il n'avoit même follicité fa maîtreffe en faveur de Marie, que parceque prévoyant bien ce qui en arriveroit, il étoit affuré d'en retirer le plus grand avantage.

De retour chez elle, elle accabla de reproches Volpone & Lady M——; & comme on l'avoit autorifée, par une complaifance mal placée, à prendre avec eux un air d'égalité qui lui avoit fait oublier fa condition, elle ne ménagea ni les termes ni les expreffions; & elle protefta hautement, que puisque dans cette occafion on l'avoit traitée comme une vile fervante, elle fçauroit bien trouver le moyen de fe fouftraire à ces humiliations. Enfin après bien d'autres extravagances qu'il fallut lui paffer, & dont Volpone s'applaudiffoit en fecret, elle finit par répandre un torrent de larmes qui déceloient fon amour propre & fa vanité.

La femme qui fuivit celle du bal dont je viens de parler, on annonça une brillante Masquarade, dont on excluoit formellement les filles de chambre fans exception: à cette nouvelle, Marie réfolut de se venger de l'affront qu'elle prétendoit avoir reçu de sa maîtresse, & de s'en venger sur elle-même: s'étant ménagé une entrevuë avec Volpone, voici le discours qu'elle lui tint.

„ Je sais Lord que vos arrangemens sont déjà „ faits avec Lady M——, pour la conduire à „ cette partie de masque qui doit se faire dans „ peu ; cependant si je dois vous en croire, vous „ êtes prêt à tout me sacrifier; ce n'est qu'après „ m'être assurée moi-même de votre sincérité & „ de votre probité, que j'ai souffert vos assidui- „ tés & vos petits soins; le moment est venu où „ vous devez me prouver que je ne me suis pas „ abusée; je veux être absolument de cette par- „ tie de masque ; & je veux que ce soit vous „ qui m'y conduisiez ; & comme par mon état „ actuel j'en suis exclue, c'est à vous à pren- „ dre les moyens de m'y mener d'une façon con- „ venable à votre naissance ". Je ne suis nulle- ment embarrassé pour le prendre ce moyen, lui répondit Volpone ; j'accepte avec une vraie re- connoissance ton invitation, ma chère Marie ; je te sacrifie, sans peine, Lady M—— ; je me trou- ve trop heureux d'être par ma fortune à même de te placer au premier rang en Angleterre ; mais je ne puis joindre ma destinée à la tienne, sans le consentement de mon père ; or c'est ce qui ne sera pas facile à obtenir dans un délai si court ; cependant fie-t'en à ma parole, je vais te chercher un logement dès aujourd'hui ; & pense

au moyen de quiter ta maîtreſſe dès ce ſolr ; par
cet expédient je pourrai te mener avec décence à
cette partie dont tu me parois avoir ſi fort envie.

La trop ambitieuſe & trop crédule Marie ac-
quieſça à toutes les propoſitions du perfide Volpone ; ſe croyant déjà ſa femme, elle ne s'occupa plus que du moyen de quiter ſa maîtreſſe, en
faveur de laquelle la reconnoiſſance lui parloit,
mais ſi foiblement, que l'orgueil regnant avec
empire ſur ſon cœur, il ſe rendoit inſenſible à
tout autre ſentiment qu'à ceux de l'amour propre. Cependant Volpone lui aïant fait part des
arrangemens qu'il avoit pris pour ſon logement,
& lui en aïant donné l'adreſſe, elle ſortit incognito de chez Lady M——, pour ſe rendre dans
ſon nouvel apartement ; elle prit la précaution de
laiſſer ſur la table un petit Billet dans lequel
elle remercioit aſſez foiblement ſa maîtreſſe des
bontés qu'elle en avoit reçu ; & la prioit de n'être
pas inquiette ſur ſon ſort. Arrivée chez la maîtreſſe de modes qui avoit loué l'appartement à
Volpone, elle y fut reçue avec toutes les marques du plus profond reſpect ; ſon amant avoit
trop bien & trop efficacément fait la leçon à ſon
hoteſſe, pour que celle-ci, conſommée d'ailleurs
dans ſon art par une longue expérience, ne s'em-
ployât pas de ſon mieux pour tromper l'infortunée Marie, en flatant ſon ambition, & ſa vanité par des attentions reſpectueuſes qu'elle avoit
d'ailleurs vendues aſſez cher.

Tout ce qui environoit Marie dans fa nouvelle demeure, flatoit puiffamment fa vanité & nouriffoit fon orgueil ; Volpone dont la fortune étoit des plus brillantes, n'avoit rien épargné pour tromper plus fûrement cette infortunée, meubles magnifiques, commodités choifies, laquais, femme de chambre, équipage brillant, en un mot il avoit monté, à Marie, une maifon complette & qui annonçoit la magnificence la plus éclatante, le goût le plus exquis, & l'amour le plus fincère ; le lendemain de fon arrivée, les ouvriers, les marchands & tous les artifans les plus célèbres du luxe fe rendirent en foule chez elle, avec ordre de fuivre ceux quelle leur donneroit, foit pour fes habits, pour fes bijoux, pour fes affortiments, & pour tout ce qui lui fembleroit le plus convenable pour paroître avec diftinction à cette partie de masque, où elle fe promettoit de triompher aux yeux de fa rivalle. Volpone ne négligea rien pour la confirmer dans fon aveuglement ; il lui connoiffoit affez de goût pour choifir elle-même fon masque & le fien ; il lui fit encore la galanterie de le lui laiffer ordonner à fa fantaifie. Le jour fixé pour la masquarade étant arrivé, Volpone fe rendit chez Marie, & environnés de tout ce que le luxe à de plus féduifant, pour une ame auffi vaine que celle de Marie, ils attirèrent avec raifon les regards de tous ceux qui compofoient cette affemblée ; un triomphe qui n'eft pas public, & dont on ne peut goûter la douceur,

qu'en fecret, n'a pour l'ordinaire que peu d'attraits , & ne fatisfait que très-imparfaitement ;
l'amour propre de Volpone n'eut été que très-
médiocrement flaté, fi dans cette occafion il eût
joui *incognito* de la fatisfaction d'avoir triomphé
de Marie , & plus encore de celle que lui cau-
foit l'approche du moment, de rendre fon
triomphe complet. Il avoit pris la maligne précaution d'avertir fes plus intimes amis & Lady
M—— elle même, du tour qu'il jouoit à Marie, & du piége infaillible qu'il avoit tendu à fa
vertu : de façon que l'arrivée de ce couple brillant ne furprit prefque perfonne. Le jeune Lord,
reçut les compliments de félicitation , d'ufage dans
ces occafions, & auxquels la jeuneffe libertine
ne manque jamais; pendant que Marie occupée de
fa future grandeur, le cœur plein de fa chimérique fortune, fe livroit fans referve aux empreffe-
ments de Volpone, qui affectoit auprès d'elle
une affiduité qui eût paffé pour ridicule, fi tout
le monde n'eût déjà fçu quel en étoit le motif.
Cette partie n'aïant fini, comme il eft d'ufage,
que quelques heures après le point du jour,
Volpone fe fit un plaifir d'en fortir un des derniers; de retour dans l'appartement de fa maîtreffe, on juge aifément que Marie avoit befoin
de repos; fon corps fatigué par la danfe à laquelle elle s'étoit livrée avec excès, & fon efto-
mac noyé par une grande quantité de liqueurs
& de rafraichiffements que l'on croit néceffaires

dans ces occafions, la jettoient dans un efpèce d'anéantiffement & dans une foibleffe qui lui ôtoient l'ufage de fes fens & de fa raifon. Volpone qui avoit tout ménagé pour la conduire à ce point, ne laiffa pas échaper l'occafion qui faifoit l'unique objet de fes défirs; la défaite de Marie fut complette, confommée, la paffion de Volpone fatisfaite, mais auffi ce fut tout; ces deux amans n'étant pas amoureux l'un de l'autre, ne dûrent pas fans doute éprouver la douce ivreffe qui s'empare de deux cœurs tendres & véritablement unis. Auffi Volpone fe reffroidit-il tout d'un coup vis-à-vis de l'infortunée Marie, en diminuant fes vifites peu-à-peu; les derniers quinze jours du premier mois qu'il lui avoit loué un appartement, il les fuprima totallement. Marie qui fe perfuadoit que fon amant travailloit aux préparatifs de fon mariage, & à en obtenir le confentement de fon père, fupportoit l'abfence de Volpone avec affez de tranquilité; ne le foupçonant pas d'une infidélité auffi honteufe, & auffi cruelle.

Elle ne fut pas long-tems dans cette erreur; fon hoteffe entra dans fon appartement, un matin que Marie s'y livroit à toute la joie, par l'idée de fon état qu'elle croyoit très-prochain; je viens vous annoncer, Mademoifelle, lui dit l'honnête maquerelle, que vous devez quiter dès aujourd'hui l'appartement que j'ai déjà reloué à un autre qui doit vous remplacer ce foir: à cette nouvelle fi inattendue, Marie lui demande fi elle

étoit

étoit d'accord avec Volpone, & si elle ne doit pas lui donner un autre appartement? je comprends, reprit la faiseuse de modes, qu'il faut vous parler clairement : Lord Volpone, en prenant l'appartement pour vous, n'a payé que pour un mois; ce mois finit aujourd'hui, & comme il me prévint qu'il ne le garderoit pas plus longtems, je l'ai déjà accordé à un jeune Seigneur qui attend après, depuis huit jours, pour y mettre une jeune Demoiselle, dont il veut faire sa femme. Mais, Madame, répliqua l'infortunée Marie, qui, dans cet instant, commença seulement à s'allarmer, n'avez-vous aucune nouvelle de Volpone depuis quinze jours que je ne l'ai vu? Non, Mademoiselle, lui dit la bonne femme, & c'est à vous que je devrois en demander, si j'avois quelque affaire avec lui ; mais grace à Dieu je suis payée; d'ailleurs tout est bien à son service, car ce n'est pas la première fois que j'ai eu affaire avec lui; & sa générosité a toujours passé mes espérances ; c'est le Seigneur le plus loyal que nous aïons dans Londres; il ne ménage rien pour son plaisir; & aussi est-il toujours le mieux partagé en maîtresses. Arrêtez, Madame, lui dit Marie, en l'interrompant; c'est trop insulter à mon malheur, vous pouvez vous retirer; & je vais tâcher de gagner sur moi, afin de sortir de chez vous le plutôt possible: faites seulement monter ma fille de chambre; votre fille de chambre, Mademoiselle ? Elle vient de sortir avec votre la-

quais; ils m'ont dit que le Lord ne les avoit engagés que jufqu'à aujourd'hui, & qu'ils alloient fe
placer pour quinze jours chez une autre fille entretenue. Marie ne put plus tenir à des récits
qui fembloient faits exprès, pour ajouter & rendre
complette la perfidie de Volpone, dont elle ne
put plus douter; occupée de fa honte, & fuc-
combant à l'idée affreufe de l'opprobre dont elle
s'étoit couverte, elle tomba évanouie fur le fau-
teuil où elle étoit affife: revenue à elle-même
fans aucun fecours, elle fe hâta, le mieux qu'il
lui fut poffible, de ramaffer tous fes effets, qui
auroient pu lui être d'une très-grande reffource;
fi fes domeftiques n'euffent eu le foin de s'en
approprier une bonne partie; il lui en reftoit
cependant encore affez pour vivre honnêtement
pendant quelque tems; car Volpone étoit prodigue même envers les filles qu'il vouloit tromper. Sans favoir trop où aller, mais réfolue de
quiter Londres, Marie fortit de fon appartement,
& prit la route de Briftol. Le hafard la conduifit chez une veuve, qui avoit été pendant
fon bas âge fervante chez fon père: elles ne fe
reconnoiffoient pas certainement ni l'une ni l'autre; & ce ne fut que par la fuite de la converfation, que Marie fe confiant fans referve à cette
honnête veuve, qui par fon affabilité & fa compaffion avoit gagné fa confiance, elles fe firent connoître l'une à l'autre. Marie lui fit la
trifte hiftoire de fa vie, & finit par lui avouer

qu'elle croyoit déjà ne plus pouvoir douter, que la fuite de fa crédulité à l'égard du perfide Volpone, ne la rendît mère d'un enfant dont elle fe croyoit enceinte ; que dans cet état elle n'oferoit revenir chez fa mère ; mais qu'elle lui demandoit en grace de la garder chez elle jufqu'à ce quelle pût cacher fa honte à fa famille & à fes connoiffances ; lui offrant pour récompenfe tout ce qui étoit en fa poffeffion, & qui étoit affez confidérable pour engager cette femme à avoir pitié de fa trifte fituation ; mais la généreufe veuve n'avoit pas befoin d'être excitée par l'appât du gain : elle avoit toujours confervé une parfaite reconnoiffance pour fes anciens maîtres ; & leur fille étoit d'ailleurs trop intéreffante par fa figure prévenante & par fon malheur même, ainfi Marie ne fit que prévenir par cette demande la propofition que fa nouvelle hoteffe alloit lui faire. Marie accablée de chagrin, de laffitude, de trouble, & de remords, éprouva bientôt les fuites infaillibles d'un état violant, autant par les peines de l'efprit que par l'épuifement du corps ; toutes les attentions & tous les foins de la veuve ne purent prévenir une maladie dangereufe qui la mit, dans peu de jours, hors d'efpoir d'en revenir, & elle ne doit fon rétabliffement miraculeux qu'à l'expérience, à l'affiduité & à l'amour de Mr. P———, Médecin fexagénaire qui fut appellé pour la foigner. Ce Docteur n'avoit jamais voulu s'engager dans le

mariage par la mauvaise opinion qu'il avoit conçue de la vertu des femmes : la crainte de n'être
que le Père putatif des enfans de l'épouse qu'il
prendroit, lui avoit toujours fait tant d'impression,
qu'il s'étoit constanment refusé à tous les partis
avantageux qu'on lui avoit proposés dans sa
jeunesse ; il avoit même poussé la délicatesse jusqu'à ne pas vouloir de Gouvernante, crainte
de n'en être pas le seul maître ; mais le moment étoit arrivé où le ciel devoit punir deux
extravagances à la fois, & l'une par l'autre ;
l'orgueil de Marie devoit être confondu en se
voyant trop heureuse de mettre son honneur à
couvert par un mariage qui unissoit sa destinée
à un vieux Médecin de campagne, qui certainement n'étoit nullement en état de remplir ses
désirs, ni de répondre à ses vues ; la méfiance inutile & ridicule du Médecin devoit être vaincuë par les attraits d'une inconnue, & qui par
tant de raisons auroit dû être suspectée d'une
vertu très-moyenne même par un homme moins
délicat que Mr. P——, & qui sans avoir eu occasion de s'en convaincre par les ressources que
sa profession devoit lui fournir, se feroit aisément persuadé, que cette fille n'étoit qu'une avanturière ; mais le ciel est juste & il punit enfin,
quand on s'obstine dans son égarement. Le vieux
Hipocrate, pressé par son fol amour, & Marie,
par la nécessité de cacher sa turpitude, conclu-
rent sans peine leur tendre Himen. A peine

Marie eût elle recouvert les forces suffisantes pour pouvoir se traîner à l'autel, & supporter la fatigue de cette auguste cérémonie ; que le vieillard s'empreffa de combler fes vœux & d'éteindre fes feux, qui devoient être d'autant plus vifs & plus ardents, qu'ils avoient couvé plus longtems fous la cendre. C'eft auffi à leur vivacité qu'il attribue encore, fans doute, la fécondité prématurée de fa chère & fi?le Marie: c'eft à fes confrères à décider s'il peut être bien fondé à s'en applaudir, & fi véritablement il *n'a reculé que pour mieux fauter*. En attendant une décifion fi importante ; il fera permis de croire que la Nature, plus conftante & plus uniforme dans fes productions, que la Médecine n'eft affurée dans fa théorie, avoit pris les devants, pour donner au Docteur un héritier de fes biens & de fes talents, qu'il n'eut peut-être jamais eu, fi Lord Volpone ne lui en eut épargné la façon. Laiffons le bon-homme dans la flateufe erreur qui fait la confolation du dernier période de fa vie, mais intéreffons-nous au fort de la trop infortunée Marie. Son orgueil méritoit d'être puni fans doute; mais toutes fes autres qualités, même fa vertu trompée, intéreffent en fa faveur. Combien n'y en a-t-il pas qui, bien plus criminelles qu'elle, font moins punies du défordre d'une vie qui prend fa fource dans le penchant & dans l'inclination décidée au libertinage? Madame P——, n'a fuccombé aux attraits du plaifir de la volupté, qu'a-

près l'avoir combattu & lui avoir réfifté très-
long-tems; & fi fon hiftoire n'étoit auffi autentique qu'elle l'eft, on pourroit douter avec raifon
qu'il y eût dans ce fiécle *une fille de chambre,*
vertueufe par fentiment ; qui n'étant fenfible
qu'aux feuls attraits de la grandeur & de l'ambition, ne fut fufceptible de corruption que par
ces deux feuls endroits.

ABRÉGÉ HISTORIQUE

DES

MÉMOIRES DE LA CÉLÈBRE

MADEMOISELLE D. V.

Trouvé dans fon Portefeuille après fa
mort prématurée.

Paris Decembre . . . . 1773.

Mademoifelle D. V. en 1770. étoit encore
dans un état affez obfcur, & couroit les ruës de
Paris, fous le nom de *Babet*; elle vivoit aux dépens de quelques jeunes Abbés , auxquels elle accor-
doit quelques légères faveurs ; & aux dépens de
quelqu'autres de fes camarades qui avoient pitié

d'elle, **en** confidération du trifte état où fes fatigues nocturnes l'avoient reduite : elle refta pendant affez long-tems en proie à la plus affligeante
mifère & à la plus opiniâtre de toutes les mala-
dies, que fon affiduité au temple de Vénus lui
avoit fait contracter. Elle étoit encore dans cette
pitoyable fituation, lorsque Mademoifelle D. B.
touchée de fa condition miférable, la retira chez
elle ; la fit foigner ; & enfin en fit fa plus chère
amie, auffi bien que fa confidente. Ce fort étoit
d'autant plus agréable pour *Babet*, que Melle D. B.
venoit de fe donner un carroffe élégant, qu'elle
avoit acheté au moyen d'un leg qui lui avoit été
payé, & qu'elle avoit gagné par une rélation intime qu'elle avoit eu avec le vieux Marquis de
St. P., lorfquelle n'étoit encore que fimple fille de
boutique chez une faifeufe de modes.

Babet n'eut pas plutôt gagné la confiance de fa
bien-faitrice, qu'elle oublia bientôt fes anciennes
connoiffances, & s'attacha uniquement à captiver
l'amitié de Melle D. B. qui avant fa petite fortune s'appelloit *Charlotte*. Opéra, comédie, bal,
promenade, parties de campagne, & enfin amufemens publics de toute efpèce, faifoient l'unique occupation de nos deux intimes amies, qu'on
appelloit communément les deux fœurs du plaifir & de la joye : auffi s'y livroient-elles fans
referve, & fans ménagement. Mais comme la
fourberie, l'ingratitude, & tous les mauvais penchants fembloient être des qualités innées dans

Babet, & que fon caractère avoit une teinte de méchanceté, plus forte que celui des perfonnes de fon fexe & de fa condition; elle commença bientôt à contrecarrer, en tout ce qu'elle put, fa meilleure amie. Elle avoit d'autant plus beau jeu, & pouvoit d'autant plus aifément fuivre fon inclination à ce fujet, que M.elle D. B. étoit, pour ainfi dire, encore novice, & qu'elle étoit généralement reconnue, pour une efpèce d'imbécile, que l'adroite *Babet* pouvoit aifément rendre la dupe, & faire tomber dans tous les piéges qu'elle voudroit lui tendre. *Babet* éclipfa bientôt *Charlotte*, en tout: reparties fpirituelles, faillies vives, bons mots, tout la diftinguoit avantageufement; & lui attiroit toutes les attentions & les petits foins de la foule des jeunes étourdis, qui, de concert avec elle, précipitoit la ruine totale de *Charlotte*, qui, de fon côté auffi, fembloit ne rien négliger pour dépenfer bien vîte fa petite, mais innattendue fortune. *Babet* enfin fe livroit à tous les plaifirs, & traverfoit, autant qu'elle le pouvoit, ceux de fon amie; jufqu'à ceque, s'étant vivement quérellées, elles fe féparèrent, dans le tems que M.elle D. B. fut obligée de vendre fon caroffe, qu'elle n'avoit pu tenir que pendant quelques mois; & que reduitte à la condition de *Charlotte*, elle vint reprendre fon pofte chez fon ancienne maîtreffe de modes.

Cependant *Babet* étoit devenue une perfonne de conféquence: fon maintien, fes airs, fes manières, & plus que tout cela, fa coquéterie, lui donnoient le premier rang parmi les efprits fémelles de fa condition. Pour en impofer davantage elle eut la hardieffe de changer de nom, & de prendre un appartement au premier étage dans la ruë Dauphine, vis-à-vis de la Comédie Françoife; & comme elle ne manquoit aucune affemblée publique, elle eut bientôt occafion de faire connoiffance avec le vieux Comte de St. F. aujourd'hui &c. &c. Le vieux coureur de ruelles, rebuté par les femmes d'un certain Rang, s'attacha à la nouvelle Melle de V. & en étant devenu éperdûment amoureux, il lui monta une maifon affez élégante; & lui fit préfent d'une voiture des plus leftes. Ce vieux prodigue l'entretint pendant un certain tems fur le pied le plus fol & le plus extravagant: Melle de V. très-fatisfaite de fon amant fexagénaire quant à la dépenfe & aux plaifirs qu'il ne ceffoit de lui prodiguer, ne l'étoit pas autant par raport à un point, qui la touchoit d'auffi près que le refte. Les forces de fon féal Marquis ne répondant pas à fes défirs; elle penfa à fe procurer une entière fatisfaction pour ce qu'elle croyoit lui manquer, & aux dépens de fon homme d'affaires, elle entretint un jeune Gaillard, robufte & vigoureux, qui pût fupléer en partie aux forces deffaillantes du Marquis de St. F. Celui-ci cependant, aveuglé fur le ridicule qu'il fe donnoit par fes affiduités auprès de Melle V. & comme enchanté par cette habile Magicienne;

peu fatisfait de s'être affiché pour fon amant, porta la folie jufqu'à vouloir l'époufer : toute la ville
& la Cour même, revenues de leur furprife, fe
joignirent aux vives inftances de fa famille, qui
enfin parvint jufqu'à le faire douter de la fidélité
& de la fageffe de fa maîtreffe. Un peu revenu
de fon enthoufiafme pour cette fille, il chercha
le moyen de s'éclaircir ; & il découvrit fans peine, qu'il étoit fa dupe ; & que le jeune Egrillard
partageoit avec quantité d'autres, le foin de la
contenter fur l'article effentiel de fon goût décidé. Aïant vu de fes propres yeux fa honte, il
rompit brufquement, quoiqu'un peu tard, une
liaifon qui le deshonnoroit, & le rendoit la rifée
du public.

M.elle de V. ne fut pas long-tems fans être con-
voitée, & recherchée. A peine le Marquis eut-
il abandonné la place, qu'un Evêque, affez fameux
par fes exploits en pareil genre, fe préfenta pour
remplacer l'amant qu'elle avoit perdu. La Né-
gociation traina cependant un peu en longueur ;
parce que le Prélat, à raifon de fon état, exigeoit au préalable, que M.elle de V. quiteroit le
quartier trop bruyant & trop public, qu'elle ha-
bitoit, pour fe retirer à l'extrêmité du Fauxbourg
St. Marceau, dans une maifon prefque feule,
qu'il loueroit à cet effet, ne prétendant pas d'ailleurs, qu'elle changeât rien à fon train ; exigeant
feulement la difcrétion la plus exacte de fa part,
fur leur liaifon ; & lui répondant, qu'il fe char-

geoit de satisfaire abondamment à tout, ne voulant avoir ni Coadjuteur, ni Aide - de - camp.

Melle de V. n'aimoit les plaisirs qu'autant qu'ils étoient bruyants; & cette espèce de retraite à laquelle sa Grandeur vouloit la reduire, lui paroissoit affreuse & insuportable; cependant ne trouvant pas mieux, elle accepta les offres de Mr. l'Evêque, & s'achemina tout de suite vers sa nouvelle demeure. Les Ecclésiastiques, & particulièrement les Princes de l'Eglise, sont obligés à des ménagements, & à ce qu'ils appellent, à une certaine bienséance, qui fait, que presque toujours ils sont obligés de plier sous le joug, que leurs maîtresses leur imposent; parce que ne pouvant pas faire d'éclat, sans s'exposer au plus grand ridicule, & même à un véritable danger, ils n'ont que le parti de se taire, & de s'accommoder au caprice d'une femme qu'ils ont choisi, pour seconder les vœux de la nature, & pour remplacer celle que la superstition leur interdit. Melle de V. aïant fait ses premiers exercices avec Mrs. du second ordre, dans la Hiérarchie sacerdotale, avoit une idée du plan qu'il falloit suivre avec les hommes de cet état; & aïant été instruite à fonds sur cette matière par sa fréquentation avec le grand monde, elle n'eut garde de ne pas profiter de l'avantage que lui donnoit le caractère même de celui qu'elle venoit d'enchaîner à son char. Arrivée dans son nouveau quartier, sanctifié par les Miracles du fameux *St. Paris*, & enrichi de

ſes précieuſes Reliques, elle n'y fut pas long-
tems ignorée, & le motif de ſa retraite fut bientôt public ; on ne fut plus incertain pendant quelque tems, que ſur le nom du Prélat ; car il en eſt
tant à Paris, qui, ſous prétexte d'affaires, ou de
chapitre, ou de famille, viennent y dépenſer un
revenu, qu'on ne leur avoit donné que pour en
diſtribuer la plus grande partie aux pauvres de
leur dioceſe ; que ce qui devroit paſſer pour un
ſcandale, n'eſt plus regardé aujourd'hui, que comme un amuſement honnête & permis, pourvû
qu'il ſoit pris avec circonſpection, & ſans éclat.
Ainſi Melle de V. jouïſſoit de l'agrément d'une aiſance brillante : maiſon ſomptueuſement meublée,
un petit nombre de Domeſtiques habillés décemment, table délicieuſe, compagnie choiſie, jeu,
plaiſir, ſpectacle ; en un mot agréments délicats &
ſenſibles, tout lui étoit fourni aux dépens des
revenus de Mr. l'Evêque, & cela pour payer un
tête-à-tête de trois ou quatre heures qu'elle étoit
obligée d'accorder à ſon bienfaiteur pendant la
nuit ſeulement ; car pendant le jour, mille raiſons lui interdiſoient les approches de ſa Belle.
Du caractère dont étoit Melle de V., il eſt aiſé de
conclure, que ſon cœur ne pouvoit ſe contenter
d'un amant qui étoit obligé à tant de réſerves avec
elle ; d'ailleurs il lui falloit quelqu'un pour faire
les honneurs de ſa maiſon. Mr. Mo——. Acteur
au théâtre François, qui par ſa bonne mine &
un certain air inſolant, étoit le favori de toutes

les Dames de Paris, même de celles du premier rang, fut lorgné & séduit par Melle de V. Ce ne fut cependant pas, sans peine & sans de grandes traverses, qu'elle parvint à se l'attacher: il fallut lutter pour cela avec des Marquises & des Duchesses; mais enfin soit que Mo———. aimât les changements fréquents; soit qu'il se crût plus libre avec la Nimphe du Fauxbourg; soit qu'il en fut mieux payé; il se rendit aux sollicitations que celle-ci lui fit, & lui fut totalement & constamment dévoué, pendant le tems que l'Evêque fournit aux frais du ménage, & à ses apointements. Malheureusement pour Melle de V. sa fortune changea au moment même qu'elle paroissoit mieux la favoriser; & à peine deux mois s'étoient-ils écoulés, depuis son nouvel établissement, que le Prélat aïant perdu un procès des plus considérables, & étant d'ailleurs accablé de dettes, selon la louable coutume de tous les Ecclésiastiques du premier ordre, il se vit reduit à s'enfermer dans le séminaire des Missions étrangères par une Lettre de *Cachet*, que ses créanciers obtinrent; & qui d'ailleurs étoit sollicitée par sa propre famille, qui se plaignoit, de ce que l'Evêché ne lui aïant été donné que pour subvenir aux besoins de la Maison de L., dont il étoit, & pour lui aider à se relever d'une indigence trop sensible, ses revenus considérables n'étoient employés que pour fournir aux plaisirs scandaleux de Mr. l'Abbé, qui par son état, auroit dû se contenter, d'un

ne honnête aifance, & s'apliquer au gouvernement de fon diocèfe.

L'affront qu'on venoit de faire à la *Mître*, reduifit dans peu, Melle de V. à peu-près dans fon
premier état; cependant ne pouvant pas fe perfuader qu'il ne fe préfentât quelqu'autre dupe,
pour fournir à fes extravagances, au moyen de
quelque referve qu'elle avoit fu faire, tant avec
le vieux Marquis, qu'avec *fa Grandeur réclufe*,
elle foutint quelque tems fon crédit, fon fafte,
& fon luxe; mais enfin comme elle n'avoit rien
retranché de fa dépenfe, obfédée de dettes, &
pourfuivie par des créanciers toujours de mauvai-
fe humeur & intraitables; fes Meubles furent
vendus à l'encan, & elle conduitte au fort l'évê-
que, en attendant que quelqu'un s'offrît pour l'en
retirer, en payant ce qu'elle devoit. Elle y fut
nourrie pendant quelque mois, par la charité du
petit nombre des amis qui lui étoient reftés, &
qui certainement n'étoient pas les plus opulents;
enfin fes créanciers, attendris fur fon trifte fort, &
voyant que perfonne ne fe préfentoit, pour la
délivrer, confentirent à fon élargiffement.

Melle de V. avoit fait une grande folie d'accepter le parti que l'Evêque lui avoit fait: elle étoit
encore trop jeune & trop de defaitte, pour s'expofer à fe donner un dernier amant; car il eft infaillible, & même de règle, qu'une femme qui
eft entretenue par un Prélat, ou Abbé, eft à fon
dernier maître; on a trop de refpect en France

pour les chofes confacrées à l'Eglife, pour fe les approprier, quand bien même elles font abandonnées, ou mifes au rebut. Cette faute, irréparable pour elle, la reduifit à louer un troifième étage dans la ruë des mauvais garçons, ou elle vécut dans une affreufe indigence, & livrée à la direction de quelques foldats aux Gardes, qui lui firent paffer une vie trifte, languiffante, pleine d'amertume, & qui fe termina bientôt, autant par le chagrin qui navroit fa grande ame, que par la corruption, qui avoit gagné la maffe du fang.

Enlevée encore affez jeune, *Babet* vivroit encore, & brilleroit peut-être ; fi un peu plus de prévoyance, euffent comme à tant d'autres de fes femblables, dirigé fa conduite & réglé fes amours. *Babet* ne manquoit pas d'exemples, quand elle entra dans le monde, qui auroient dû la rendre plus prudente, & lui faire prévenir une mort honteufe ; & malgré cela elle a marché dans la voie large que fes dévancières lui avoient frayée. Il eft probable que fon trifte fort & fa malheureufe Cataftrophe ne feront pas un préfervatif pour celles qui courent actuellement la même carrière ; le crime conduit toujours ou prefque toujours à l'infamie, & de l'infamie, au précipice, il n'eft qu'un pas, qu'on ne fait toujours que trop aifément & trop tôt.

Le NEGOCIANT
PRIS SUR LE FAIT.

Amsterdam . . . . . 1773.

On a dit, il y a long-tems, que les goûts des hommes étoient aussi variés que leurs figures: une expérience constante confirme la vérité de ce parallèle, & condamne évidemment l'inutilité de toutes les dissertations, sur les différents penchants des hommes, & sur-tout, sur le choix de leurs plaisirs. Tel qui par son aisance, ou même par son opulence pourroit se livrer à tous les agréments d'une vie délicieuse, par le choix des amusements les plus recherchés & les plus exquis, se livre à des déréglements honteux, ou à des jouissances incapables d'attacher l'homme le moins délicat; & tel autre au contraire, qui par sa position, son état & sa fortune, ne devroit avoir du goût que pour les choses naturellement faites pour sa condition, s'affiche par le ridicule de vouloir égaler en tout, les personnes du premier rang, & les éclipser même, lorsqu'il paroit être plutôt né pour les servir, que pour rivaliser avec elles. Mais cette réflexion nous meneroit trop loin, si nous voulions l'approfondir; & cette morale trop sérieuse & trop philosophique

n'entre

n'entre pas dans le plan de notre ouvrage : je
reviens donc à mon Négociant, qui est un exemple affez plaifant de la bifarrerie du goût.

Mr. Sc——p, connu dans tout l'univers par la
nature & l'étendue de fon commerce, est un de
ces Négociants Hollandois que l'opulence & la
folidité de fa fortune peut mettre au niveau des
Seigneurs les plus riches de l'Europe, & que fa
fimplicité, en fait de luxe & de train, range dans
la claffe des médiocres commerçants d'Amfterdam.
Agé de foixante ans au moins, il fuit encore,
avec la même conftance & le même feu, le même
plan de fes plaifirs, qu'il s'étoit formé dans la
plus vigoureufe jeuneffe ; & comme dans ce tems-
là les Provinces n'avoient pas encore humé l'air
empefté de la France, & qu'elles s'en tenoient
en tout à la fimplicité de leur origine, on y
ignoroit auffi ce raffinement, & cette délicateffe
de plaifir, qui par fa feule publicité, flatte &
captive le François toujours frivole, & avide de
gloire, même dans les chofes qui en font moins
fufceptibles ; en un mot dans le tems de l'ado-
lefcence de Mr. Sc——p, il n'y avoit pas d'exemple de ces infidélités conjugales, bruyantes &
éclatantes ; & quoique la foi du mariage ne fut
pas plus religieufement gardée dans ce tems, que
dans le nôtre, on gardoit cependant les apparences, pour ne pas donner un fcandale qui a
toujours de mauvaifes fuites, quoique aujourd'hui
on fe foit mis au deffus de toutes les précautions

& formalités quelconques. Notre Négociant a
de tout tems respecté le public; & ne s'est jamais
exposé à perdre son estime & sa confiance, par
une conduite ouvertement déréglée; il s'est toujours interdit l'approche & l'entrée de ces maisons infames où l'on va acheter, argent comptant,
la peste de sa réputation, & très-souvent le déla-
brement de sa santé; il a même toujours craint
de se confier à quelqu'un pour se procurer un
azile secret, afin de venir s'y délasser des fatigues
de son comptoir; & les mesures les mieux prises
à ce sujet ne l'ont jamais bien tranquilisé sur le
mistère profond dont il accompagnoit toujours
ses récréations nocturnes. Trompé même quelquefois ou par le hazard, ou par la vigilance de
l'Officier préposé à la conservation des mœurs,
il avoit été surpris dans des cas de peu de conséquence pour ceux qui ne font pas en état de
payer l'amande fixée par la sagesse des Magistrats,
mais toujours fort graves pour ceux que les ressources mettent à portée de la payer. Rebuté autant par la notoriété de ses avantures, que par
les petites sommes qu'elles lui coutoient de tems
en tems, il prit la résolution, non pas de vaincre un penchant trop vieux pour être déraciné
aisément, mais de choisir des endroits si peu suf-
pects pour servir de temple à l'amour, que le
grand Officier le plus exact, le plus fin, & le plus
rusé, y fût trompé.

Il n'y a pas de Ville en Hollande qui n'ait une

place publique confacrée à Neptune, dans laquelle les timides fujets de ce Dieu y font vendus,
& inhumainement déchiquetés, pour fervir enfuite
de nourriture à un Peuple que l'on peut regarder avec raifon comme le plus avide dévaftateur
des Etats du Dieu de la mer, & le plus redoutable ennemi des paifibles habitans de l'Océan.
Mr. Sc—p crut que la pofition de la Halle au
poiffon, de la Ville d'Amfterdam, & fon exacte
cloture lui offroit un lieu affuré pour y faire,
fans trouble, fes facrifices nocturnes à la Déeffe
de Cythère; facrifices qui lui font toujours agréables, pourvû qu'ils foient faits avec une tendre
dévotion, & qu'ils foient accompagnés de Liba-
tions, dignes de la Divinité. La multiplicité des
petits autels, dreffés dans cette place, acheva de
le déterminer fur la réfolution qu'il prit d'en
faire choix pour le lieu de fes pélérinages. On
affure que pendant affez long-tems il eut tout
lieu de s'applaudir du fuccès heureux qui avoit
fuivi cet expédient. La petite cahute d'une Poif-
farde lui fervit d'*Oratoire* pendant plufieurs mois,
& le mit à l'abri de toute furprife: ce qui contribua à rendre fon fecret plus impénétrable,
c'eft qu'il étoit très-rare qu'il y conduifit deux
fois de fuite la même Nimphe, à moins que le
hazard ne la lui fît racrocher pendant deux nuits
confécutives. On comprend aifément que dans
une Ville telle qu'Amfterdam, dont les ruës font
pavées à l'entrée de la nuit, de filles que l'on

appelle publiques , on comprend, dis-je , qu'il est très-difficile de broncher trois fois de suite sous la même, sur-tout quand on se contente de la première venue.

Néanmoins l'Officier de police ne pouvoit pas se persuader, que les fréquentes mercuriales qu'il avoit fait à Mr. Sc—p., quelques fortes & pathétiques qu'elles eussent été, l'eussent totalement corrigé d'une habitude qui ne se corrige, & ne se perd presque jamais, quand on peut l'entretenir & la nourrir aussi aisément que notre Négociant pouvoit le faire; son zèle infatigable lui fit redoubler sa vigilance; il augmenta le nombre de ses mouches; doubla leurs apointements; & ne négligea rien pour découvrir si la conversion de son pécheur d'habitude étoit aussi sincère qu'apparente: ses soins ne furent pas infructueux, & produisirent enfin l'effet qu'il s'en étoit promis.

Un soir d'hiver, environ les dix heures, l'air étant calme & serain, & le froid des plus piquants; un bourgeois de garde, s'étant écarté de la troupe détachée pour faire la patrouille, entra par hazard dans la halle, pour y satisfaire à un certain besoin, & pour y déposer un fardeau qu'il ne pouvoit traîner plus loin; par une suite du même hazard il s'étoit posté derrière un des Comptoirs des revendeuses de poisson; plus occupé de son affaire que d'autre chose, il n'entendit pas d'abord le bruit aigu des planches qui composoient cette niche, & qui gémissoient sous le poids du péfant Mr. Sc—p, dans le moment où il étoit le plus occupé à l'action la plus effentielle du facrifice qu'il faifoit à l'amour ; mais enfin ce bourgeois, heurté lui-même par cette petite loge mouvante, & craignant qu'elle ne tombât fur lui, il fe hâta de finir fon affaire & de chercher la caufe du bruit qu'il y entendoit & du balancement de cette cabane, qu'il attribua d'abord à un tremblement de terre. Etant paffé du côté de fon ouverture, il ne lui fut pas difficile y appercevoir un homme qu'il ne reconnut pas, à la vérité, dans le premier moment, mais qu'il imagina bientôt être en contravention, & fujet aux ordres qu'il avoit reçus avec toute fa troupe de la part de l'Officier de Garde. Qui que vous foyïez je vous arrête, dit ce brave bourgeois ; & profitant de l'avantage que fes armes lui donnoient fur le reclus, interdit d'ailleurs & embarraffé, il apella au fecours, & fut effectivement bientôt joint par le refte du détachement, qui, vû la lenteur ordinaire d'une patrouille, étoit encore fort près. Dans ce court intervalle Mr. Sc—p fit tout ce qu'il put, pour fléchir fon garde trop févère : prières, fuplications, promeffes, argent, tout fut employé ; mais le garde fut inflexible, autant qu'incorruptible ; je ne vous connois pas, lui dit-il ; mais qui que vous foyïez, vous fubirez la peine que votre libertinage mérite. La troupe étant arrivée, & ne pouvant bien diftinguer la qualité de la proie que le fort venoit de lui livrer, fut

auffi impitoyable que celui qui en avoit fait la
découverte. Le couple malheureux fut mené
dans la posture où il avoit été trouvé au Corps-
de-garde; car comme cette petite maison se trouvoit montée sur quatre roues, pour pouvoir être
muë avec plus de facilité par la poissarde qui en
étoit la maîtresse, les bourgeois qui d'ailleurs n'a-
voient pas un long trajet à faire, jugèrent à propos tant pour divertir leur Officier & toute la
compagnie, que pour épargner la peine du trajet
à ces deux infortunés amans, qu'ils supposoient
avoir besoin de soulagement, ils jugèrent, dis-
je, à propos de conduire leur capture dans cette
maison ambulante, qui devoit d'ailleurs servir de
preuve incontestable de leur exactitude & de leur
vigilance. Je ne m'arréterai pas ici à décrire la
surprise de la bourgeoisie, ni la honte & la confusion du Négociant pris en *flagrant délit*. Le lecteur est en état de s'en faire une peinture plus
agréable que celle que je pourrois lui offrir: les
railleries ni les brocards ne furent cependant point
mis en usage; Mr. Sc—p jouïssoit d'une considération trop grande, pour que sa situation, toute
comique qu'elle étoit, engageât les spectateurs à
insulter à son malheur par des outrages. Il n'en
étoit pas un qui n'eût souhaité se trouver, dans
cette circonstance, vis-à-vis de quelque autre,
pour qui il n'eût pas dû avoir les mêmes égards;
tout le monde même se seroit prêté avec plaisir
à lui épargner les désagréments ultérieurs, si le

fait avoit été fufceptible de palliation ; mais la crainte bien fondée de la divulgation d'un fecret confié à tant de perfonnes, & les juftes reproches qui s'en feroient fuivis, les contraignirent à perfifter dans le devoir de leur emploi. Mr. Sc———p, lui-même, voyant l'inutilité des efforts qu'il feroit pour les en détourner, fe contenta de demander d'être renvoyé fur fa parole, promettant de fe repréfenter lorfqu'il en feroit requis : ce qui lui fut d'abord accordé par l'Officier, qui prit fur lui cette condefcendance ; fachant bien qu'il n'en feroit pas blâmé. Cet Officier crut néanmoins devoir retenir en otage la complice, malgré les inftances que le Négociant fit pour obtenir fon élargiffement.

On croiroit peut-être que cette belle étoit une perfonne de conféquence, fi je ne difois ce qu'elle étoit effectivement. Elle n'étoit rien moins que jeune, jolie, propre, & de condition même médiocre. *Anna*, c'eft le nom de la Nimphe, avoit déjà, depuis plus de quinze ans, fait fes derniers exercices au quartier du Diable ; les Matelots les plus affamés n'en vouloient même plus ; & pour fubvenir à fon indigence, elle s'étoit reduitte à revendre du poiffon qu'elle portoit dans deux panniers pendus à fes épaules courbées. Si cependant le tems peut réparer certaines bréches qu'un exercice trop continuel peut faire fur un corps, Mr. Sc———p eut, en quelque façon, le plaifir de la nouveauté, car pour obtenir fa grace plus facilement, elle allégua dans son interrogatoire, qu'il y avoit au moins douze ans qu'elle n'étoit entrée au temple du petit Dieu. Le Juge l'en crut d'autant plus facilement, que sa figure, sa tournure & son habillement déposoient pour elle, & en faveur de son allégation; elle ajouta encore, qu'elle avoit été surprise; & que ne s'attendant pas à une pareille avanture, elle s'étoit laissée conduire, sans savoir pourquoi; & qu'enfin se trouvant engagée, la nature & le besoin aïant parlé plus haut que le devoir, elle avoit répondu, le mieux qu'elle avoit pu, à la passion de ce sexagénaire, & que néanmoins elle ne prétendoit l'accuser par-là ni de viol, ni de rapt.

Le moment de descendre la garde étant venu, l'Officier se rendit chez le grand Baillif, pour lui faire le raport de tout ce qui se passoit; & aussitôt qu'il se fût retiré, Mr. Sc——p fut mandé pour comparoître à dix heures du matin par devant ce juge souverain de Police. Le Négociant qui s'y attendoit, se munit, avant de partir, de tout ce qui lui parut le plus nécessaire pour engager son juge à le traiter moins rigoureusement. Il avoit des expériences assez multipliées, pour ne pas se méprendre dans le choix des moyens propres à accélérer sa grace. Arrivé chez le grand Officier il se fit annoncer; & en attendant le moment de l'audience, il rengea sur la table de l'antichambre dans laquelle le domestique avoit eu ordre de le faire entrer, un assez grand nombre de petites figures, qui, quoique d'un métal très-dur, & muettes, devoient, felon lui, folliciter fa grace avec tant d'énergie, qu'il étoit pleinement perfuadé de l'obtenir par leur canal & leur interceffion. Il ne fut nullement trompé dans fon attente. Un bon quart-d'heure après fon arrivée, fon juge parut avec un vifage affez affable & affez férain, malgré fon emploi qui, le plus fouvent, exige qu'on affecte une févérité exceffive. Le Juge, qui a le coup d'œil excellent, vit bien que le criminel n'étoit pas fi coupable, qu'on le lui avoit fait; & très-difpofé en fa faveur, par un effet d'une bonté qui lui eft fi naturelle, fans donner le tems à Mr. Sc——p de s'expliquer, lui dit: „ Monfieur je fuis occupé à don-„ ner des audiences à une foulle de perfonnes „ que je ne puis ni retarder, ni renvoyer: votre „ affaire n'eft pas d'une nature à demander une fi „ prompte difcution: aïez là bonté de vous reti-„ rer: je vous ferai avertir pour un autre jour „ plus commode pour vous & pour moi: foyez „ d'ailleurs tranquile, & croyez-moi très-difpofé „ à vous fervir ”. Mr. Sc——p qui comprit que fon affaire feroit du nombre de celles qui vieilliffent long-tems, & qui ne font jamais difcutées, s'en revint chez lui, auffi fatisfait de la clémence de fon Juge, que le Juge l'avoit été de la façon engageante du coupable à le fléchir. Mr. Sc——p. pouvant aifément appaifer des affaires de cette nature, fans fe déranger à un certain point, se ménage peut-être un peu plus, sachant bien que les récidives sont toujours plus chères & plus difficiles à pallier ; mais comme la dévotion à l'idole de la jeunesse, semble s'accroître & s'enflammer à mesure que ses années s'accumulent ; on assure que rien n'est en état d'empêcher les fréquents sacrifices qu'il lui fait ; & quoique ses offrandes n'aïent plus le même mérite, dût-il être *pris sur le fait* mille fois, il proteste que la mort seule est en état de l'empêcher de faire des pélérinages à Paphos ou à Cythère : on doit l'en croire ; car c'est un des plus religieux observateurs *de parole*, & un des plus chauds serviteurs de la belle Déesse.

Post Scriptum.

Nous apprenons dans le moment, que le Négociant a payé, depuis peu de jours, le tribut à la nature : nous en sommes d'autant plus fâchés, qu'il auroit encore pu nous fournir matière à quelque autre feuille, au reste ce n'est pas la disette qui nous le fait régreter : grâce au ciel, nous ne sommes embarrassés que du choix.

Le MATELOT et la LIÉGEOISE CATHERINE.

Amsterdam . . . . . . 1774.

UN Matelot, nouvellement arrivé des Indes, s'empreſſa de quitter toutes les marques de ſon état, & de ſe transformer ſubitement en eſpèce de Petit-maître, au moyen d'une petite fortune qu'il avoit fait dans deux voyages conſécutifs ſur un Vaiſſeau de ſa Nation. A peine fût-il débarqué, que, s'en allant au quartier des Juifs, il y troqua ſes habits goudronés contre l'habit complet d'un Petit-maître François, qui, du tems d'Henri quatre, étoit venu mourir en Hollande. Paſſant enſuite chez un horloger il y changea ſa montre d'étain contre une montre d'or, guilochée, & qui, quoique de Génève, lui fût garantie pour être de le Roy : en un mot aïant acheté de ſuperbes boucles d'argent, & s'étant ajuſté en petit Millionaire, il ſe promenoit ſur le port, & voyoit paſſer & repaſſer tous ſes camarades qui ne le reconnoiſſoient pas. Après s'être pavoné juſqu'à l'entrée de la nuit, avoir fumé pluſieurs pipes & avalé pluſieurs verres de genievre; il prit le chemin du quartier du Diable, pour tâcher d'y trouver une fille avec laquelle il pût achever de paſ-

fer la foirée: mais foit qu'il n'y trouvât aucune
Nimphe à fon gré ; foit qu'il eût peur de gâter fes
nouveaux habits , en s'expofant dans des *Taudis*
malpropres ; il paffa à un autre quartier plus honnête & moins fale. Arrivé dans le Pieters-Jacobs-
ftraat, il entendit à peu-près vers le milieu de la
ruë une fymphonie qui lui annonçoit, un *Mufico*
brillant : ne doutant pas qu'il n'y trouvât quelque
Demoifelle capable de l'amufer , il entre ; &
aïant pris fa bouteille, il va fe pofter à un endroit propre à confidérer ce qui fe paffoit & à
lorgner un objet digne de fon eftime.

La fingularité de fon accoutrement fixa fur lui
tous les regards ; & il avoit un air fi neuf & fi
original, qu'on ne pouvoit s'empêcher d'éclater
de rire en le regardant. Le Matelot, fans fe dé-
concerter, fumoit fa pipe, & caroiffoit fa bouteille, lorfqu'une Liégeoife , qui commençoit à
n'avoir plus de reffource , projette d'en faire fa
conquête ; cette fille, à une expérience confommée, joignoit, une adreffe merveilleufe pour
attirer l'eau à fon moulin : elle acofta le nouveau
débarqué ; & fans beaucoup de cérémonie, comme il eft d'ufage en pareil cas , elle s'affit auprès de lui, & lui propofa de danfer enfemble.
Le Matelot s'excufa fur ce qu'il avoit befoin de
fe repofer, fe fentant encore un peu fatigué du
voyage qu'il venoit de faire ; cependant comme
il crut reconnoitre en elle tous les talens dont il
étoit en cherche, il lui verfa quelques verres de

vin, & lui demanda le lieu de ſa demeure. La Liégeoiſe qui voyoit de belles boucles d'argent, une ſuperbe montre d'or, que ce Matelot tiroit à tout inſtant, & enfin toutes les apparences à pouvoir faire un coup capable de la mettre en état de retirer du *Lombard* une partie de ſes hardes, accepta de grand cœur le rendez-vous que le benêt lui donna; & aïant fait ſigne à ſa camarade de la ſuivre, ils s'acheminèrent tous trois vers le Niewe-Marck, où la *Catherine* avoit ſa chambre. En arrivant dans ce chétif réduit, on lui propoſa de boire le Caffé; mais il préféra du genièvre, dont certainement il n'avoit pas beſoin; car en aïant à peine avalé un verre, il ſe trouva hors d'état de profiter des bons traitements qu'on ſe diſpoſoit à lui faire; & malgré tous ſes efforts pour faire bonne contenance, ces deux charitables filles furent obligées de le porter ſur le lit. L'occaſion ne pouvoit être plus favorable pour *Catherine*; auſſi ne la laiſſa-t-elle pas échaper: elle dépouilla ſans miſéricorde ſon chalant, & lui prit boucles, montre, & bourſe; ce miſérable, portant avec lui tout ce qu'il avoit gagné pendant deux années, en riſquant mille fois ſa vie, & par une économie des plus exactes, graces à l'habileté de la ruſée Liégeoiſe, ſe trouva à ſon réveil, auſſi pauvre que le premier jour qu'il s'étoit engagé pour matelot.

On demandera peut-être, ſi à ſon réveil, il ne fit pas du tapage contre ces fémelles, ſe voyant

ainfi volé ? La Liégeoife & fa camarade étoient
trop habiles pour l'avoir laiffé éveiller chez elles;
elles avoient pris la fage précaution de le porter affez loin de leur porte, au bout d'une petite
ruë de traverfe, & très-peu fréquentée, même en
plein jour; c'eft là que notre petit-maître avoit
achevé de cuver fa boiffon; & c'eft là auffi, qu'é-
veillé par le froid horrible qu'il a fait dans ces
derniers mois, il reconnut, mais trop tard, fon
imprudence, & fa fottife. Dès qu'il fut jour, les
deux commères délogèrent & fortirent de la ville, pour affurer leur butin. Elles ont été, dit-on,
s'établir à Roterdam fur un pied avantageux, par
les fervices importants qu'elles rendent à l'humanité; & le pauvre matelot, après avoir été re-
porter chez le Juif les habits qu'il y avoit achetés
la veille, à force de prières s'eft trouvé trop
heureux, que cet honnête fripier ait voulu les
reprendre & lui rendre fes haillons; fans exiger
un retour qu'il n'eût pas été en état de lui faire.
Peu accoutumé aux richeffes, fa fenfibilité fur la
perte qu'il venoit de faire n'a pas été de longue
durée; & prenant fon parti en *brave*, il s'eft ren-
gagé tout-de-fuite en fa première qualité, bien
réfolu de profiter de tous ces avantages à proportion qu'ils fe préfenteront, pour ne pas s'expofer de nouveau à travailler & à jeuner pour
les Liégeoifes. Il en a été quite pour effuyer
les railleries de fes camarades, qui, pendant les
premiers jours, n'ont ceffé de le turlupiner com-

me il le méritoit bien, puifqu'après avoir été affez imbécille de s'expofer fans expérience à perdre tout ce qu'il avoit, il avoit été auffi affez imprudent pour s'en vanter, & raconter fa trifte
avanture.

Si toutes les dupes de ces fortes de pucelles
étoient auffi indifcrètes que le matelot, on compo-
feroit de grands *in-folio*, fur la partie hiftorique
de la *Lubricité publique*. Ces anecdottes feroient
d'autant plus curieufes par leur variéré, que les
perfonnes intéreffées feroient plus connues dans
le monde.

L'ITALIENNE TROMPEUSE
et TROMPÉE.

Amfterdam . . . . . 1773.

S'IL eft vrai que le tempérament des hommes
foit toujours en proportion de la nature du climat
dans lequel ils naiffent; on peut affurer, fans craindre de fe tromper, que l'héroïne de cette anecdote avoit dans le fien toute la vivacité, toute
la chaleur, toute l'impétuofité & toute l'adreffe que l'on attribue généralement aux Italiens.

Cette fille fameufe a éclipfé, prefque dès fon arrivée à Amfterdam, toutes celles qui étoient en
poffeffion des faveurs & des tendres foins de Mrs.
les jeunes Négocians, appellés communément
Mrs. de Comptoir. Enchantés par cet air enjoué
avec lequel elle fe livre au plaifir; excités par
cette vivacité qu'elle y mêle toujours; trompés
par cette fincérité apparente qui lui eft fi naturelle; enchaînés en un mot par des charmes d'autant plus puiffants, qu'ils font plus rares & plus
nouveaux; ces Mrs. fe difputent à l'envi la poffeffion du cœur de cette nouvelle débarquée, &
ne femblent rien négliger pour fe l'enlever les
uns les autres. Mais pour donner à cette anecdotte
tout l'intérêt dont elle eft fufceptible, je vais reprendre l'hiftoire de Grietje d'un peu plus haut.
Je le puis d'autant plus facilement, que cette aimable fille a eu la complaifance de la raconter
elle-même, à mon correfpondant à Amfterdam;
& qu'il m'affure avoir été témoin oculaire de prefque tous les traits les plus intéreffants.

Grietje naquit en 1754, dans une petite Ville
du Duché de Milan; fes parens, quoique d'une
médiocre fortune, jouïffoient de l'avantage d'une
naiffance au-deffus du commun, & d'un bien plus
eftimable encore, puifqu'ils paffent pour vertueux
dans toute la contrée. Cette fille, quatrième fruit
de leur Himen, fut élevée felon fa condition, &
par une mère qui ne négligea rien pour la rendre
digne de toute fa tendreffe, en lui infpirant du
goût

goût pour l'honneur & la vertu qui l'avoit conftanment dirigée elle-même ; la vivacité de fa fille,
dans l'âge le plus tendre, lui faifoit bien efpérer
de fes foins, mais fa légéreté exceffive, même dans
l'âge où la nature eft encore dans fon enfance,
lui fit appréhender de s'être trompée dans
les bonnes efpérances qu'elle avoit conçues fur
les fuites d'une éducation chrétienne & vertueufe. Cette bonne mère ne fut pas long-tems à
voir fes juftes allarmes fe juftifier, malgré fa vigilance redoublée, & l'attention qu'elle avoit à
ne pas perdre de vuë cette chère enfant. Mais
que peuvent les précautions contre le cœur?
Et fur-tout que peuvent-elles contre une fille
qui veut être aimée, & qui a tout ce qu'il
faut pour fe faire adorer? La mère de notre
Italienne a éprouvé que l'éducation, qui influe
tant d'ailleurs fur nos préjugés, n'eft qu'un très-
foible frein pour arrêter & retenir dans le devoir un cœur que le petit Dieu a déjà percé;
aucun mortel ne pouvant arracher la flèche que
l'amour y a attachée, ce cœur fera toujours indomptable, tant que fa playe faignera, & qu'une
puiffance fupérieure n'y aura pas appliqué le remède convenable.

A peine *Grietje* avoit-elle atteint fa quinzième année, qu'un jeune homme de fa condition & fon voifin, familiarifé avec elle depuis
l'enfance, fe fentit bleffé du même trait qui
déjà, depuis quelque-tems, faifoit reffentir à fa

charmante voisine des douleurs aigues, qui ne s'amortissoient que lorsqu'elle étoit avec celui qui seul pouvoit la distraire, & les lui faire oublier ; leurs jeux enfantins se changèrent bientôt en occupations sérieuses ; & quoique le plaisir de se trouver ensemble fut toujours le même, il n'étoit jamais parfait pour eux, que lorsqu'ils étoient sans témoin. Autant avoient-ils recherché de s'associer d'autres compagnons de divertissement, autant évitoient-ils de partager avec eux leurs amusements ; enfin leurs tête-à-têtes eurent les suites, qu'ils ne s'en étoient pas promises peut-être sitôt, mais qui en sont presque toujours inévitables. *Grietje*, devenuë enceinte, engagea son amant à prendre les mesures les plus promptes & les plus éfficaces pour la soustraire au deshonneur, & pour échaper au juste ressentiment de ses parens : aimée comme elle l'étoit, il ne lui fut pas difficile de l'obtenir. Ce jeunehomme pouvoit d'autant plus facilement répondre aux désirs de son amante, qu'étant tendrement chéri dans la maison paternelle, elle disposoit à son gré & de la volonté de ses père & mère, & de leurs revenus. S'étant donc muni de toute la réserve qu'il trouva dans la cassette, & les autres arrangements étant pris pour l'évasion qu'il méditoit, il en avertit *Grietje* qui commençoit à l'accuser de lenteur, tant elle craignoit que leur complot & sa honte ne fussent découverts. Assez incertains du lieu de leur retraite, ils quitent leur Patrie, & après bien des fatigues & une route affez pénible, ils arrivèrent à Amfterdam, le feul lieu qu'ils crurent être propre pour les mettre à l'abri des recherches de leur parens, ou du moins, pour les rendre infructueufes, quand bien même ils y feroient découverts.

Grietje après quinze jours de féjour à l'auberge, fut mife dans une petite chambre garnie; & fon amant à qui on ne voulut pas permettre de cohabiter avec elle, reduit à refter dans un petit logement. Le terme des couches s'étant beaucoup avancé par quelque accident qu'il n'eft pas difficile de comprendre, cette fille mit au monde, après quatre jours des douleurs les plus violentes, un enfant, qui mourut un quart-d'heure après fa naiffance. Les fuites de cette *fauffe-couche* furent des plus dangereufes, & mirent *Grietje* au bord du tombeau; mais les foins, & plus que tout, fon tempérament la délivrèrent enfin des dangers d'une mort qui paroiffoit des plus prochaines. A peine étoit-elle remife, que la bourfe fe trouva épuifée, & que manquant abfolument de tout, fon amant, qui avoit férieufement réfléchi fur le trifte état de fa fituation, auquel il ne voyoit pas de remède, la laiffa en proie à toute la mifère, en partant, pour revenir en Italie, afin de folliciter une grace qu'il étoit bien affuré d'obtenir fans peine. Je croirois infulter aux cœurs tendres &

généreux , si je leur insinuois ici des réflexions, qui sont naturelles , & qu'ils peuvent faire si aisément d'eux-mêmes , sur un abandon qui paroit si contraire au véritable amour: un amant qui lira cette anecdote, entrera sans doute, dans une véritable , mais juste indignation , contre le perfide Italien ; les traits odieux avec lesquels son propre cœur le lui peindra , l'affecteront bien plus que tout ce que je pourrois lui dire de la perversité & de la cruauté d'un amant, si peu digne de l'être ; & une amante sensible partagera d'elle-même la triste situation de l'Italienne cruellement délaissée; le cœur dans cette circonstance est l'orateur le plus pathétique, le plus éloquent & le plus judicieux.

L'infortunée *Grietje* , revenue enfin du trouble, & consolée un peu du chagrin que lui causa le départ inopiné du perfide auquel elle s'étoit donnée toute entière , sans ressource , sans protecteur, & sans connoissance qui pût soulager la misère où elle se voyoit reduite, après avoir employé le peu d'argent qu'elle fit de sa petite garderobe, prit la résolution d'employer sa jeunesse & ses forces pour pourvoir à sa subsistance. Elle chercha une condition qui lui donnât du pain, & qui fournît à l'état mince qu'elle venoit d'embrasser; & elle regarda comme une petite fortune de pouvoir entrer , en qualité de servante, dans une auberge dont on lui procura le service. Trop jeune encore pour en prévoir les funestes conséquences, ou peut-être forcée de passer par-dessus toutes les considérations, & d'affronter imprudemment les dangers trop évidents auxquels se trouve exposée continuellement une fille d'auberge, elle entra au *Maréchal de Turenne*, & puis au *Nieuw Malta* dans le Nez. Elle ne fut pas long-tems sans s'appercevoir de sa fausse démarche & de son imprudence ; mais il n'étoit plus tems de reculer. Une petite taille, assez bien prise, de grands yeux noirs & pleins de feu, un coloris charmant, & en un mot une figure qui dans son ensemble frapoit & éblouissoit, lui attirèrent bien-tôt les empressements de tous les étrangers qui venoient loger chez ses maîtres. Les occasions étoient trop multipliées, trop délicates & trop faciles, pour que sa vertu pût tenir longtems contre les attaques réitérées qu'on lui fit ; elle succomba, n'en soyons pas surpris ; quelles sont les filles de cet état qui ne succombent pas ? Son tempérament trouvant de quoi se satisfaire, elle suivit sans se gêner ses impulsions. Sa vanité trouvant de quoi fournir à ses ajustements, en vendant ses faveurs, elle les vendit le plus cher qu'il lui fût possible ; & sa façon de les distribuer lui en faisoit toujours tirer un grand parti. Ses charmes cependant, & sa réputation percèrent jusques dans les comptoirs les plus fameux d'Amsterdam. Bien-tôt elle se trouva sollicitée de toute cette ardente & bouillante jeunesse, qui envia aux simples voya-

geurs un bien dont ils ne jouiſſoient qu'en paſ-
fant , & dont quelques-uns des domiciliés dans
cette fameuſe ville voulurent les exclurre. *Grietje*, recherchée de pluſieurs endroits , n'étoit en
peine que du choix qu'elle devoit faire. Plus
elle faiſoit des épreuves , & plus elle ſe trouvoit embarraſſée ſur le parti qu'elle devoit prendre.   On ſe la diſputoit à force de careſſes &
de bien-faits.   La jalouſie de la concurrence &
de la rivalité ne diminuoit pas même le nombre
de ſes chalans ; ils la ſollicitoient tous en leur
particulier de faire un choix qui leur fût favorable : ſon cœur, encore libre, lui parloit également en faveur de tous ; & ſon goût la portoit
à les favoriſer tout autant qu'elle le pourroit.
Pluſieurs mois ſe paſſèrent dans cette variété de
jouiſſances, qui enfin par leur multiplicité la raf-
faſièrent & lui devinrent inſipides : elle ſe vit
contrainte de manquer au vœu qu'elle avoit fait
de ne plus s'attacher à perſonne.   Le ſouvenir
de ſon premier amant effacé, ſon cœur ſe ren-
gagea malgré elle, & un jeune Allemand , bien
fait & généreux , trouva le moyen de la rendre
plus ſenſible au plaiſir d'une ſeule intrigue, qu'aux
embarras de répondre à la paſſion d'une multi-
tude d'importuns, qui cherchoient bien plus leur
propre ſatisfaction, que le vrai déſir de la rendre
heureuſe en ſe l'attachant.

Grietje, pour donner plus facilement & plus
commodément ſes audiences, avoit pris, depuis

quelque tems, un appartement, que la vogue qu'elle avoit, la mettoit en état de payer, & de s'y foutenir, fans y être inquiétée. Mr. S——ch, fon nouvel amant, en loua un autre plus agréable & plus reculé du centre de la ville, pour tâcher de la dérober aux pourfuites de fes rivaux; & afin de la leur rendre méconnoiffable, il exigea, & il obtint fans peine, qu'elle reprendroit fon ancien état. Dès lors, tailleur, cordonnier, faifeufe de modes, perruquier, & en un mot tous les affiftants du luxe & de la vanité, furent occupés pour rendre à *Grietje* fon premier luftre, & pour faire oublier au public la parure humiliante d'une fille d'auberge, & la livrée de fille publique qu'elle avoit portée au fortir de fa condition jufqu'à fa nouvelle conquête, Le jeune Allemand, véritablement amoureux, avoit oublié la publicité dans laquelle cette fille avoit vécu; il s'étoit engagé de la meilleure foi du monde; & il s'applaudit pendant tout fon *regne* de la préférence qu'elle lui avoit donnée, en s'attachant à lui. On blâmera peut-être le goût de ce jeune homme; on le taxera de baffeffe de fentiments, de crapule, & de brutalité: je n'entre pas dans le mérite de ces imputations odieufes; mais fi l'exemple, même des perfonnes du premier rang, peut juftifier des inclinations fi baffes en apparence, & leur fervir d'excufe, combien ne pourroit-il pas en appeller à fon secours, pour repousser les traits empoisonnés que les personnes trop délicates pourroient lui lancer.

Cinq mois se passèrent dans la meilleure intelligence. *Grietje*, uniquement occupée du soin de plaire à son amant, s'étoit interdit tous les amusements & tous les plaisirs qu'il ne partageoit pas avec elle. Tout le tems que Mr. S——ch étoit obligé de donner aux affaires du commerce, *Grietje* l'employoit à la lecture, & au gouvernement de son petit ménage. Reduitte à la société d'une seule amie, son cœur, pour être plus en entier à l'objet de sa flamme, s'étoit arraché à tous les attachements subsidiaires ; & ne voulant être occupé que de S——ch, il avoit banni toutes les inclinations qui n'y avoient pas un raport direct. Enfin *Grietje*, sincèrement attachée à son second amant, éprouva avec lui, qu'une fille peut être trompée plus d'une fois, & qu'il n'y a de fonds à faire sur la tendresse & sur la constance de la plupart des jeunes-gens, qu'autant que le plaisir de la nouveauté dure. Une fille qui a été assez malheureuse que d'être obligée de vendre ses charmes à l'enchère, ou plutôt de les donner à *Louage* à tous ceux qui en ont voulu, ne doit pas penser de trouver, après un trafic aussi public de ses appas, quelqu'un qui, épris d'un véritable amour pour elle, la retire de ce commerce honteux, pour se l'attacher irrévocablement ; l'hon-

œur, le préjugé, & plutôt encore le dégoût
follicitent tôt ou tard le délaiffement de cette infortunée ; & à la fin fes charmes ufés, fes agréments affoiblis par l'habitude, fon éclat terni,
fes faveurs même, quoi qu'elle faffe pour leur
donner un air de nouveauté, fon adreffe, & tout
ce qu'elle peut mettre en ufage, jufqu'à fes caprices ; tout, dis-je, devient inutile, pour fe
maintenir dans la poffeffion d'un cœur, qui n'a
jamais pu fe donner fincèrement, & qui n'a paru
s'attacher pour quelque tems, que pour remplir
un vuide momentané ; & s'il fe trouve quelque
exemple qui faffe exception à cette règle générale, ils font fi rares, qu'ils ne doivent pas ranimer la confiance de ces malheureufes victimes de
l'indigence, qui doivent s'attendre toujours à
être abandonnées, malgré les promeffes les plus
folemnelles & les plus expreffes, qu'on ne leur
fait que pour leur faire illufion, & qu'on fait bien
ne devoir pas être fidèlement gardées ; ou du
moins, qu'on fe referve tacitement de violer, avec
autant de facilité qu'on les a faites.

Cette feconde perfidie fut d'autant plus fenfible
pour nôtre Italienne, qu'elle ne croyoit pas pouvoir efpérer même de remplacer ce jeune homme, qui par la préférence qu'il avoit exigée, &
qu'il avoit obtenuë fur tant d'autres, la mettoit
dans le cas d'être rejettée, méprifée, & rebutée
par ceux même, qui, quelques mois avant, la
follicitoient vivement de fe déterminer en leur

faveur: cette idée l'affligeoit d'autant plus, qu'elle prévoyoit qu'infailliblement elle feroit obligée de changer encore une feconde fois d'état, & de troquer encore fes nipes de Demoifelle, contre les haillons d'une coureufe de ruë. La reffource du côté de fa vivacité & de fa gentilleffe, lui paroiffoit bien foible par la multiplicité des intrigues, qu'elle avoit eu jufques là; comment efpérer en effet, qu'après deux ans de lubricité, de notoriété publique, il fe préfenteroit encore quelqu'un qui voulût les reftes de tant de différentes perfonnes, & qui les eftimât affez, pour en faire fes délices, & pour exciter fon ambition & fa jaloufie. Il falloit un miracle qui paroiffoit excéder le pouvoir même du petit Dieu, quelque étendu qu'il foit d'ailleurs; & la foi de *Grietje* au Dieu de Cythère, n'étoit pas affez animée, pour attendre qu'il l'opérât en fa faveur, malgré fa tendre dévotion & fon attachement fincère au culte de cette divinité.

Dans cette affligeante fituation, & lorfqu'elle ne favoit à quoi fe déterminer, fon Ange tutélaire lui avoit ménagé une confolation abondante, & il préparoit pour elle l'avenir le plus heureux, fi elle eût été affez habile, ou plutôt affez fage, pour correfpondre aux foins de ce génie bienfaifant. La pourvoyeufe d'un riche, mais feptuagénaire Négociant, aïant apris que *Grietje* étoit libre, & qu'elle pouvoit contracter de nouveaux engagements, crut faire un cadeau de conféquence à ce vieux Hollandois, en lui procurant l'acquifition de l'Italienne, dans l'entrevuë qu'elle leur ménagea. Mr. H——d, fe convainquant aifément, que le portrait qu'on lui avoit fait de *Grietje*, n'étoit pas flaté, fit des propofitions fi plaufibles du côté des apointements, qu'il obtint fans peine l'aveu de fes foins, & la promeffe de les mériter, fur-tout par la fidélité la plus circonfpecte. Son âge avancé ne fut pas un obftacle à la conclufion du marché ; & le Bon-homme parut fi bien mériter toutes les attentions de l'Italienne, que, dès ce moment, elle réfolut de ne pas abufer de fon propre tempérament, ni de l'ardeur de fon nouvel amant ; elle projetta même pour ménager des forces qui déclinoient vifiblement dans cet homme, de lui donner un Coadjuteur qui pût prendre fur lui au moins les trois quarts de la befogne : elle pouffa encore la générofité, jufqu'à ne pas lui communiquer fon projet, afin que fon attention eût un nouveau mérite par le fecret impénétrable qu'elle vouloit y attacher. Quoique la maifon qu'elle occupoit alors, parut convenir par fa fituation au Négociant, il exigea cependant, qu'elle changeroit de quartier, parce que, fans doute, le chemin qui y conduifoit, étoit trop batu par certaines gens qui auroient pû découvrir fon intrigue ; ou tout aù moins, qui auroient pû en profiter à fes dépens. Une petite maifon fort jolie & fort commode, près de la porte de Leyden, parut plus convenable; & c'est aussi dans ce quartier que *Grietje* fut transférée.

Mr. H——d éperdûment amoureux de cette fille, qui ne l'étoit que de son argent, étoit au comble de sa joie. L'ardeur du feu Italien, excédant de beaucoup celle du feu Hollandois, dont il avoit éprouvé les effets jusques au moment de cette nouvelle jouïssance, en lui épargnant la moitié de la peine, donnoit de nouveaux attraits à un plaisir que, depuis long-tems, il ne goûtoit plus que machinalement. Rajeuni, pour ainsi dire, par cette merveilleuse enchanteresse, il eut abusé de ses nouvelles forces factices, si elle n'eût eu la prudence de le retenir dans les bornes d'une honnête modération, en mettant un frein aux emportements excessifs de ce vieux *Anacréon*. Mais en même tems que *Grietje* s'appliquoit à ménager les forces de son amant en titre, elle ne négligeoit pas de tirer tout le parti possible des siennes, qui ne pouvoient pas se contenter d'un exercice modéré. La même pourvoyeuse qui lui avoit procuré Mr. H——d, lui procura le jeune P——, assez novice pour s'estimer trop heureux de débuter dans le monde par une intrigue de cette nature. Ignorant toutes les curieuses anecdotes de la belle Italienne, de laquelle il fut reçu avec la modestie la plus apparente, & avec la réserve la plus feinte, le jeune P—— crut être introduit chez une vestale, en entrant dans la retraite de *Grietje*. Avant de commencer le détail de ce qui se passa dans cette première entrevuë, & de tout ce qui en fut la suite, je ne puis pas me dispenser de dire un mot, de ce qui concerne le jeune P——, en particulier. Sa crédulité, sa bonne foi, & plus que tout, sa passion aveugle, l'entraînèrent trop loin, pour qu'il ne mérite un coup de pinceau distingué, dans le grand & intéressant Tableau que je peins.

Le jeune P—— n'avoit pas encore accompli sa quatorzième année, qu'il ressentoit déjà que la nature parloit trop haut, pour qu'il pût espérer de lui imposer silence, & de la contenir dans les bornes d'une juste modération. Fils d'un père françois, dont le tempérament chaud n'avoit rien perdu de son impétuosité par un séjour de onze ou douze ans dans le climat tempéré de la Hollande, notre jeune Négociant, né d'ailleurs dans une des Provinces les plus méridionales de la France, ressentoit au dedans de lui-même ce feu & cette ardeur, qui, au jugement même des Hollandoises, caractérise la Nation la plus bouillante, & la plus inconstante. Assez formé pour son âge, son corps court & gros, d'ailleurs extraordinairement bien proportioné, accompagné d'une figure assez jolie, dont les yeux noirs, vifs & perçants, annonçoient les désirs, pouvoit lui faire espérer un début bien plus honorable, s'il eût sû se prévaloir de ses avantages; quoi qu'assurément il ne les ignorât pas; mais retenu jusqu'à ce moment dans une contrainte & dans une gêne qui ne lui avoit pas permis de se mettre en état de savoir choisir, par le peu d'usage qu'il avoit du monde, il se livra aveuglément au premier objet qui se présenta, & qui d'ailleurs en imposoit si fort, tant par son joli minois que par l'extérieur le plus hypocrite, qu'un plus fin que lui y eût été trompé. Chargé depuis peu du soin de la caisse du comptoir, sans penser au compte qu'il en faudroit rendre au père le plus intraitable sur l'article des finances, il crut pouvoir y puiser à son aise, pour payer les petites dépenses qu'il prévoyoit déjà devoir faire, pour mériter l'attachement de sa Nimphe; & comme la prudence n'étoit pas de son âge, & qu'elle n'est guères la compagne des passions violentes, il crut devoir s'empresser d'apprendre à *Grietje* la ressource qu'il avoit pour soutenir avec honneur leur mutuelle correspondance. Par ce que nous avons déjà dit de cette fille, on doit juger aisément combien elle tira avantage de la position de son petit amoureux; & combien peu elle ménagea la caisse qui étoit à sa disposition. Telle étoit l'heureuse situation du jeune P——, lorsqu'il fit connoissance avec l'aimable *Grietje*. Ce seroit ici le lieu de décrire son agitation, son trouble, sa joie, son embarras, les mouvements de son cœur, le tremblement général de son corps, en un mot toutes les différentes passions qui agissent ensemble & dans un sens contraire sur un jeune

adolefcent, qui fe voit feul-à-feul pour la première fois vis-à-vis d'une aimable fille, qui femble fe plaindre de fa timidité, & qui, lors même
qu'elle fe deffend contre quelques innocentes entreprifes, lui facilite tous les moyens d'en faire
de plus confidérables, en lui laiffant entrevoir
tout le fuccès qu'il doit en attendre. Ce tableau
agréable, a été peint, avant moi, par des maîtres, qui me font bien fupérieurs; je ne pourrois, par mes couleurs, qu'affoiblir l'image qu'un
cœur tendre, & innocent encore, peut s'en faire;
& fi mes lecteurs veulent remonter à l'époque
délicieufe, où la nature, prête à fe faire jour à
travers les préjugés de l'éducation, & une modeftie factice, qui l'avoient empêchée, pendant quelque tems, de jouir de fes droits; il
n'en eft pas un d'entre-eux qui ne puiffe, mieux
que je ne le pourrois moi-même, fe repréfenter
le jeune P—— faifant fes premiers exercices à
Cithère. Il eft probable qu'il feroit forti du Temple cette fois-là, avant la fin du facrifice, fi la
prêtreffe n'eût eu toute l'expérience qu'elle avoit.
Mais il étoit en trop bonnes mains, pour s'en
retourner, fans avoir offert fon offrande; fes pas
chancellans vers l'autel furent raffermis par la
main bienfaifante qu'on lui tendoit pour l'y conduire, & fon entrée dans le fanctuaire ne lui
coûta qu'une exacte docilité aux foins généreux
qu'on prit de l'y introduire. Initié dès-lors aux
miftères les plus cachés de la grande *Déeffe*,

ébloui de la gloire de cette Divinité , il n'en put
supporter tout l'éclat, sans tomber dans un extase
qui le priva, pendant quelques moments, de
l'usage de ses sens: mais revenu à lui, par les
petits soins de la charmante *Prêtresse*, il sentit
renaître toutes ses forces & toute son ardeur; &
sa dévotion lui inspirant un nouveau courage, il
l'eût poussée à l'excès, si l'on n'en eût prudemment modéré la ferveur. Le jeune P———, après
avoir pris tous les arrangements nécessaires pour
venir, le plus souvent qu'il se pourroit, donner
des marques de sa vénération à la Divinité à laquelle il s'étoit dévoué, sortit du parvis, après
avoir promis de s'y rendre dès le lendemain.

Grietje, aussi contente du jeune P——— que celui-ci l'étoit d'elle, entrevit dès ce moment l'a-
venir le plus heureux , & se promit la félicité la
plus complette à tous égards. Ses revers passés
auroient cependant dû lui apprendre, qu'il n'y a
pas grand fonds à faire sur les apparences les plus
réelles dans ces circonstances ; mais outre que ces
sortes de filles n'ont , pour l'ordinaire , aucune
prévoyance , éblouïes par leur prospérité actuel-
le, elles ne pensent qu'à en jouïr, s'embarrassant
fort peu de ce qui peut arriver dans la suite.
Mr. H———d, qui n'avoit pas fait une absence aussi
longue qu'il l'avoit cru, entra chez *Grietje*, peu
de tems après que son *second* en fut sorti. Il la
surprit au moment où elle se livroit à toute la
joie que lui donnoit la nouvelle acquisition qu'elle

venoit

venoit de faire. Le contentement intérieur qu'elle en ressentoit, se peignoit sur son visage ; son teint plus coloré, & plus éclatant, ses yeux plus vifs & plus pétillants qu'à l'ordinaire, mirent nôtre sexagénaire dans un état de gaieté, dont il ne pouvoit arrêter les transports ; aïant la foiblesse de se faire honneur des nouveaux attraits de son amante, il attribuoit à son arrivée inopinée le nouvel éclat des charmes de sa Sunamite ; & voulant lui témoigner le compte qu'il lui en tenoit, il se disposa à lui en donner les plus tendres preuves, & lui annonça un souper fin & délicat pour le lendemain au soir ; se proposant de passer ensuite toute la nuit avec elle. S'il eût pû lire dans le cœur de *Grietje*, il eût reconnu qu'elle n'y étoit pas aussi sensible qu'elle affecta de le paroître ; le jeune P—— étoit bien plus de son goût, & répondoit bien mieux à son inclination ; mais le vieux commerçant devoit avoir la préférence ; il n'y avoit pas moyen de rompre la partie qu'il venoit de proposer. Dès qu'il fut sorti, l'*Italienne* avertit le jeune P—— de ce fâcheux contre-tems, & lui écrivit le billet suivant.

„ Si je n'avois que mon goût à consulter, je „ me dispenserois de t'apprendre une fâcheuse „ nouvelle ; mon vieux Pénard est arrivé plutôt „ que je ne pensois ; & il est entré chez moi un „ demi quart-d'heure après que tu en as été sorti : j'étois uniquement occupée de toi, lorsqu'il

„ a paru; & il a eu la bonté de prendre pour
„ fon compte la gaieté que tu m'avois infpirée:
„ il s'eft approprié les effets d'une fenfibilité à la-
„ quelle tu as feul le droit de prétendre; & pour
„ m'en témoigner fa vive reconnoiffance, il m'a
„ annoncé, pour demain au foir, une partie fine
„ qui, à fon avis, fera fuivie de la nuit la plus
„ délicieufe; mais heureufement il boit volontiers
„ un petit coup, & je lui en ferai avaler plus
„ de quatre; je t'avertis avec la peine la plus
„ vraie, de ce fâcheux contre-tems qui, comme
„ tu vois, rompt toutes nos mefures: je te ferai
„ avertir, lorfque le champ de bataille fera libre,
„ & vraifemblablement je trouverai le moyen de
„ le rendre tel demain au foir, pour plufieurs
„ jours; adieu mon cher ami, j'efpère pouvoir
„ inceffanment te donner des nouvelles plus agréa-
„ bles; par devoir je dois mon corps à Mr. H—d;
„ & par inclination je t'ai donné mon cœur fans
„ réferve.

Le jeune P—— fut fenfible, comme on fe l'i-
magine, au malheur que fa digne amante lui annonçoit d'une façon affez cavalière, qui auroit
fait juger à tout autre, que cette fille adroite
trouvoit aifément le moyen de concilier les circonftances les plus contraires, & de les faire
tourner toutes à fon propre avantage. Mais le
jeune Négociant ne vit que de l'amour & de la
tendreffe dans le billet de *Grietje:* il ne s'occupa
que d'y répondre d'une manière propre à faire

penfer à fon amante qu'il étoit digne d'elle, autant par la tendreffe de fon cœur, que par le
brillant de fon efprit; mais malheureufement pour
lui, ce n'étoit pas là fon fort. Les plus heureufes difpofitions, quand elles font négligées, réuf-
fiffent rarement, fans le fecours de l'éducation;
& le jeune P——, ne trouvant pas dans fon propre
fonds de quoi exprimer avec affez de force l'état
actuel de fon cœur, eut recours à un de ces livres, compofés exprès pour les novices en amour,
de l'un & de l'autre fexe: il l'emprunta adroitement à un de fes camarades, & y copia la réponfe fuivante.

MADEMOISELLE.

„ L'amour que vous m'avez infpiré eft fi fort,
„ que je me dévouë volontiers à toutes les ri-
„ gueurs qu'il me fait éprouver dans ce moment:
„ mon cœur ne foupire que pour vous; & mes
„ yeux ont verfé un torrent de larmes, depuis
„ que je me fuis féparé de votre aimable per-
„ fonne: le petit Dieu a traverfé mon cœur avec
„ une flèche que je n'aurai jamais le courage d'en
„ arracher: ma foibleffe eft trop profonde pour
„ pouvoir efpérer d'en guérir jamais: je me jette
„ à vos genoux, Mademoifelle, & les embraffe
„ tendrement: vous êtes la maîtreffe de mon fort;
„ & toutes vos rigueurs ne m'empêcheront pas

» de vous adorer toute ma vie, & d'être avec
» un profond refpect.

MADEMOISELLE

Votre très-humble & très-
paffioné Serviteur

P——.

On voit par ce tendre *Galimathias*, que notre
jeune amant n'eft pas fort habile, même dans le
choix de la lettre. Vraifemblablement il vouloit faire une réponfe qui eût un peu de raport
au billet qu'il avoit reçu; mais vraifemblablement
auffi rempli de fon objet, il s'attacha au modèle de lettre qui lui parut le plus expreffif & le
plus emphatique. Quoiqu'il en foit, *Grietje* comprit ce qu'il lui manda, & dévina ce qu'il auroit
dû lui écrire : cette fille indulgeante lui tint compte de fa bonne volonté. Elle lui tint parolle; &
fon antiquaire, peu accoutumé, à la longueur des
facrifices nocturnes, étendu fur le grabat pendant
plus de trois femaines, lui donna le loifir de fe
livrer toute entière à fon jeune amant. Elle le
fit avertir le fur-lendemain, & lui donna rendez-
vous avec cet empreffement, qui avoit tout l'air
de la plus parfaite fincérité. Le jeune homme
en profita avec cette ardeur fi propre à fon âge;
& pendant les trois femaines que Mr. H——d fut
obligé de garder fon appartement, il s'acquita

bien mieux que lui, des devoirs que la belle Italienne souffroit qu'ils lui rendissent tour-à-tour.

C'est au moment que la fortune nous rit le plus, qu'elle nous prépare les plus grand revers ; & lorsqu'elle nous montre un front ſerein, elle pense dès-lors à nous tourner le dos: le jeune P—— en fit la triste épreuve ; & par contre-coup l'Italienne s'en reſſentit vivement. Il feroit difficile de dire ſi Mr. P—— le père eût quelque soupçon desavantageux à ſon fils, & qu'il cherchât à s'éclaircir, ou ſi le haſard seul le détermina à vouloir vérifier le Livre de la caiſſe qu'il avoit confiée à ce jeune homme. Quoiqu'il en ſoit, il appella le jeune P—— un matin dans ſon cabinet ; & l'obligea à lui rendre compte, de mille florins, dont on n'oſoit aſſigner l'emploi, & qui ſe trouvoit de moins pour faire la Balance de ce livre particulier. L'impoſſibilité où ſe trouva le fils d'en montrer un emploi légitime, jetta le père dans une fureur que je n'entreprendrai pas de décrire, & le fils dans un embarras qu'on conçoit aiſément. Une correction des plus violentes, aſſaiſonée de quelques coups de canne vigoureuſement appliqués, arracha l'aveu d'une partie de l'emploi de la ſomme, & fit déviner le reſte. Cette ſcène tragique, qui fut ſuivie de la perte de la confiance du père & de la direction de la caiſſe, mit nôtre jeune homme dans la dure néceſſité de rompre bruſquement ſa première inclination, & de mener une vie d'autant plus triſte, que rigoureusement observé, il ne faisoit plus un pas qui ne fut exactement compté. *Grietje* qui ne savoit rien de ce qui se passoit, surprise de ne plus revoir son jeune amant, inquiette sur son compte, lui écrivit le quatrième jour après la fâcheuse catastrophe que nous venons de raconter; & comme tous les aboutissants & toutes les avenuës de la maison paternelle, qui servoit de prison au jeune P——, étoient fidèlement gardés, la pourvoyeuse, chargée du billet doux, ne put trouver moyen de le remettre à son adresse; ne voulant pas cependant perdre le fruit de la commission, elle le confia à un domestique de la maison; & lui recommanda de remettre le dit billet au jeune *Monsieur*, avec prière expresse de ne le remettre qu'à lui. Le perfide valet promit tout ce que la femme exigea, & ne tint rien de ce qu'il avoit promis. Le petit billet fut remis au père qui y trouva clairement l'emploi des mille florins dont il n'étoit pas encore consolé: il fit venir son fils, le confondit avec cette preuve trop parlante, & prit dans le premier moment de sa juste colère les plus affligeantes résolutions contre l'infâme séductrice de son fils. Mais aïant communiqué son projet, & fait part de son chagrin à un ami de bon-sens, il fut détourné du parti violent qu'il méditoit contre *Grietje*, & se contenta de mettre son fils à l'avenir dans l'impossibilité de fournir à ses plaisirs aux dépens de la caisse du comptoir. Il n'en fut pas cependant quitte pour les mille florins en queſtion; car les débauches du jeune P—— avoient eu des ſuites ordinaires, mais trop funeſtes, pour qu'il pût long-tems en faire un ſecret. Sa ſanté dépériſſoit à vuë d'œil ; une langueur mortelle répanduë ſur toute ſa perſonne, & des marques trop viſibles d'un tempérament gâté, obligèrent le père à toutes les dépenſes néceſſaires pour rétablir ce fils dans ſon premier état de vigueur & d'embonpoint.

Un Médecin habile, moyenant quelques ducats, parvint, à force de ſoins & d'exactitude, à réparer les terribles brêches que le feu Italien, combiné avec tant d'autres feux, avoit faites ; & après un régime aſſez long, la nature, aidée de l'art d'Eſculape, rétablit, autant qu'il eſt poſſible, les forces du jeune adoleſcent. Heureux ſi cette leçon le corrige pour l'avenir, & le met en garde contre ces dangereuſes diſtributrices, ou plutôt, ces revendeuſes de faveurs ! c'eſt au tems à nous l'apprendre. Quant à l'Italienne, après avoir donné quelques moments à ſa douleur, elle ſe conſola à ſon ordinaire, accoutumée à ces ſortes d'évènements : celui-ci fut moins ſenſible pour elle que ceux qui l'avoient précédé. Son vieux Mr. H——d avoit reparu ſur l'horiſon, auſſi enchanté, ou pour mieux dire auſſi paſſioné, & conſéquenment auſſi libéral qu'avant ſon éclipſe, & probablement la grande partie des mille florins fournis par notre jeune François, étoit en réſerve dans la caſſette de l'Italienne. C'étoient

là autant d'heureuſes circonſtances qui lui rendoient la perte de P—— plus ſuportable; d'ailleurs elle n'ignoroit pas, que le parti qu'elle en
avoit tiré de toutes les façons, étoit trop fort, &
trop conſidérable, pour pouvoir eſpérer de le
faire aller le même train pendant long-tems. Elle
avoit trop abuſé de ſes reſſources, pour ne pas
prévoir qu'elle les auroit bientôt épuiſées ; encore quelques jours de plus, & le jeune P——
eût été forcé de lui-même, de prendre ſon congé, & de rendre les armes à ſa charmante maîtreſſe.

Grietje cependant avoit mis en campagne toutes ſes *revendeuſes à la toilette*, pour tirer le meilleur parti poſſible de ſes charmes, & pour donner un *ſecond* à Mr. H——d, qui, malgré ſa bonne
volonté, en avoit abſolument beſoin au jugement de l'*Italienne*. Tous les ſoins que ces honnêtes fripières ſe donnèrent, furent inutiles, &
pendant plus de quinze jours, elles ne trouvèrent pas un ſol, ſur les attraits de *Grietje*, qui,
depuis quelque tems, étoient auſſi au décri, que
les actions ſur la banque d'Angleterre le ſont aujourd'hui. Senſiblement affligée de ne pouvoir
plus faire de *dupe*, elle ſe détermina à s'expoſer
de l'être; & ce ſecond parti lui réuſſit beaucoup
au-delà de ſes eſpérances. Ainſi elle changea
l'ordre qu'elle avoit donné à ces *Courtières*, &
les chargea de lui chercher quelque jeune homme
beau & bien fait, qui voulût, en payant, lui

faire compagnie, pendant l'abſence du vieux maître de la maiſon. Cet ordre fut plus aiſé à exécuter que le premier ; & le lendemain qu'il eût
été donné, il y avoit déjà pluſieurs aſpirans ſur le
tapis, qui tous ſe promettoient la préférence : il y
en avoit même de toutes les conditions ; & cela
n'eſt pas ſurprenant ; la ville d'Amſterdam regorge
de jeunes gens de toutes les nations, qui, par des
revers qu'ils ont ſoin de publier à l'avantage de
leur honneur, & qui pour l'ordinaire ne doivent
être attribués qu'à la baſſeſſe de leurs ſentimens,
ſont venus chercher dans cette capitale de la
Hollande, un azile ſûr contre des perſécutions
preſque toujours méritées. Introduits les uns
après les autres, & ſans ſavoir qu'ils étoient pluſieurs concurrents, *Grietje*, après les informations
préliminaires, & un examen qui la mit à même
de pouvoir ſe déterminer pour celui d'entre eux
qui lui paroîtroit mériter la préférence, accorda
le prix à un Officier François, qui, depuis ſix
mois, vivoit ſans payer à *la ville de **Paris***, &
que l'aubergiſte menaçoit journellement de mettre
à la porte, s'il ne donnoit quelque à-compte ſur
la depenſe qu'il avoit faite chez lui. Il faut avouer
que le militaire méritoit cette préférence à tous
égards ſur tous les autres ; mais *Grietje* ſe détermina autant en ſa faveur, par une eſpèce d'élévation de ſentiments, qu'elle avoit conſervé encore, ne pouvant oublier la nobleſſe de ſon
origine, que parce que d'ailleurs Mr. l'Officier,

âgé de vingt & quatre ans, à l'air le plus lefte, & le plus fain, joignoit une taille avantageufe, & une figure véritablement martialle. Des façons libres, de la gaieté, des faillies, & en un mot tous ces riens que le militaire françois fait rendre agréables & intéreffants vis-à-vis des belles, lui gagnèrent tout de bon l'Italienne, qui ne l'aïant d'abord pris qu'à gages, & par conféquent à fes ordres, ne fut pas longtems fans s'appercevoir, qu'elle s'étoit donnée un maître, aux volontés duquel elle fe vit contrainte de fe rendre, fans pouvoir s'empêcher d'y foufcrire; l'Officier la traitta comme il eût traitté une place prife d'affaut, malgré la capitulation que *Grietje* avoit été la maîtreffe de régler à fa fantaifie. Maître du cœur de l'Italienne & de fa petite réferve, il y puifa quelques *ducats* pour pouvoir conferver fon appartement à l'auberge, en payant une partie des arrérages; & aïant pris par anticipation fes appointements de fix mois, il fut retirer du Lombard une partie des effets qu'il avoit emportés de fon régiment, & qu'il avoit engagés, afin de pouvoir paroître dans les parties nocturnes de jeu de hazard, où les Hollandois, auffi habiles que toute autre Nation, ont foin de décroter tous les étrangers, qui font affez imprudents pour s'expofer à être la dupe de ces Banquiers clandeftins.

Il eft très-rare de trouver un jeune *François* modéré; & c'eft encore bien plus rare de le

trouver parmi la jeuneffe militaire de cette nation. Celui dont nous crayonons le portrait, de
profil feulement, n'étoit pas du petit nombre de
ceux qui prenent leurs plaifirs avec une certaine
économie. Il ne ménagoit pas mieux les intérêts
de fa bienfaitrice, qu'il n'avoit ménagé les fiens
propres ; & pendant tout le tems qu'il crut la
caffette fournie, ou à même de fe fournir par
les largeffes du vieux Hollandois, il mena fon
intrigue à la françoife, c'eft-à-dire grand train ;
& fi quelquefois *Grietje* vouloit lui faire à ce
fujet quelque petite repréfentation ; une *ariette*
chantée avec affez de goût, une careffe faite
à propos, une cabriolle & une agacerie un peu
poliffonne, étoient des arguments auxquels l'Italienne n'avoit pas de folution à donner, qu'en
les rétorquant avec la même vivacité. Mais il
il eft un terme à tout, & la bonne fortune de
Grietje étoit arrivée au fien. Un accident, caufé
par la plus grande de toutes les imprudences,
découvrit à Mr. H——d qu'il étoit lourdement
trompé ; que fes *ducats* étoient employés à une
autre deftination que celle qu'il s'étoit promife ;
& qu'enfin il fourniffoit à la bonne chère & aux
plaifirs de deux perfonnes, qui fe moquoient de
lui, lors même que fans lui, elles euffent été
reduittes toutes les deux à la plus affreufe extré-
mité.

Cinq ou fix femaines s'étoient paffées dans la
fituation la plus agréable, & la plus riante, par

raport à *Grietje* & à fon militaire, lorfqu'un foir, Mr. H——d, fe fentant vivement preffé du défir de voir fa chère Italienne, fe rendit chez elle au moment qu'elle ne l'attendoit pas; car le bon-homme avoit fes heures réglées. À fa façon de fraper, on le reconnut aifément, & les deux amants, étant dans ce moment enfemble, le militaire fut fe cacher dans une petite chambre inconnue même à Mr. H——d; & *Grietje* fe mettant dans le lit, ou peut-être y reftant, donna ordre à fa fervante d'ouvrir, & de faire entrer le vieux Négociant; elle crut que prétextant une forte migraine, le vieux bon-homme, après en avoir témoigné fa peine, fe retireroit, & lui laifferoit toute la foirée libre. Cela feroit arrivé de même, fans l'avanture que je vais raconter. Après avoir affuré fon amante de fa fenfibilité à fon incommodité, & après vraifemblablement avoir effayé de l'adoucir par quelque innocente careffe, Mr. H——d fortit attrifté fur l'état de la malade; & comme il ouvroit la porte de la ruë, il trouva deux garçons traiteurs, qui attendoient qu'on vint leur ouvrir, avec une affez grande corbeille, qu'ils dirent être deftinée pour Melle *Grietje*. La fervante, qui n'avoit pas été affez tôt à la porte pour faire entrer incognito ces deux pourvoyeurs, accourut pour tâcher de faire prendre le change au vieux Négociant, qui, par la naïveté des réponfes qu'on lui faifoit, comprit aifément qu'il y avoit quelque miftère qu'il lui importoit d'approfondir. La fervante eût beau vouloir foutenir effrontément que ce n'étoit pas pour fa maîtreffe que la corbeille avoit été garnie; elle fut confondue à l'inftant par le compte que ces jeunes gens remirent au vieux Négociant, qui étoit fi bien circonftancié, qu'il ne pouvoit pas fe tromper fur l'application qu'il devoit en faire; & comme le traiteur avoit donné ordre de ne pas livrer la corbeille, fans que le compte fût acquité, les garçons reclamèrent l'Officier françois qui avoit commandé le fouper, & qui avoit donné ordre de le porter à l'adreffe écrite fur le revers du compte même. Tout autre qu'un Hollandois eût fait un coup d'éclat, ou du moins il fût rentré dans l'appartement de la belle pour l'accabler de reproches qu'elle méritoit juftement; mais ces vivacités, & ces emportements n'entrent pas dans le caractère flegmatique de la nation. Moins emportée, & plus fage que les autres, elle dévore avec une infenfibilité apparente les chagrins les plus cuifants, les affronts les plus fanglants. C'eft le parti que Mr. H——d prit fort fagement, fans attendre le dénouement de l'intrigue; & fans en vouloir favoir davantage, il laiffa toute la maifon de *Grietje* raifonner fur ce facheux contre-tems; & oubliant en chemin une partie de fa facheufe avanture, il vint manger chez lui une botterame, & boire quelques taffes de caffé plus tranquillement & de meilleur apétit, que la perfide *Grietje* & fon Officier ne mangèrent leur

excellent fouper, & ne burent le meilleur vin de
Bourdaux. Je ne dois pas abufer de la complaifance du lecteur , en lui racontant exactement
toutes les fuites de cette avanture ; il eft tems de
finir une anecdote, peut-être trop longue ; mais
que le refpect dû à l'intégrité de l'hiftoire, ne
m'a pas permis d'abréger. Dès ce moment donc,
toutes les reffources de l'Italienne furent perduës ;
le jeune militaire profita du peu de moments
qui lui reftoient pour achever de ruiner tout-à-
fait l'infortunée *Grietje*, qui, dans moins de huit
jours , fe trouva auffi pauvre qu'elle l'eût été de
fa vie. On la vit reparoître aux *Muficos* pour
y chercher de quoi fubvenir aux plus preffants
befoins ; mais par une fatalité, ou plutôt par une
jufte punition, qu'elle méritoit, fi fort décriée
que perfonne n'en vouloit plus à aucun prix.
On me mande, dans ce moment, qu'il femble
que la fortune veuille lui rire encore ; mais qu'on
ne croit pas que fi cela arrive, elle fache mieux
en profiter qu'elle n'a fait jufqu'ici. Nous aurons
foin d'en inftruire le public auffi-tôt que nous
recevrons de nouveaux mémoires. En attendant, nous ofons affurer, que jamais fille n'a été
fi volage, fi inconftante, & fi légère que notre
héroïne Italienne, & que fi elle a trompé la plus
part de fes *amants*, un militaire François les a
tous parfaitement vengés. Leur vengeance ne
pouvoit certainement pas être remife en de meilleures mains ; il avoit toutes les qualités nécef-

faires pour la rendre complette ; & l'usage qu'il en a fait, a ajouté une nouvelle preuve à la vérité assez constante, qu'un trompeur trouve tôt ou tard, un plus fin que lui, qui le trompe à son tour.

LE PEINTRE ET SON MODÈLE.

La Haye .... 1774.

LE public ne nous pardonneroit pas, sans doute, de n'avoir pas trouvé une place dans notre Gazette, pour y raconter une avanture, qui, quoique assez ordinaire, renferme cependant des circonstances particulières, qui la distinguent avec quelqu'avantage de toutes les autres du même genre. Le Héros de cette anecdote & Mrs. ses confrères, faisant cause commune avec lui, ne manqueroient pas, sans doute, de nous faire des reproches sur un silence à leur égard, qu'ils prendroient pour être trop affecté, puis qu'assurément personne ne peut mieux qu'eux nous fournir une matière plus variée & plus intéressante. Nous sommes trop partisans du

mérite, & trop difposés à lui faire l'hommage que nous croyons lui devoir, pour ne
pas donner des preuves publiques à tous les
peintres de notre gratitude & de notre reconnoiffance, pour les fujets importants qu'ils peuvent nous fournir, afin de remplir aifément notre
plan. Nous avouons même, que nous n'aurions
pas befoin de puifer dans d'autres fources, fi
nous ne craignions de tomber dans une *Mono-
tonie* hiftorique qui ne feroit pas du goût de nos
lecteurs: nous leur aurions païé plutôt le jufte
tribut que nous leur devons, fi nos correfpon-
dants euffent été plus exacts à nous envoyer des
mémoires rélatifs à leur promeffe; & nous les
prions de recevoir, comme une marque de nôtre
eftime, l'avanture que nous allons raconter,
quoiqu'un peu mortifiante pour leur digne con-
frère, les affurant qu'à la première occafion nous
rétablirons l'honneur de leur art, fuppofé qu'il
pût un peu fouffrir d'un accident particulier,
qui ne fauroit pas contre-balancer le grand nombre de leurs bonnes avantures.

Toutes les divinités font capricieufes ; elles
prodiguent leurs faveurs à des fujets indignes d'en
être honnorés, pendant qu'elles traitent avec la
dernière rigueur ceux qui par leur refpect, leur
foumiffion, & en un mot par les plus eftimables
qualités, mériteroient d'être les objets de leurs
plus tendres complaifances. Vénus, plus que toutes les autres, eft fujette à des caprices, qui dé-
fefpè-

ſeſpèrent ſes plus affectueux ſerviteurs: on la voit très-ſouvent exaucer des vœux qu'elle devroit rejetter, & ſe jouer cruellement de ceux de ſes ſujets, qui méritent le plus ſes tendres ſoins; & l'on doit convenir, que parmi ceux-ci, Mrs. les Peintres tiennent un rang diſtingué. Il ſeroit même difficile de décider, s'ils doivent plus à la *Déeſſe*, que la *Déeſſe* ne leur doit à eux-mêmes; ſes temples ſont décorés par leur art eſtimable; & ce qui lui eſt encore le plus avantageux, c'eſt qu'on doit avouer, que leur délicat pinceau lui a acquis plus de proſélites, & a attiré dans ſon temple plus d'adorateurs, que ſon fils, tout adroit & tout ruſé qu'il eſt, n'en a enchaîné au char de ſa mère. Mr. Aſ—— dont la petite avanture a fait aſſez de bruit, eſt un des diſciples d'*Apelle*, qui a le plus à ſe plaindre de la Déeſſe de Cythère, à laquelle il a rendu des ſervices ſignalés.

Ce jeune Peintre, que l'on croit Italien d'origine, & que l'on aſſure n'être que François, étoit venu à la Haye dans le deſſein de n'y paſſer que très-peu de jours, & de paſſer en Allemagne, où il eſpéroit que ſes talens, étant mieux appréciés, ſeroient auſſi plus heureuſement employés; ſa jeuneſſe, ſa bonne mine, & une converſation aſſez aiſée & même aſſez ſavante dans ſon art, le firent protéger par la femme d'un certain Miniſtre étranger, chez laquelle il avoit été introduit par quelque valet de chambre, introducteurs ordinaires des gens à talent. La Peinture en *mignature* étoit la ſeule à laquelle il s'étoit totalement dévoué, &, sans doute, que sur les échantillons qu'il fit voir à sa protectrice, elle le jugea digne de sa recommandation; elle l'exhorta à ne pas quitter encore la Haye; & lui fit espérer de lui procurer de l'ouvrage pour plusieurs mois; la générosité de cette Dame fut si loin, que croyant s'appercevoir que le jeune Peintre n'étoit pas dans le cas de pouvoir attendre long-tems dans l'oisiveté les effets des Promesses de M--d; elle lui donna à compte une douzaine de *Ducats* sur son Portrait, qu'elle exigea qu'il vint commencer dès le lendemain. Les auberges sont trop chères à la Haye, & particulièrement pour un Peintre qui ne fait, pour ainsi dire, que commencer à se produire dans le monde, & qui n'a quitté l'Ecole que depuis quelques mois; celui-ci crut prudemment ne pas y devoir faire un plus long séjour; & en conséquence, il loua une petite chambre derrière l'hôtel de—, qui par sa position tant pour la tranquillité, que pour la clarté du jour, le mettoit à même de travailler avec succès, aux différents tableaux qu'on lui avoit fait espérer de lui procurer. Il fut assez heureux que de réussir : le Portrait de M—d se trouva si ressemblant, & si délicatement peint, qu'elle devint la protectrice déclarée du jeune Peintre; au point que ne parlant que de lui dans toutes les assemblées, & montrant à tout propos son nouveau Portrait, autant par importunité, que par persuasion, elle procura à son protégé toutes les figures les plus distinguées de l'un & de l'autre fexe à peindre, & peut-être à embellir délicatement. Excédé de travail, & ne fachant comment faire pour fatisfaire tous les chalants qui vouloient, comme à l'ordinaire, être tous fervis les premiers, Mr. Af—— n'avoit, pour ainfi dire, pas un moment à lui, & ne fachant pas un feul mot de la langue du païs, il fut contraint d'avoir recours à un interprête qui, fachant la langue Hollandoife & la langue Françoife, pût lui fervir dans les fréquentes occafions où il fe trouveroit en avoir befoin. Voulant d'ailleurs par un efprit d'économie, autant que pour ne rien perdre de fon tems, faire fon petit ordinaire chez lui, il crut qu'une femme feroit à tous égards plus propre à répondre à fes vuës : il en fit chercher une qui voulût fe charger de l'adminiftration de fon petit ménage ; & parmi trois ou quatre qui fe préfentèrent, il choifit malheureufement celle qui en apparence lui fembla le mieux lui convenir : en effet, celle-ci devoit l'emporter fur toutes les autres à tous égards ; elle étoit fa voifine, & par conféquent plus à portée d'être appellée auffi fouvent que fa préfence feroit néceffaire ; étant Veuve & fans Enfans elle pourroit donner tous fes foins aux petites affaires de fon maître, fans que les fiennes en fouffriffent ; jeune & jolie encore, elle étoit plus agile pour faire les commiffions, & plus propre à fervir de modèle toutes les fois que le Peintre voudroit peindre d'après un Manequin vivant; en un mot toutes fes qualités extérieures fembloient lui avoir été données exprès pour remplir l'emploi de fervante de Peintre ; mais malheureufement elle étoit femme, c'eft-à-dire foible, curieufe, jaloufe, & emportée ; & ce fut auffi par ces quatre attributs qu'elle jetta le Peintre dans le plus grand embarras, & qu'elle l'expofa à la fcène la plus critique & la plus défaftreufe.

L'occafion, dit-on en France, fait le *Larron*, & l'on peut dire, que l'occafion fait plus que toute autre chofe, que les Femmes les plus vertueufes, & les hommes les plus fages, tombent dans des cas où la vertu perd toujours, & où l'honneur eft évidemment expofé ; la veuve & le Peintre firent la trifte épreuve de cette vérité : il n'y avoit pas affez longtems que cette femme avoit perdu fon mari, pour avoir totalement oublié les douceurs de l'himen, qui ne font pas bien différentes de celles de l'amour ; & il y en avoit affez pour qu'elle crût avoir rendu aux Mânes du défunct tout ce qu'elle leur devoit ; il lui parut que la nature devoit avoir fon tour, & qu'elle pouvoit fe livrer actuellement aux doux tranfports que la vuë continuelle & la fréquentation affidue d'un jeune homme lui infpiroit. Celui-ci, de fon côté, ne pouvoit confidérer, fans émotion, cette femme qui lui laiffoit lire dans fes yeux, que fon cœur fe donneroit volontiers pour peu qu'on l'en priât, pouvant d'ailleurs, à fon aife & par fa convention particulière, parcourir tous les charmes même les plus cachés de la veuve, qui devoit fe laiffer met-

tre dans toutes les attitudes que le Peintre croyoit
lui être néceffaires pour peindre d'après nature.
Il ne jouït pas longtems impunément de fon droit,
& le *Manequin* ambulant fut fi fort tourné & re-
tourné, habillé & déshabillé, que le Peintre, laiffant tomber paléte & pinceaux, réalifa l'idée qu'il
ne cherchoit d'abord qu'à fortifier pour la rendre
avec plus de vigueur fur l'yvoire ; le peu de réfiftance qu'il éprouva, lui facilita le moyen de revenir à la charge toutes les fois qu'il voulut ; & au
hazard de déranger un peu fa main, il fe livra au
doux plaifir de fervir une jolie veuve, qui d'ailleurs le fervoit à fon tour avec toute l'affection
poffible. Heureux fi l'inconftance n'eût pas trou-
blé la paifible jouïffance de cette femme, & fi content d'en pouvoir difpofer à fon gré, il n'eut pas
cherché à varier un plaifir qui par l'habitude commençoit à s'affoiblir & à s'émouffer. Etant allé
un foir à la Comédie Françoife, il y retrouva une
jeune Parifienne qu'il avoit connue à Paris, & qui,
commençant à n'être plus bonne à rien dans cette
Capitale, étoit venue en Hollande pour y débiter
les reftes ufés de fes charmes, qui, quoiqu'encore
affez jeunes, aïant été livrés trop tôt au public,
étoient tombés dans une décrépitude prématurée.
Soit par reconnoiffance, ou par inclination, ou
par quelqu'autre motif que nous ne favons pas,
le Peintre fe crût obligé de régaler chez lui la
nouvelle débarquée ; en conféquence la partie fut
liée pour le lendemain ; mais comme il étoit de

la dernière conséquence que la charmante veuve ignorât absolument une partie qui n'auroit pas été de son goût, il pensa au moyen de s'en défaire adroitement pendant trois ou quatre heures qu'il se proposoit de donner à la Parisienne pour la fêter de son mieux; il étoit question de donner l'échange à une femme, qui ne le prend pas aisément sur l'article de la fidélité. Si le Peintre eût eu plus d'expérience, certainement il n'y auroit pas pensé, & ne se seroit pas exposé à la scène la plus humiliante pour lui, & qui a eu les suites les plus funestes. Mais son sort étoit écrit dans le livre de la grande *Déesse*; & par les suites d'une prédestination à la honte & à l'ignominie, il devoit boire le calice d'amertume qu'il s'étoit préparé par son imprudence. Le jour qu'il s'étoit proposé de travailler sur un modèle, ou d'après un modèle François, il dit à sa ménagère, qu'elle pourroit rester chez elle tout l'après-dîné, & qu'il l'apelleroit bien s'il avoit besoin d'elle; qu'il devoit recevoir deux de ses amis nouvellement arrivés de Paris; & que pour qu'ils n'eussent pas une mauvaise idée, tant de lui que d'elle-même, il croyoit qu'il convenoit qu'elle ne parût pas, tant qu'ils seroient chez lui. Ce prétexte assez grossier, & si mal entendu, mis en avant d'ailleurs avec une espèce de tremblement, qui décelle toujours la fourberie, fut un piége trop mal adroit, pour que la veuve s'y laissât prendre; elle soupçonna aisément du mistère dans ce propos; mais pour l'éclaircir avec fuccès, elle ne fit femblant de rien, & parut donner bonnement dans la duperie. L'adreſſe des fémelles à ſavoir diſſimuler, eſt une de leurs qualités les plus eſſentielles & les plus naturelles; de façon qu'il n'en couta rien à celle-ci pour perfuader au jeune Peintre qu'elle ne ſe doutoit de rien. Après donc avoir fait les petites proviſions néceſſaires pour donner une délicate collation à ces prétendus amis; & après avoir rangé le tout de façon que ſon maître n'eût que la peine d'offrir les rafraichiſſemens, elle ſe retira avec une bonne foi apparente, qui confirma de plus en plus Mr. Aſ———— qu'il pouvoit en toute ſûreté ſe livrer au plaiſir qu'il ſe promettoit de ſa partie fine : mais la ruſée veuve ne l'entendoit pas de même; & ſuppoſé que ſes ſoupçons fuſſent fondés comme elle ſe le perfuadoit, elle méditoit une vengeance éclatante. Arrivée chez elle, elle ſe mit en embuſcade, & n'y fut pas longtems, ſans voir arriver Mr. Aſ———— & la Pariſienne qu'il avoit été prendre à ſon logement, pour la conduire dans ſon appartement. Ne voyant pas d'autre ſuite, elle fut pleinement convaincue de la perfidie du Peintre, & de ſa propre honte; l'outrage lui parut trop grand pour pouvoir le ſouffrir ſans faire voir combien elle y étoit fenſible; & partant de chez elle, la rage & le dépit dans le cœur, la fureur peinte ſur le viſage, elle vole à l'appartement de ſon maître, dans l'intention de s'y livrer à tout ſon juſte reſſentiment, & de s'expoſer toute ſeule

à un combat inégal, en mesurant ses forces avec
les forces combinées du Peintre & de la Parisienne;
munie, sous son tablier, d'un bâton assez gros,
elle enjambe les montées quatre à quatre, qui,
quoiqu'assez rudes, selon l'usage du païs, semblent s'adoucir sous ses pas, & se prêter à son empressement. Arrivée à la porte de la chambre,
elle ne pense pas qu'on aura pris la précaution de
la fermer par derrière; & croyant l'ouvrir avec la
même facilité qu'à son ordinaire, elle empoigne
le loquet, qui, arrêté au dedans, ne se prête plus
au tour de main qui tâcha inutilement de le mettre
en mouvement. Le bruit qu'elle fait par la rési-
stence qu'elle éprouve, mêt le couple infortuné
dans les plus vives allarmes; ce vacarme est un
mistère incompréhensible pour la Nimphe de la
Seine, mais l'émule d'*Apelle* comprit du premier
moment, qu'il étoit découvert, & que sa honte
étoit assurée; plus il pensoit au moyen de s'y soustraire, & plus il donnoit du tems à la furieuse veuve de redoubler ses coups à la porte; elle le fit en
effet avec tant de violence, & avec si peu de ménagement, que toutes les personnes de la maison
accoururent au vacarme, & que bien-tôt après elles furent suivies de tous les voisins qui ne doutè-
rent pas, qu'il ne fut arrivé quelque malheur dans
la maison où le tapage se faisoit entendre: la rue,
l'allée, & l'escalier étoient remplis de monde qui,
se suffoquant dans la presse, se demandoient les uns
aux autres le sujet pour lequel ils avoient tous ac-

couru, fans qu'ils puffent s'en rendre compte.
On me difpenfera de décrire la pitoyable fituation des deux réclus dans ce moment; chacun fe
la repréfente aifément. Il n'y avoit pas de cachette
dans la chambre; & le feul coin étoit un *Befté*, c'eft-
à-dire un lit dans un armoire, ou dans le mur, fermé par un fimple rideau : trifte reffource pour cacher un défordre trop vifible par lui-même. Il
fallut cependant fe réfoudre à ouvrir la fatale porte, qui étoit prête à fuccomber fous les coups redoublés de la veuve, & de l'hôte de la maifon,
qui ne comprennoit encore rien à toute cette avanture. Il eft des moments critiques dans lefquels
on s'oublie tout-à-fait foi-même; dans lefquels encore croyant n'avoir plus de reffource, on s'abandonne entièrement au défefpoir; nos deux Etran-
gers perdirent tellement leur raifon dans cette critique circonftance; moins avifés qu'*Adam & Eve* dans le
Paradis terreftre après leur fatale chute, ils reftèrent
dans l'état de nudité dans lequel le premier coup
donné à la porte les avoit probablement furpris;
& quand ils euffent voulu donner une tournure à
leur avanture, & pallier un peu leur imprudence;
ils s'étoient privés de toute reffource de ce côté-là,
par l'état de dérangement avec lequel ils s'offri-
rent aux yeux de tout le monde, qui à la négli-
gence de leurs vêtemens, ne put fe tromper, fur
la raifon qui les avoit fait enfermer. L'enragée
veuve entre la première; & dans le moment, la
chambre eft remplie, par tous ceux que la curio-

sité, autant que la sensibilité, avoit attiré; il ne fut pas difficile à la gouvernante du Peintre de trouver sa rivalle; elle ouvre le rideau; & par cette imprudence elle changea la scène qui jusques là n'avoit été que triste, en une farce risible pour tout autre que pour elle & les deux infortunés Acteurs. La Parisienne, peu accoutumée à être si cruellement troublée dans ses plaisirs, & qui jusqu'ici n'en avoit goûté que de tranquilles, ne put soutenir l'idée affligeante d'être surprise en flagrant délit; & tombant dans un évanouissement différent de celui que le plaisir cause quelquefois, elle y étoit encore, lorsqu'elle fut découverte sur le lit, dans une posture qui découvroit visiblement l'unique raison pour laquelle elle s'y étoit mise. Ses charmes exposés sans voile aux yeux de tous les assistants qui purent les considérer à loisir, attestèrent, que ce n'étoit pas uniquement pour servir de modèle qu'ils avoient été étalés; & la nudité elle-même acheva de convaincre, qu'un Peintre qui veut imiter la nature, a soin de choisir des sujets, qui par leur embonpoint, leur fraicheur, & la beauté de leur coloris, font en état de faire valoir son pinceau, & de l'accréditer lui-même, mieux que ne pourroit faire un squelette décharné, qui semble avoir déjà subi les premières opérations d'un anatomiste, & sur lequel le scalpel aïant fait quelque incision assez large, il ne reste plus à l'artiste que d'achever de le disséquer. D'ailleurs le désordre du

Peintre lui-même, qui avoit oublié de donner un petit moment au foin de refaire une courte mais indifpenfable toilette, fit voir ant d'analogie entre fa pofture & celle de la Parifienne, qu'il n'étoit pas poffible qu'on fit un jugement téméraire, en penfant que dans le moment qu'ils avoient été furpris, ils avoient quitté le temple d'*Apollon*, pour entrer dans celui de *Vénus*. Bientôt la renommée fe faifant un plaifir de divulguer l'avanture, en porta le bruit jufques dans les fociétés les plus diftinguées de la Haye; & la Protectrice du jeune *Apelle* en étant informée, crut ne pouvoir plus décemment accorder fes bonnes graces & fa protection à un homme, qui venoit de s'afficher par un endroit dont la honte auroit pû réjaillir indirectement fur elle-même; & fans vouloir l'entendre, dès le lendemain elle lui fit défendre l'entrée de l'hôtel. Cependant l'hôte & la veuve après les premiers reproches faits au Peintre, le premier par raport à la profanation de fa maifon, & l'autre, on devine pourquoi, s'occupèrent férieufement à donner du fecours à la Nimphe évanouie, que le bruit, & les éclats de rire de toute l'affemblée n'avoient pû retirer de fa létargie; & l'aïant rendue à la vie, après avoir repris un peu fes forces abatues, on la pria affez brufquement de reprendre le chemin de fon auberge, fans lui faire part de la collation, que la veuve l'hôte & toute fa Famille dépêchoient affez vîte, en dédommagement, fans doute, du tort qu'ils venoient de souffrir , noyant leur chagrin , qui n'étoit que passager , dans le vin qui avoit été destiné à restaurer les deux *Atlètes* après leur rude exercice. Les Brocards qui suivirent la gaieté que *Bacchus* leur inspira, achevèrent de plonger le Poignard dans le sein du jeune *Peintre* , trop novice encore pour faire sentir qu'on ne l'offensoit pas impunément , & trop foible pour se venger contre tant de monde à la fois. Tranquille spectateur , en apparence , de la dissipation de son bien, force lui fut d'attendre qu'il plût à la compagnie de se retirer , & de lui laisser dévorer en secret une partie du chagrin que lui causoit son avanture. Trop timide pour oser reparoître en public, & pour regarder avec une certaine effronterie un accident dont de jeunes étourdis, plus aguerris que lui, se font honneur ordinairement, il pensa qu'il ne pourroit plus rester dans l'étenduë des sept provinces, où il se voyoit désormais sans protection ; & aïant employé le lendemain à arranger ses petites affaires, il partit de la Haye, sans qu'on ait pû savoir encore dans quel païs il a été faire valoir ses talens. L'Eclipse de l'astre Parisien , arrivé dans le même tems, a fait soupçonner, quoique sans preuve, qu'ils avoient été ensemble finir leur partie dans un endroit plus sûr; où ils fussent moins exposés à des scènes si humiliantes; & les témoignages trop parlans qu'il a laissé du manque de fidélité qu'il devoit à la veuve, justifient le chagrin que celle-ci devoit avoir de sa

perfidie, fans autorifer fon emportement & fon
manque de prudence. Plus de modération de fa
part, lui eût épargné la honte de s'entendre reprocher, par le fruit de fon incontinence, l'illéga-
lité de fa naiffance ; eut pû lui procurer l'honneur
de devenir la femme d'un Peintre, après en avoir
été la fimple gouvernante ; & d'augmenter, comme tant d'autres, la lifte des *Dames* de Hazard.

LES PLAISIRS DE L'AMOUR BIEN SUPÉRIEURS Á CEUX DE BACCHUS.

**Extrait d'une Lettre de Melle. G——
à M^r. B—— fon Amant.**

Angleterre . . . . 1774.

LE petit Extrait que nous allons donner, nous
a paru d'autant plus intéreffant, que le fujet préfente un champ plus vafte & plus varié. Traité
par une femme, il ne peut que gagner beaucoup
fous une main fi habile à le manier, le tableau
que Mlle. G—— nous offre, paroîtra à tout connoif-
feur défintéreffé, un petit chef-d'œuvre dans fon
efpèce. L'ordonnance, les portraits, la draperie,

le choix des couleurs, le coloris, & les ombres
même, décellent un Artiste habile, qui, rempli
de son sujet, l'a rendu avec toute la force & la
justesse dont un Peintre femelle peut seul être capable, en peignant les plaisirs. Autant que nous
pouvons en juger, par la lettre que nous avons
sous les yeux, Mlle. G—— avoit à se plaindre de
Mr. B—— à cause de la préférence injuste que
celui-ci lui paroissoit sans doute donner à *Bacchus* sur l'amour; peut-être même en souffroit-
elle déjà, ou craignoit-elle de perdre un amant
qu'elle aimoit passionément. Des reproches amers,
des bouderies hors de propos, des rebuts forcés,
& toutes ces grimaces de jalousie & d'emportement aigrissent le mal, plutôt qu'elles ne le gué-
rissent; un amant tourmenté par les reproches de
sa maîtresse, se rebute à la fin, & prenant son
parti, abandonne la boudeuse à elle-même, &
tâche d'en trouver une autre plus indulgeante &
moins grondeuse. Mlle. G——, persuadée de cette
maxime, crut, sans doute, devoir prendre un
parti tout opposé, mais plus sûr, pour retenir
Mr. B——. Elle crut qu'en lui peignant d'un
côté la Divinité à laquelle il paroissoit s'attacher, en lui exagérant autant ses charmes, que
ses difformités, & de l'autre, la Divinité qu'il paroissoit vouloir abandonner, en lui en retraçant
tous les attraits, elle crut, dis-je, que ces deux
portraits dans le même tableau seroient un con-
traste si frapant même aux yeux de son amant

prévenu, que Bacchus, par le parallelle, perdroit aifément l'unique préférence, qu'il étoit fur le point d'obtenir fur l'amour ; fi elle n'a pas réuffi, elle méritoit au moins de le faire, & fi elle n'eft pas toujours imitée par les perfonnes qui font dans le même cas, elle mériteroit de l'être. Combien de pécheurs n'ont-ils pas été ramenés à la vertu par la feule peinture du vice, & combien de femmes vertueufes n'ont pas rapellé leurs époux des défordres affreux qui les deshonoroient aux yeux du monde, & qui faifoient gémir leur famille, en leur repréfentant, fans émotion, & fans aigreur, la juftice des Loix de l'Himen, & la honte attachée à leur violation ! L'humanité feroit fcandalifée moins fouvent par les divorces honteux & fréquents qui la contriftent, & les amantes plus heureufes dans leurs amours, fi d'un côté les époufes, & d'un autre les maîtreffes prenoient pour modelle Mlle. G——, qui eft auffi digne d'être imitée dans fa façon de penfer, qu'elle l'eft d'être admirée dans la peinture qu'elle a fait du Dieu de l'ivreffe crapuleufe, & du Dieu de l'amour pur & délicieux. Voici comme elle exécute fon deffein.

Permettez-moi, Mon cher Of——, vous que j'aime plus que ma vie, permettez-moi, dis-je, de vous repréfenter la honte de vos deffauts : les doux reproches d'une tendre amante doivent vous faire impreffion, fans doute ; & s'il eft vrai que vous m'aïez aimée, & que vous m'aimiez encore un peu, bien loin de vous rebuter, ils doivent vous porter à faire un retour sur vous-même, & vous rendre à mon cœur qui ne peut soutenir l'idée de vous perdre. Je vais vous parler autant pour votre honneur, qué pour mon avantage particulier; je vous avoue avec plaisir, que ce dernier motif entre pour beaucoup dans la démarche que je fais; je vous avoue encore, que je croirois mon malheur à son comble si vous n'en étiez convaincu; mon amour pour vous & votre gloire sont inséparables; ils agissent également sur mon tendre cœur, & je croirois ce cœur indigne de vous & de moi, s'il pouvoit séparer ces deux intérêts. Les deux portraits que je vais vous crayoner, se ressentiront de ma franchise; & quoi qu'il n'en coûte rien pour peindre la vérité, je serois au désespoir si vous rendiez inutiles les soins que je vais prendre pour vous la représenter sans fard, & avec ses couleurs naturelles. Un jeune-homme de condition, & d'une condition comme la vôtre, ne devroit servir d'autre Divinité que l'amour; mais je vois avec la plus grande mortification, que vous usurpez sur les droits de la vieillesse, qui seule a celui de chercher dans les liqueurs spiritueuses une nouvelle vie, qui, en la ranimant pour un tems, semble prolonger, de quelques moments, une agonie, triste & languissante, lors même que pour l'ordinaire ces esprits hétérogènes en avancent la fin, & précipitent dans le tombeau, un corps trop foible pour résister aux violenlentes fecouffes qu'ils donnent à une machine qui tombe par fa propre vétufté. Mais vous, mon cher B———, qu'avez-vous befoin de cette honteufe reffource ? La nature vous donne affez de forces; n'en abufez pas; ou plutôt, faites-en un noble ufage, & vous éprouverez bientôt, qu'un amant paffioné & délicat, trouve toujours affez de reffources dans fon propre cœur, pour prouver à fon objet, que fes feux acquièrent une nouvelle ardeur, en fe dilatant davantage. Et pour vous en convaincre, ou du moins, pour vous mettre tout-à-fait dans votre tort, je vais premièrement vous offrir *Bacchus* avec tous fes riants avantages, en vous le peignant dans un de ces feftins nocturnes où il préfide, avec toute la liberté la plus délicieufe pour ceux qui lui font dévoués, & la plus indécente pour ceux qui ont une ombre de pudeur. Permettez-moi, je vous prie, mon cher B———, de vous tranfporter, pour un moment, dans un fiècle un peu reculé à la vérité du nôtre, mais qui n'en fera pas pour cela moins propre à me fournir les vives couleurs que je veux employer pour peindre Bacchus. Ce n'eft pas que le nôtre ne pût m'en fournir d'auffi délicates; mais comme je ne me fuis jamais trouvée dans le cas de voir par moi-même l'original que je vais copier, je fuis forcée de le repréfenter à mon imagination, d'après un trait d'hiftoire fameux, qui, par fa publicité, prou-

M

vera au moins, que je ne travaille pas d'après un phantôme.

Tous les Hiſtoriens de l'antiquité nous ont parlé de *Dénis* le jeune, Tyran de Syracuſe, comme de l'homme le plus voluptueux & le plus débauché. Entre quantité d'exemples que je pourrois emprunter de ſon Hiſtoire, pour vous prouver combien peu Bacchus mérite l'attachement d'un cœur tendre, je choiſirai, par préférence, le trait fameux, qui nous repréſente ce Monarque au milieu d'un Feſtin, qui, au raport de tous les Hiſtoriens contemporains, dura pendant trois mois entiers, ſans interruption. Un Roi puiſſant, robuſte & vigoureux, environé d'une foule de courtiſans, auſſi jeunes que lui, & auſſi paſſionés pour la débauche que leur maître, autant par inclination naturelle, que par devoir; (je dis *devoir*, parce que la loi fondamentale de toutes les Cours oblige les ſujets à contre-faire le caraĉtère du Souverain, lors même que le leur y eſt plus oppoſé.) Un tel Prince, dis-je, pouvoit, ſans doute, ſe livrer, ſans contrainte, au culte le plus pur & le plus parfait du Dieu du vin; il pouvoit, profitant des avantages précieux, que lui donnoit la nature du païs, tant par la fertilité du terrein dans toutes les choſes les plus délicieuſes, que par la beauté du climat, le plus doux & le plus riant de l'univers entier, il pouvoit, ſans doute, réaliſer les belles fiĉtions que les Poëtes ont fait du feftin des Dieux ; en un mot *Dénis* pouvoit, dans l'ifle de Sicile, rendre même jaloux le Dieu, qu'il ne vouloit qu'honorer par des excès, dont Bacchus lui-même fe feroit fait honneur, fi cette Divinité chimérique eut été fufceptible d'émulation ou de jaloufie ; & pour achever de vous repréfenter ce Prince voluptueux, confidérez dans le dernier jour de ce Feftin fameux, autant par fa durée que par les excès honteux auxquels toute la Cour de *Dénis* fe livra ; peu fatisfait d'honorer Bacchus, & de lui rendre le culte le plus convenable & le plus digne de lui, il voulut enfin le contrefaire, en repréfentant, avec toute la vérité & la réalité poffible, fon Triomphe fameux fur la belle *Ariadne*, fi lubriquement peint par les anciens Poëtes. Autant par le rang qu'il occupoit dans cette foule débauchée, que par une efpèce d'analogie de fon nom avec celui de *Bacchus*, il réferva pour lui le rôle qui devoit caractérifer le Dieu ; & aïant diftribué à ceux de fes courtifans les autres rôles de cette honteufe fcène, il parut à la tête de tous ces infames Acteurs, couroné de pampres, feuls voiles avec lefquels il avoit voulu dérober l'éclat de fa Divinité, & les feuls auffi par lefquels il avoit permis à fes compagnons de cacher leur humanité. Ennivré autant de vanité, que de la liqueur fameufe du vin, il fuivoit, dans la contenance la plus indécente, le bon vieillard *Silène* qui le conduifit, environé de *Satyres*, auprès du lit de gafon fur lequel l'objet charmant de fa paffion repofoit, dans l'attitude la plus propre à allumer les feux les plus ardents; jufques-là, le nouveau Bacchus avoit furpaffé fon modèle, & le *Bacchus* de la fable lui étoit bien inférieur; mais au moment où il fe difpofoit à remporter un triomphe complet fur une *Ariadne*, plus aifée à vaincre que celle de la fable, & qui jouant affez mal fon rôle, bien-loin de s'oppofer aux entreprifes de la Divinité, tâchoit au contraire de fupléer aux foibles efforts que le Dieu faifoit pour vaincre une réfiftance qu'il n'éprouvoit pas. La Divinité chimérique de *Dénis* difparoiffant, ce Prince éprouva, dans cette occafion, qu'un mortel affez audacieux pour ufurper les droits les plus facrés du *Dieu* qu'il fert, en eft puni dès le moment que fa témérité le porte à vouloir s'égaler à lui. *Dénis* en effet déjà épuifé par une fuite non-interrompue de débauches, énervé par la quantité & la violence des liqueurs qu'il avoit avalées à l'honneur du Dieu de la fête, tomba honteufement aux pieds de l'autel où il alloit confomer le facrifice, lorfque dégagé des bras de fes courtifans il fut livré à fes propres forces, fa raifon égarée, ou, pour mieux dire, privé de l'ufage de tous fes fens, *Dénis* ne put voir fa honte & fa folie; enféveli dans le fommeil le plus létargique, il fut enlevé du milieu du fanctuaire, pour être porté fur un lit, fur lequel on crut, qu'il prouveroit encore mieux par une mort prochaine, que, bien-loin d'être un Dieu, il étoit

le plus foible, le plus vil, & le plus déteſtable
des hommes. Cependant *Dénis* revint à lui, &
donna, au bout de deux jours, quelque ſigne de
vie; mais, mon cher B——, pendant un tems aſſez conſidérable, cette même vie lui parût un véritable ſuplice; elle fut ſi languiſſante, ſi foible,
& accompagnée de tant d'infirmités, que le Tyran
ſe la feroit arrachée lui même, s'il lui fut reſté
aſſez de force pour ſe porter un coup mortel,
& ce ne fut qu'après les plus grands ſoins & des
ménagements dont ne ſont pas capables ordinairement ceux qui, comme lui, ſe livrent, ſans
reſerve, aux excès honteux du vin, que ce Prince
parvint à rétablir un peu ſa ſanté délabrée, ſans
cependant recouvrer jamais ſa première force &
ſa vigueur mâle. Vous m'objecterez peut-être,
mon cher amant, que cet exemple eſt trop outré
pour pouvoir faire une règle générale; & qu'il n'eſt
plus aujourd'hui de *Dénis* dans le monde; foible
objection, qui ne prouve rien contre moi. Jettez
un coup d'œil ſur la ſcène moderne; & ſans ſortir de votre patrie, vous trouverez aiſément, dans
tous les Etats, des hommes, qui, s'ils n'ont pas
imité le Tyran de Syracuſe par la ſomptuoſité &
le faſte de leur débauche, l'ont peut-être ſur-
paſſé par la continuité & par la crapule de leurs
excès ; & ſi tous ces ſquélettes ambulants vouloient nous dire la vérité ſur la cauſe de la foibleſſe de leurs forces, & de l'abrutiſſement de
leur raiſon, il n'en eſt pas un qui ne répondit,

que si le service de Bacchus a quelques charmes apparents, ce Dieu n'est dans la réalité qu'un maître cruel qui récompense le plus entier dévouement, par les maux les plus insuportables; & par la honte la plus humiliante; mais il est tems de passer à la seconde partie de mon tableau & de peindre le Dieu charmant, que je veux mettre en parallèle, avec le Dieu qui rivalise si mal-à-propos avec lui.

Pour faire un portrait ressemblant je n'ai plus besoin, mon cher B—, de m'enfoncer dans l'antiquité la plus réculée; je ne dois rien emprunter de la fable, pour vous peindre l'amour avec tous ses attraits; mon cœur & le votre en font la plus vive image: seroit-il possible, que je fusse obligée de vous rapeller le moment délicieux, où nous nous engageames mutuellement l'un à l'autre? Auriez-vous oublié nos serments réciproques? Mais surtout, ne vous ressouviendriez-vous plus du gage mutuel que nous nous empressâmes de nous donner pour garant de nos promesses, & que nous avons renouvellé si souvent avec une égale ivresse? Non, cher B—, j'aime à me persuader que le plaisir de l'amour se grava aussi profondément dans votre cœur, que dans le mien, l'idée dans laquelle je suis, que votre cœur éprouve encore la même sensibilité que le mien, me flate trop pour la perdre, & pour me tourmenter d'avance par un malheur que l'excès de mon amour me fait peut-être craindre sans raison. Quoique

j'aie à me plaindre d'un espèce de réfroidissement
de vôtre part, je suis assez juste pour vous , &
assez prévenue pour moi, pour croire, qu'il n'est
qu'aparent , & que votre ardeur ne semble s'être
un peu calmée, que pour agir de nouveau avec
encore bien plus de force & d'activité; en un
mot je suis encore convaincue, que l'erreur & l'illusion dans laquelle *Bacchus* semble vous avoir
jetté, sont prêtes à se dissiper, & que connoissant
la grande différence que vous devez faire entre
ce *Dieu* & l'Amour, vous êtes tout disposé à leur
rendre justice à l'un & à l'autre. Heureuse si le
tableau que je vous offre de l'un & de l'autre,
achève de vous décider en faveur du dernier;
plus heureuse encore , si vous en raportant à mon
cœur, vous ne m'aviez jamais obligée à prendre
le pinceau pour le faire! Quoiqu'il en soit, soyez
assez complaisant pour une amante qui ne respire
que pour vous , & payez toute sa tendresse par
un coup d'œil sur le tableau qu'elle vous présente.
Dans la première des deux principales figures qui
en font le sujet, vous y reconnoîtrez aisément la
Divinité séductrice & dangereuse qui paroît vous
enchanter ; ne vous laissez pas éblouïr par une
beauté apparente & factice, & tourner toute votre attention sur le groupe affreux que vous voyez
derrière elle, il est composé d'un amour désor-
donné & effréné, qui verse une corne d'abondance
de laquelle distile un poison infecté, dominant
dans la liqueur noirâtre & corrompue qui en dé-

soule; à côté de ce génie mal-faisant, voyez ce squélette hideux ; vous pouvez juger par la proportion de ces os décharnés , qu'il composoit autre-fois un homme robuste, vigoureux, & que la carie , aussi bien que la noirceur de ces ossements , doit avoir été occasionée par une gangrène ardente qui les a mis au point de pouvoir être réduits en poudre par la plus légère compression.   Au-dessous de ce cadavre décharné, apercevez la folie, qui, sous l'air le plus égaré, veut, & ne peut incendier avec sa torche le temple de la modestie, & de la sagesse; un peu plus bas cette noble figure, éperdue & égarée, vous représente la raison, indignement chassée par une troupe de petits génies couronnés de pampre & de lierre; enfin dans ce cloaque infecte, ces nudités que vous y voyez ensévelies dans la bourbe jusqu'à mi-corps, vous représentent à quel point d'abrutissement elles sont parvenues par leur trop grand & trop long attachement au service d'une Divinité si mal-faisante; j'aurois pu encore charger cette partie du tableau de quantité d'autres attributs non moins honteux que vrais ; mais ma main s'est refusée à les crayonner , & n'a plus été capable de conduire le pinceau , que pour traiter la seconde partie de mon sujet, je me hate donc de la peindre ; aussi bien ma vue est-elle fatiguée par la noirceur des couleurs que j'ai été forcée d'employer jusqu'à présent. C'est assez avoir excité votre horreur ; essayons de ranimer votre goût.

La principale figure que vous remarquez à droite, eſt l'Amour, modeſtement vêtu ; ſa figure douce, mais animée ; ſes yeux vifs & pétillants ; & ſon Brandon étincellant, vous le feroient méconnoître, s'il ne s'étoit pluſieurs fois préſenté à nous ſous ſes attraits innocents, & ſous ſes attributs modeſtes ; nous ne l'avons jamais vu courbé ſous un péſant carquois, chargé de mille flèches, armé d'une torche effroyable , comme s'il vouloit incendier l'univers entier ; il ne s'eſt jamais préſenté à nous, la tête ceinte d'un bandeau, dirigeant ſes pas égarés comme un infenſé qui ne ſait ce qu'il fait , ou comme un enfant qui ne ſait ce qu'il veut ; une courone de laurier qui relève l'éclat de ſes cheveux argentins, & qui annonce ſon triomphe , ſur toutes les autres paſſions , eſt la ſeule coëffure que j'ai vu orner ſa belle tête ; j'ai préféré de le peindre tel que nous l'avons toujours connu, & non tel qu'il a plu de le peindre à des Artiſtes dont il ne dirigea jamais le pinceau. Ils l'ont peint aveugle ; & , c'eſt le feu de ſes yeux qui a bien mieux incendié mon cœur, que le flambeau dont il ne ſe ſert, que pour mieux choiſir ſans doute les heureuſes victimes qu'il veut s'immoler à lui-même : il l'ont peint enfant, & je ne l'ai jamais vu que raiſonable : ſi quelquefois il m'a paru ſe relâcher de la ſévérité de la raiſon, il ne l'a jamais fait juſqu'à donner dans l'excès oppoſé ; & malgré le ſentiment de toute l'antiquité, je tiens, pour aſſuré, que ceux qui ont peint la folie à fa fuite, font plus fols qu'ils n'ont cru qu'il l'étoit lui-même. La douce ivreffe dans laquelle il plonge notre ame, les délicieux tranfports auxquels il nous fait livrer, les jeux innocents auxquels il préfide, & les démonftrations de la plus vive tendreffe, font des mouvements trop naturels pcur pouvoir être taxés de folie; ils l'ont peint à côté d'une mère qui par fa pofture lubrique, & fon air effronté, n'eft certainement pas le fimbole de la modefte & fimple nature, dont l'amour que je peins eft le véritable enfant. Ces peintres outrés ont, fans doute, confondu l'amour pur & tendre, avec l'amour honteux & intéreffé ; & au-lieu de peindre un Dieu charmant, ils n'ont peint, qu'un petit monftre rempli de fineffe, de fupercheries, & de cruauté: le groupe que vous voyez derrière l'aimable Divinité que j'ai peinte, vous repréfente deux petits Cupidons occupés à former une chaîne de fleurs, tenant par une de fes extrêmités à la main de l'amour, qui paroît la trouver affez forte pour enchaîner deux amants dont l'un paroît vouloir quitter l'autre pour paffer du côté de Bacchus : à côté de ces deux petits amours, voyez-en quatre autres qui, les verges à la main, chaffent honteufement la jaloufie & l'inconftance qu'ils ont liées enfemble, & que vous reconnoîtrez aifément l'une à fes yeux étincellants de rage, & à fa chevelure nouée par une groffe vipère, & l'autre à fon air volage & fon corps couvert de plumes de différentes couleurs, & plus que tout, à fon dédain marqué pour tout ce qui l'environne ; enfin remarquez au deffous les ris, les jeux , & le bonheur, terminer par un heu‑reux accord cette agréable perfpective. Tel eft le tableau que je vous prie de confidérer ; je m'applaudirai de vous l'avoir préfenté fi , reve‑nant fur vos pas & abandonnant le parti de Bac‑chus vers lequel vous me paroiffez courir, vous venez reprendre la douce chaîne que l'amour fait faire exprès pour vous ; & fi dans les bras de la tendre amante qui vous en conjure, vous venez réalifer au plutôt la fiction que mon imagination pleine de vous, a forcé ma main de crayonner fur le papier, avec beaucoup moins d'ardeur & de vivacité que mon cœur n'en reffent dans ce moment ; venez, mon cher B—, venez rendre la vie à celle qui ne la conferve que pour vous, ou du moins effayez encore une fois des plaifirs du plus pur & du plus tendre amour; & fi après cela ils vous paroiffent au deffous de ceux que vous goûtez dans la boiffon immodérée, & les débauches qui en font la fuite néceffaire, préférez, j'y con‑fens , la honte de celles-ci aux douceurs & à la beauté de ceux-là ; je m'en imputerai alors tout le crime, parce qu'il eft certain, que je ne pourrai attribuer votre aveuglement & la dépravation de votre goût qu'à la foibleffe de mes charmes ; adieu, Mis— G—.

LA COQUETTE DUPÉE PAR UN RELIGIEUX B***. ET PAR UN MARQUIS.

Touloufe . . . . . 1773.

ON feroit tort, en général, aux François, & particulièrement à ceux qui habitent les provinces méridionales de la France, fi on les taxoit d'impiété & d'irréligion envers la Déeffe de Cythère. Elle n'a pas de Peuple plus foumis à fes Loix ni plus attaché à fon culte, que les Languedociens ; dans tous les tems, dans tous les âges, cette province a fourni des héros & des héroïnes qui ont moiffonné à jufte tître les lauriers les plus glorieux dans le champ de l'amour ; & qui fe font fait un nom immortel jufques dans la poftérité la plus reculée ; leurs noms font écrits pour la plupart dans les régîtres de la cour du Parlement de Touloufe, qui les tranfmet d'une génération à l'autre, & fi nous avions befoin de faits furannés, ou d'anecdotes de galanterie dont la date ne fut pas fraiche ; nous en trouverions une ample collection dans le recueil des caufes célèbres dans ce genre. Mais nous nous fommes fait un devoir de ne communiquer au public, que des intrigues, auſſi intéreſſantes par leur vérité, que par leur nouveauté. Celle qui fait le ſujet de cet article, réuniſſant ces deux avantages, nous nous flatons, d'inſtruire, d'attendrir, & de divertir tour-à-tour, ceux qui n'aïant pas de plus férieuſe occupation, voudront nous faire l'honneur de la lire.

Un père, joueur de profeſſion, une mère, coquette à l'excès, ne ſont guères propres à maintenir long-tems une fortune honête, qui les mette à portée de donner une éducation convenable à leur famille; la diſſipation du premier force bientôt une fille, quelque diſpoſitions qu'elle ait à la vertu, de former quelqu'intrigue qui lui donne le moyen de ſe procurer des ajuſtements, que la mode autant que ſa vanité naturelle, lui ont rendus néceſſaires ; & l'exemple de la ſeconde l'autoriſe à paſſer bien vite par deſſus les règles de la prudence, & de s'expoſer, ſans ménagement, à la diſcrétion de quelqu'amant, qui par ſes libéralités flate l'orgueil de l'amante, & par ſa feinte tendreſſe parvient enfin à gagner ſon cœur. Tels ſont les trois principaux perſonages de la ſcène intéreſſante que je vais décrire.

Mr. F.——, originaire d'une aſſez bonne maiſon de Touloufe, y a vécu, juſques à un dérangement total de ſa fortune, dans une conſidération aſſez générale; il y tenoit même un rang aſſez diſtingué, auquel il pouvoit prétendre par une charge ho-

norable dans la magiſtrature; un peu plus de conduite, & beaucoup moins de paſſion pour le jeu,
& la bonne-chère, l'euſſent toujours ſoutenu dans
la bonne opinion du public, & lui euſſent conſervé la réputation d'intégrité & de probité qu'il
s'étoit fait dans l'exercice de ſa charge; mais il eſt
un terme à tout, excepté aux paſſions déſordonées,
& malheureuſement celle du jeu n'en reconnoît
jamais; car les joueurs ont toujours des reſſources,
qui ſurprennent tous ceux qui mettent une trop
grande différence entre un joueur de profeſſion &
un filou, différence qui n'exiſte preſque jamais;
Mr. F——, étant joueur honête-homme, & derro-
geant à la règle générale; après avoir ébréché ſa
fortune autant que les loix le lui permettoient,
au-delà de ce que l'exacte probité preſcrit à un
père de famille, à & un homme public, après avoir
vendu ſa charge & s'être reduit avec toute ſa famille à la plus affreuſe indigence, prit le parti
d'ériger ſa maiſon en tripot public, quoique ſelon
les règles apparentes d'une certaine honêteté, &
ſous le tître de ſociété, il avoit lui-même fréquenté
ſi ſouvent des maiſons d'un ton pareil à celui qu'il
venoit de donner à la ſienne; & il lui en avoit
tant couté pour payer le loyer des tables à jeu,
celui de l'apartement, &c. qu'il n'ignoroit pas, que
cette ſeule reſſource faiſoit vivre dans une certaine abondance pluſieurs familles qui, comme la
ſienne, s'étoient expoſées à courir tous les dangers
attachés à ſa nouvelle profeſſion, quelque pré-

cautions qu'on aporte pour les en écarter ; plus
exposé lui-même que tout autre à ces dangers &
à ces defagréments ; foit qu'il les prévit ou non,
fa maifon fut ouverte à une foule de jeunes gens,
joueurs de profeffion, qui, outre le charme de la
nouveauté, fe déterminèrent fans doute à donner
la préférence, à une maifon qui leur offroit tout
ce qu'il y a de plus féducteur pour la jeuneffe
volage & libertine. Bien-tôt cette maifon fut
achalandée, & devenant à la mode, la compagnie
y fut des plus nombreufes, des plus gaies, &
des plus variées ; les petits maîtres, les jeunes
magiftrats, les militaires, les jeunes abbés & les
moines même s'y rendoient en foule, & les autres
tripots de Touloufe s'apperçurent bien-tôt de
leur décadence, & craignirent avec raifon une
chute prochaine. M.d F—, par fa politeffe, fes
graces, & plus encore par une coquetterie rafinée
& favante, s'attira bien-tôt les pe its foins & les
attentions de tous les nouveaux amis de la maifon ; une généreufe rivalité les animoit à tout ; &
fans altérer l'union de la fociété, ils fe difputoient
tous l'honneur de plaire à la Dame du logis, qui
ne manquoit pas à fon tour, de mériter les hommages qu'on lui rendoit par des complaifances accordées avec ménagement & avec tant de grace,
que quoiqu'il n'y en eût aucun d'entre eux particulièrement favorifé, ils efpéroient tous en particulier de la déterminer enfin en leur faveur. M.d F—.
avoit trop d'expérience pour ne pas choifir dans

le nombre celui qui s'eſtimant heureux d'une préférence auſſi glorieuſe, pût répondre à ſes vuës qui étoient alors plus intéreſſées qu'elles ne l'euſſent été dans une autre circonſtance. Quoique le revenu du jeu fournit aſſez aux dépenſes journalières du ménage, & que la délicateſſe, la profuſion, & le bon goût euſſent reparu ſur ſa table; cependant ſon mari, qui d'un côté dépenſoit toutes les épargnes qu'elle auroit pû faire, perdant au jeu le profit même du jeu, & les anciens créanciers qui ſur la nouvelle aiſance de la maiſon, ſe préſentoient en foule journellement, pour demander des accontes ſur leurs vieilles dettes, troubloient beaucoup la joie & la ſatisfaction qu'elle goûtoit dans ſon nouvel état; réſolue de mettre fin, autant qu'elle le pourroit, à des importunités journalières, elle mit à profit les empreſſements de ceux qui tâchoient de lui plaire; & ſe prévalant de ſes charmes, qui étoient encore bien en état de ſéduire, elle s'attacha ſecrétement à un de ceux qui fréquentoient ſa maiſon, pendant qu'en apparence elle paroiſſoit décidée à ne pas faire de jaloux, par une préférence qui auroit pû avoir de facheuſes ſuites. Les précautions miſtérieuſes que devoit abſolument prendre ſon favori, & le ſecret inviolable auquel il étoit intéreſſé autant qu'elle même, la tranquilliſoit ſur la diſcrétion de ſon amant; & bien aſſurée de n'en être pas trahie, elle le favoriſa ſans reſerve, après qu'elle eût fait des accords qui furent acceptés avec d'autant plus

de

de facilité, qu'il n'en coûtoit pas beaucoup à la partie contractante de les remplir & de les effectuer.

Un Moine, de bonne mine, encore dans la fleur de son âge, *Sindic* de la maison des Pères *Bénédictins* de Toulouse, fut celui dont les services furent accueillis, par M^d. F—. Ce charitable Religieux, trouvant dans sa personne de quoi répondre à la passion qu'on lui disoit avoir pour lui, ou plutôt de quoi satisfaire à celle qu'il avoit lui-même, & dans la riche caisse de son Couvent, dont, par sa charge, il pouvoit disposer à son gré, de quoi fournir à la Dame pour calmer un peu l'importunité de certains Créanciers qui faisoient plus de bruit que les autres ; ce charitable Religieux, dis-je, s'estima trop heureux d'avoir une préférence qui lui coûtoit si peu, quoique son Couvent la payât si cher. M^d. F— avoit exigé pour assurer sa Conquête, pour plus long-tems, que peu-à-peu il diminueroit de son assiduité dans la maison, & qu'enfin il n'y paroîtroit plus avec la foule de ceux qui y venoient journellement, voulant par là ôter jusqu'au plus petit soupçon de son intrigue ; le Moine qui avoit autant & plus de mesures à garder qu'elle, consentit volontiers à ne la voir qu'en secret, & se contenta des tête-à-tête dans lesquels il pouvoit se livrer sans ménagement à tout le feu de sa passion, & recevoir les marques d'une reconnoissance, qui dans le fonds n'étoit due qu'à toute la Communauté des Bénédictins, dont il faisoit les honneurs.

Cependant M^r. & M^d. F——, avoient de leur mariage une fille, qui, âgée de quatorze ans, commençoit à faire senfation dans la fociété que fon Père & fa Mère recevoient chez eux. Un minois fin & intéreffant, des traits réguliers & délicats, & une vivacité ordinaire aux jeunes Françoifes, attiroient déjà l'attention des jeunes gens avec lefquels elle vivoit journellement, & partageoient les foins qu'ils s'empreffoient de rendre à la Mère. Dans les commencements M^d. F—— voyoit, avec la complaifance naturelle aux Mères, croître fa fille, & mériter des hommages dont elle ne croyoit avoir à craindre les fuites, ni pour la vertu de cette chère enfant, ni pour fon intérêt particulier; car quoique fon choix fût fixé, elle ne voyoit pas avec indifférence la foule des Adorateurs qui l'obfédoient; & fi elle eût penfé que les attraits pour ainfi dire naiffans de Mlle. F—— euffent pu lui enlever un feul des cœurs qui tous fembloient voler vers elle, la jaloufie, l'emportant fur la tendreffe maternelle, eût expofé la jeune F—— à des défagrémens qu'elle ne devoit éprouver qu'un peu plus tard. On fait que les femmes à prétention ne fouffrent jamais tranquillement des Rivales, quelques chères qu'elles leur puiffent être d'ailleurs; & M^d. F—— étoit moins tolérante à ce fujet, que toute autre. Elle ne voyoit donc dans les complaifances qu'on avoit pour fa fille, que la fuite de la politeffe galante de tous les François, & peut-être même, qu'un défir de lui plaire, en lui raportant indirectement les hommages innocents qu'on rendoit à une fille, pour laquelle on ne pouvoit pas douter qu'elle n'eut beaucoup de tendreffe. Si Madame F— eut cependant fait un retour fur la première époque intéreffante de fa vie, elle auroit aifément apperçu, qu'un cœur à quatorze ans fe donne facilement quand il en eft follicité ; & qu'à cet âge, furtout dans le climat Languedocien, plus d'une fille vit fous les Loix de l'amour le plus vif & le plus paffioné. Sa propre expérience eût pu lui donner une jufte méfiance des charmes de fa fille, fi fon amour propre ne les lui eut repréfentés comme trop tendres encore pour former une intrigue capable de la défefpérer. Mᵈ. F— étoit la feule qui penfoit ainfi fur le compte de fa fille, & des yeux plus perçants que les fiens fans-doute, avoient reconnu dans les doux, mais vifs Elans de ce jeune cœur, qu'il cherchoit à s'échaper ; & qu'il n'attendoit que le moment favorable de fe donner ; auffi n'y eut-il aucun des membres de cette fociété, qui n'efpérât en fecret d'en recevoir le don, & qui ne fît pour fe le procurer tout ce que la prudence pouvoit lui permettre dans cette circonftance.

Le Marquis de B—, quoique le moins avantagé par la Nature, mais un des mieux partagés par la fortune, étoit un des plus affidus dans cette maifon de liberté; rebuté peut-être des obſtacles inſurmontables qu'il éprouva de la part de M^d. F—, il tourna inſenſiblement toute ſon attention vers Mlle. F—; & ſans paroître avoir abandonné les entrepriſes du côté de la première, la ſeconde qui lui offroit moins de difficultés à ſurmonter, fut celle à laquelle il s'attacha réellement. Il lui en coûta pour ébranler une vertu qui juſques là n'avoit pas eſſuyé encore de vives attaques. La jeune F—. aimoit, mais ne cherchoit d'autre ſatisfaction dans l'amour que le plaiſir d'aimer & d'être aimée; & elle penſoit que ſon amant devoit auſſi s'en contenter: les belles paſſions & les inclinations déſintéreſſées ſont du vieux tems, on n'en trouve plus d'exemples, dans le nôtre, que dans les Romans, dont les Auteurs forment à leur gré, dans leurs cabinets, l'intrigue & le dénouement. L'intérêt, la cupidité, & plus que tout, le libertinage ſont l'ame aujourd'hui de preſque toutes les unions, & la dépravation des mœurs eſt montée ſi haut, que les perſonnes même de la première diſtinction & de la plus grande naiſſance, ſe font un point d'honneur, & un ſujet de gloire, de tromper les malheureuſes victimes qui ſe dévouent à leur impétueuſe lubricité; ſéduites par leur propre foibleſſe, & par les apparences les plus trompeuſes, elles ſe livrent à la diſcrétion de ces jeunes débauchés, qui les abandonnent indignement après les avoir deshonorées. M^r. le Marquis de B— penſoit à la mode, & ne

fongeoit qu'à cueillir la première fleur de la vertu
de la jeune F— fe réfervart d'abandonner à fes
camarades les charmes qu'il auro flétris, lorfqu'il
feroit dégoûté de leur jouïffance. La jeune amante
n'avoit pas affez d'expérience, pour pénétrer les
vuës de fon amant, & elle lui fuppofoit la droiture qu'il affectoit, & celle avec laquelle elle en
agiffoit; aux tendres careffes, fuccédèrent les promeffes & les ferments toutes les proteftations d'u-
fage en pareil cas étant mifes en œuvre, Mlle. F—,
trompée par les déhors de la plus tendre amitié, fe laiffa aller enfin aux follicitations du preffant Marquis, qui triompha de fon innocence, &
fe refit avec la fille des cruautés qu'il avoit éprouvées de la part de la mère. Huit ou neuf mois
fe paffèrent dans l'union la plus intime & les plaifirs les plus vifs entre ces deux amans, fans que
la mère, qui de fon côté tiroit tout le parti poffible de fon *Bénédictin*, s'apperçut, ni même fe dou-
tât de rien; cependant il n'y avoit prefque pas de
nuit que le Marquis n'en paffât la plus grande partie dans fa chambre, qui étoit auffi celle de fa
fille; car il étoit rare que pendant le jour il pût
trouver un moment affez commode pour fe livrer fans rifque à l'impétuofité de fes feux, &
pour les éteindre à loifir dans les bras de la
jeune F—.

Le Marquis de B——, comme le plus complai-
fant, le plus riche, & le plus généreux de tous
ceux qui fréquentoient la maifon, y fut bientôt

regardé comme l'ami particulier, & jouït de tous les
avantages attachés à cette importante qualité. Quelques fommes prêtées avec nobleffe dans des occafions
délicates, où même il avoit épargné la peine de fe
les faire demander, lui donnoient un fi grand crédit
& une autorité fi marquée fur la famille, qu'on
ne faifoit plus rien fans le confulter & encore, moins
qu'il n'aprouvât autentiquement; tous ceux qui lui
déplaifoient, étoient congédiés; & il n'y avoit que
ceux qu'il avoit défignés, qui étoient retenus à fouper; en un mot tout le monde s'apperçut dans
peu, qu'il étoit véritablement le maître dans la
maifon; mais tout le monde fe trompa fur le
motif qui lui en avoit fait prendre fi fort à cœur
les intérêts; on l'attribuoit généralement à fon intelligence fécrette avec la mère; & il n'y avoit
qu'un jeune chanoine de la Cathédrale qui devi-
nât fa paffion pour la fille. Ce jeune Abbé profès
dans les intrigues les plus amoureufes, avoit vol-
tigé pendant longtems de belle en belle; fon caractère & fon habit n'étant plus aujourd'hui un obftacle à la conquête des cœurs, étant même en
France un tître puiffant pour y prétendre, il avoit
été à portée de connoître à fonds toutes les rufes
de l'amour, dont il avoit fait une étude particulière; plus d'une belle en avoit fait la dangereufe
épreuve, & avoit à fe plaindre des attraits féduc-
teurs du trop volage Abbé; naturellement incon-
ftant, il paroiffoit & difparoiffoit rapidement dans
toutes les bonnes compagnies où il étoit reçu, &

ne s'y arrêtoit jamais, que lorfqu'il croyoit y trouver quelque femme affez duppe, ou plutôt affez foible, pour fe laiffer tromper par la plus jolie figure dont il étoit porteur; & à la faveur de laquelle il avoit eu tant de bonnes avantures. Introduit chez M^d. F——, il y fut reçu avec toutes les marques de diftinction qu'on croyoit devoir à fon état, & plus encore peut-être à fes revenus & à fa bonne mine; il comprit le foible de la *Dame* du logis; & fans former aucune prétention fur elle, il fe mêla parmi la foule de fes adorateurs; mais Melle F—— lui parût feule mériter tous fes foins; il s'y attacha donc tout de bon, & à la faveur du préjugé général, qui fait regarder comme de fimples politeffes, les affiduités de la part des Eccléfiaftiques, affiduités qu'on ne traite pas avec la même indulgence dans les gens du monde, il n'eut befoin d'aucune des précautions que ceux-ci font obligés de prendre. Conftamment auprès de la jeune F——, il étoit de toutes les parties où celle-ci jouoit; & quand elle ne jouoit pas, l'Abbé, dans un coin retiré de la chambre, s'occupoit à lui donner les premières leçons en amour. Elle ne pouvoit certainement pas avoir de maître ni plus habile, ni plus propre à faire goûter fes principes; un efprit fin & cultivé, une douceur inaltérable, une expreffion pathétique, une complaifance marquée, & une grace infinie dans tous fon extérieur le rendoit le plus aimable & le plus dangereux de tous les précepteurs; le cœur de

Melle F— y fut fenfible malgré fon attachement pour le Marquis de B—, qui n'avoit certainement pas les mêmes avantages que M^r. l'Abbé; elle fe repentit de s'être engagée fitôt, & elle regrettoit le cœur de cet Eccléfiaftique qui lui paroiffoit bien mieux fimpatifer avec le fien; mais elle étoit trop avancée avec le Marquis pour reculer, & elle commençoit à craindre, qu'il ne fût plus tems de le faire, aïant depuis plus de deux mois toutes les raifons d'appréhenfion, que l'on peut avoir lorfqu'on fe livre fans referve à un homme qui, pour l'ordinaire, abufe de la foibleffe d'un fexe incapable de tenir long-tems contre les attaques combinées de fon cœur avec celles d'un amant preffant & tendrement aimé. L'Abbé n'ignoroit pas les engagemens de celle qu'il tâchoit de féduire, & c'eft pour cette raifon peut-être, qu'il s'étoit obftiné à ne pas défifter de fon entreprife; en cas de facheux évènement, le malheur ne lui en eût pas été imputé, & le Marquis de B— étoit pour lui un Plaftron à l'abri duquel il n'avoit rien à craindre. Réfolu de fe prévaloir des avantages de fa figure, de fa gentilleffe, & de fa pathétique éloquence auprès de Melle F—, auffi bien que du goût décidé qu'elle paroiffoit avoir pour lui, il étoit fur le point d'en retirer tout le fruit, lorfque le Marquis de B— s'apperçut du danger qu'il couroit avec un Rival fi rédoutable; il en témoigna d'abord la peine à fon amante, qui, quoique encore fans expérience, mais inftruite par un homme habile

dans l'art de diffimuler & de feindre, fe tira d'affaire avec le Marquis dans les premiers reproches
qu'il lui fit fur fon infidélité, de la façon dont
toutes les amantes s'en tirent, c'eft-à-dire en fe
plaignant de l'injure atroce qu'on faifoit à fon
honneur & à fon cœur, en proteftant de fon innocence, & verfant un torrent de larmes que ce
fexe fait répandre à propos, & toutes les fois
qu'il le juge néceffaire à fes propres intérêts. Le
Marquis qui fe doutoit de l'état actuel de Melle.
de F——, fit femblant d'être perfuadé de l'injuftice
dont elle l'accufoit, il lui fit des excufes, & la
pria de lui pardonner fes foupçons, en faveur de
la tendreffe qui les avoit fait naître. Tout étoit
favorable dans cette circonftance pour lui faire
obtenir fa grace; auffi l'obtint-il; mais il avoit
trop d'expérience pour s'en tenir aux proteftas-
tions qu'on lui avoit fait d'un amour qui ne pouvoit fouffrir de partage; il favoit trop bien apprécier les affurances qu'on fait à ce fujet, pour
fe tranquilifer & s'en raporter entièrement à fa
maîtreffe. Il crut devoir employer un moyen
plus fûr & plus infaillible, pour l'obliger à lui être
fidèle, pendant qu'il pouvoit la voir encore, il
prit le parti d'ufage en pareille circonftance;
c'eft-à-dire, qu'après avoir eu une explication avec
fa maîtreffe, il en eût une avec fon concurrent;
elle étoit d'autant moins dangereufe, & les fuites
devoient en être d'autant plus heureufes pour lui,
que M^r. l'Abbé ne pouvoit, ni ne devoit par fon

état, que céder, fans murmurer, une place qu'il
ne lui étoit pas poffible de remporter l'épée à la
main ; l'entrevuë entre le Marquis & le Chanoine
fe paffa donc fort tranquillement ; le premier fe
plaignit d'un ton à perfuader au fecond, qu'il ne
vouloit plus avoir fujet de fe plaindre , & le fecond fe juftifia d'un ton à perfuader au premier
que , s'il s'étoit expofé fans le favoir, à lui déplaire,
il lui oteroit à l'avenir tout fujet de plainte à cet
égard ; ainfi après s'être donné réciproquement
leur parole d'honneur , l'un, de ne pas fouffrir
impunément une rivalité qui l'offenfoit, l'autre de
ne pas s'expofer au courroux d'un homme avec
lequel il ne pouvoit pas lutter, ils fe féparèrent
les meilleurs amis du monde ; le Marquis vint
jouïr tranquillement des appas de Melle. F——, &
l'Abbé que rien plus n'attachoit à la fociété de
M^d. F—— n'y parût plus ; cette difparition fubite
ne furprit perfonne ; on connoiffoit M^r. le Chanoine , & on é oit furpris, qu'il eût été affidu pendant fi long tems dans une maifon dans laquelle
perfonne ne lui fuppofoit une attache réelle;
l'Abbé fe confolant moitié de gré , moitié de force,
d'avoir manqué un coup , qu'il s'étoit perfuadé
immanquable , & que certainement il n'eut pas
manqué, s'il fe fut un peu plus preffé, & qu'il eut
gardé comme à fon ordinaire moins de ménage-
mens , fut s'expofer à rivalifer ailleurs avec
des amans, ou des maris moins jaloux ou
moins foupçonneux que le Marquis de B——.

Son expérience paffée l'affuroit de la réüffite, & cédant un champ de Bataille dont il avoit été chaffé fans ignominie & fans coup férir, il fut fe retrancher dans fes anciennes conquêtes, attendant une occafion plus favorable pour en faire de nouvelles. Cependant Melle. F— approchoit infenfiblement du terme ignominieux où fon dèshonneur & fa honte étoient affurés ; fa maigreur, la flétriffure de fes attraits, fa mélancolie, tout déceloit en elle quelque caufe fecrète de chagrin ; plufieurs la dévinèrent à la fin, & fa mère chercha à s'affurer de la vérité des conjectures qu'elle fit fur l'état actuel de fa fille. Il ne lui fut pas difficile de découvrir la vérité ; mais pour ne rien précipiter dans une affaire dans laquelle on peut aifément fe tromper malgré toutes les apparences poffibles, elle contraignit fa fille autant par menaces que par careffes, à lui faire l'aveu de fa honte, & de fon malhéur ; M^d. F— étoit trop habile pour s'emporter en reproches inutiles contre fa fille ; les mauvais traitements irritent le mal dans pareille circonftance ; les confolations & les tendreffes lui parurent plus propres à tranquilifer fa fille, & à lui faire regagner une férénité qui lui paroiffoit abfolument néceffaire, pour diffiper des doutes qui fe feroient fortifiés de plus en plus dans la fociété, fi par une févérité déplacée, & dont elle ne fut jamais fufceptible, elle eut achevé de jetter fa fille dans le défefpoir. Elle la flata, & peut-être s'en flatoit-elle elle-même, que fon malheur pourroit tourner à son avantage, & que le Marquis de B——, en cas qu'il voulut faire le révêche, pourroit être forcé à réparer l'honneur d'une personne dont il avoit abusé, & qui ne reconnoissoit d'autre différence entre elle & lui, que celle que la fortune injuste y avoit mise. Melle. F——, tranquilisée autant par les consolantes caresses de sa mère, que par l'espoir flateur de se voir bientôt Marquise de B——, reprit effectivement un peu de son embonpoint, & regagna dans peu la bonne opinion qu'elle avoit perdue vis-à-vis de ceux qui fréquentoient la maison ; son enjouement regagna le dessus, & il y eût peu de personnes, qui ne s'accusassent en secret, de trop de précipitation dans le jugement qu'ils avoient porté sur son compte.

M^d. F——, après s'être assurée par l'aveu de sa fille, qu'elle ne hasarderoit rien dans une explication avec le Marquis de B——, se hâta de sonder ses sentiments, & de savoir à quoi s'en tenir. Un soir, après que la compagnie se fut retirée, elle le pria de monter avec elle dans son appartement ; & elle voulut que sa fille fut présente à la conversation intéressante qu'elle alloit avoir avec un homme qu'elle ne suspectoit nullement de finesse, ou plutôt de bassesse de sentiment, après les traits multipliés de sa générosité. ,, Vous » n'ignorez pas, Marquis, lui dit cette mère » éloquente, vous n'ignorez pas sans doute l'état » actuel de ma fille, & vous êtes trop bien né,

„ quand votre amour ne vous folliciteroit pas en
„ fa faveur, pour penfer à la déshonnorer. Je
„ n'imagine pas que vous vous foïez propofé d'a-
„ bufer de fa jeuneffe, de fa foibleffe, & de fon
„ peu d'expérience; je vous fuppofe des motifs
„ plus nobles & plus dignes de votre naiffance;
„ ma fille par la fienne peut prétendre à votre
„ alliance, & votre fortune vous met à portée de
„ fupléer au défaut de la fienne; je ne veux pas
„ invoquer à mon fecours votre tendreffe & vo-
„ tre amour, c'eft à ma fille à faire valoir fes
„ droits fur votre cœur, & à vous émouvoir par
„ cet endroit; les larmes que vous lui voyez ré-
„ pandre, & que vous feul faites couler, plaident
„ affez en fa faveur, la caufe de fon cœur & de
„ fon honneur; fi je vous croyois infenfible à vo-
„ tre propre gloire & à la fienne, je mourrois de
„ douleur de m'être abufée fi lourdement fur vo-
„ tre façon de penfer, fi vous me forciez à recou-
„ rir à la juftice pour..... " Arrêtez, Madame,
interrompit le Marquis avec l'amour le plus paffionné en apparence, & la vivacité la mieux affectée, „ arrêtez; tant que vous ne m'avez pas laiffé
„ entrevoir des doutes fur mes vrais fenti-
„ ments, je vous ai écoutée avec le refpect que
„ je vous dois, non-feulement en qualité de
„ Femme, mais même en qualité de mère, y
„ aïant très-longtems qu'à mon particulier, je
„ vous honnore comme telle; mais les foupçons
„ que vous venez de jetter fur ma probité, m'af-

„ fligent trop fenfiblement pour vous laiffer con-
„ tinuer un difcours qui, fans doute, feroit de-
„ venu offenfant pour moi; je croyois vous avoir
„ donné affez de preuves de ma générofité & de
„ mes fentiments d'honneur, pour ne me voir
„ jamais expofé vis-à-vis de vous, à des menaces
„ plus injurieufes, que propres à me contraindre
„ de m'y conformer, & je me perfuadois, que
„ mon amante ne pouvoit être mieux affurée de
„ ma tendreffe & de la pureté de mes intentions,
„ que par les témoignages les plus autentiques,
„ & les affurances les plus folemnelles; c'eft le
„ feul chagrin que j'éprouve dans ce moment, de-
„ puis que j'ai l'honneur de vous connoître, &
„ le bonheur de rendre à Melle. votre fille des de-
„ voirs que j'ai cru ne pas lui être indifférents.
„ Diffipez donc, l'une & l'autre, toutes les appré-
„ henfions qui ne peuvent que m'être très-inju-
„ rieufes, fi mon intérêt vouloit fe compromettre
„ avec mon amour, le premier je vous affure, ne
„ feroit pas le plus fort; mais comme tout mon
„ bonheur, qui eft le plus cher de tous mes in-
„ térêts, confifte uniquement dans la paffion,
„ que j'ai pour Melle. votre fille, permettez-
„ moi, Madame, de me jetter à vos genoux,
„ & de vous demander la main de la perfonne
„ que j'adore, & qui, j'efpère, n'attend comme
„ moi, que votre confentement pour recevoir
„ la mienne ". Des fcènes attendriffantes comme
celle-ci, ne peuvent fe rendre qu'à des fpecta-

teurs ; le simple récit ne peut que les affoiblir, & le cœur peut seul faire un tableau ressemblant. M^d. F——, satisfaite, peut-être, au-delà de tout ce qu'elle pouvoit attendre, releva le Marquis ; & après l'avoir affectueusement embrassé, elle se retira pendant quelques moments, pour laisser à sa fille toute la liberté de marquer à son amant sa plus vive & sa plus tendre reconnoissance. Le Marquis qui sembloit s'être expliqué de la façon la moins équivoque, n'avoit cependant dit que la moitié de ce qu'il devoit dire ; mais comme le reste exigeoit une discussion un peu longue, il remit au lendemain d'achever de s'expliquer. M^d. F—— étant rentrée pour se coucher, le Marquis prit congé de la mère & de la fille, & les laissa l'une & l'autre dans la joie la plus parfaite, & entièrement satisfaites de l'explication qu'elles venoient d'avoir. Retiré chez lui, il pensa aux moyens d'éloigner l'effet des promesses qu'il avoit fait, croyant que s'il pouvoit gagner du tems, il lui seroit assez aisé d'y manquer absolument. Avec un esprit assez ordinaire, il savoit se contrefaire quand il vouloit, & quoique naturellement avare, il savoit paroître prodigue, lorsque les intérêts de sa passion l'exigeoient. Franc, en apparence, mais réellement dissimulé, il en imposoit par un extérieur simple, qui paroissoit avoir un caractère de vérité qu'il n'étoit pas possible de suspecter ; n'aimant que pour lui-même, ou pour mieux dire, ne cherchant qu'à satisfaire fa flame défordonnée, il ne cherchoit auffi qu'à garder les apparences, & la vertu réelle n'é- toit pas plus refpectable à fes yeux, que la vertu feinte & fimulée de la plupart des Femmes; abufer de la tendreffe, ou plutôt de la crédulité d'une fille innocente, dans quelque rang qu'elle fut, ne lui paroiffoit pas plus criminel, que de tromper une femme, qui, fi on ne la prévient, trompe bientôt elle-même; en un mot, le Marquis de B——, fous les apparences de la plus auftère probité & de l'honneur le plus eftimable, ca- choit un homme fans fentiments, d'autant plus abominable, qu'il étoit impénétrable. D'après l'efquiffe de fon portrait, on penfe fans doute qu'il n'eut aucune peine à trouver un prétexte plaufible, pour différer un mariage qu'il avoit an- noncé comme prochain, & qu'il ne vouloit réel- lement jamais effectuer. Se rendant le lendemain à la toilette de M^d. F——, fe croyant autorifé plus que jamais, à pouvoir paroître à toute heure dans la maifon, après les proteftations les plus réïtérées des fentiments qu'il avoit montrés la veille, il acheva de fe déclarer dans les termes fuivants. „ Je crois, Madame, que vous n'avez „ plus de doute fur la fincérité de mon amour „ pour Melle. F——; le feul regret que j'ai, c'eft „ de ne pouvoir pas achever de vous en con- „ vaincre fur le champ, en uniffant, fans retarder; „ fon fort au mien; mais je ne vous ai jamais „ caché ma fituation vis-à-vis de mon père, & ce „ que

„ que je vous en ai dit, avant que j'euſſe aucun
„ intérêt à me plaindre de mon ſort à cet égard,
„ doit vous être garant de ma véritable peine à
„ ce ſujet; il n'eſt pas poſſible d'eſpérer qu'il
„ donne jamais ſon conſentement à mon mariage
„ avec Melle. F——, quelque honorable que dût lui
„ paroître cette alliance; ſon caractère eſt aſſez
„ connu par vous-même, pour que vous ſoyïez
„ aſſurée que je n'exagère pas des difficultés, que
„ je voudrois au dépends de ma fortune pouvoir
„ lever; vous ſavez encore l'intérêt preſſant que
„ j'ai de le ménager; ſi mon cœur & une con-
„ ſtante tendreſſe pouvoit toujours tenir lieu de
„ tout à Melle. votre fille, Dieu m'eſt témoin que
„ l'oppoſition de mon père ne m'empêcheroit
„ pas de lui donner tout-à-l'heure la ſatisfaction
„ qu'elle eſt en droit d'attendre de moi, & que
„ mon inclination plus que la juſtice lui rendra
„ dans la ſuite; mais vous ſavez, Madame, qu'il
„ faut un peu de fortune pour ſoutenir, non-ſeu-
„ lement un rang comme le mien, mais même
„ pour entretenir la bonne intelligence dans un
„ ménage que rien ne brouille plutôt que l'indi-
„ geance. Je ſuis perſuadé que vous aimez trop
„ tendrement Melle. F——, pour vouloir l'expoſer
„ à un malheur plus grand encore que celui que
„ vous cherchez à éviter; mon père eſt infirme
„ depuis long-tems, & ſon grand âge ne lui per-
„ met pas d'eſpérer de vivre bien des années;
„ ne me forcez pas d'abréger des jours languiſſants,

„ que je dois refpecter par devoir , & que je
„ chéris par inclination ; je fais ce que je dois à
„ mon amour, mais je n'oublierai jamais ce que
„ je dois à mon père, & je me croirois indigne
„ de devenir votre fils, fi je vous montrois des
„ fentiments monftrueux & défavoués, par la na-
„ ture, fi je voulois la faire taire dans cette cir-
„ conftance, quel augure devriez-vous en ti-
„ rer pour l'avenir, tant pour vous que pour
„ Melle. F——? Aidez-moi plutôt, Madame, à lui
„ faire recevoir un excufe trop légitime du retard
„ que je dois apporter à pouvoir la préfenter au
„ public comme mon époufe ; il en coute à mon
„ cœur pour en faire le défaveu ; & fi l'on me
„ tient compte de la violence que je me fais, ma
„ peine en fera d'autant moins grande ".

Ce difcours auquel M^d. F—— ne s'attendoit pas,
lui parût néanmoins fi vrai , fi raifonnable , &
même fi paffioné, qu'elle donna bonnement dans
le fens du perfide Marquis , qu'elle n'eût jamais
fufpecté de la plus infigne noirceur ; elle favoit
qu'il lui difoit vrai à l'égard de l'inflexibilité &
de l'avarice du vieux Baron de B—— que toute
la Province connoiffoit , & elle ne trouva rien
que de très-raifonnable dans les raifons du Marquis. Il fut donc queftion de prendre de fûres
mefures pour dérober au public la groffeffe de
Melle. F——, & l'empêcher de pénétrer le miftère
de cette intrigue. L'expédient ne fut pas difficile ; l'avancement de la groffeffe de la jeune

F——, & la saison de l'automne en firent bientôt naître l'idée.

Les eaux minérales de Bagnères sont depuis très-longtems fameuses par leur vertu. Non-seulement les François en éprouvent les effets salutaires ; mais leur bienfaisance s'étend encore sur tous les peuples d'Europe qui y viennent tous les ans, autant pour y chercher la santé des maux réels qu'ils éprouvent, que pour y profiter des amusements & des plaisirs auxquels on s'y livre sans reserve & sans contrainte. Bagnères est une très-jolie ville au pied des Pyrénées dans la Province de Bigorre, elle est située dans une vaste & superbe plaine ; Bagnères dans la saison peut disputer pour le goût, l'abondance, la richesse & le luxe, à Paris, toutes proportions gardées, & elle est certainement beaucoup au-dessus de cette Capitale, pour les délices de la vie dans quelque sens qu'on l'entende ; le concours des Nationaux de tout rang, de tout âge & de tout sexe, & celui des étrangers, le rend le séjour le plus délicieux, & y attire, plus par plaisir que par besoin, tous ceux qui, étant en état de faire de la dépense, veulent donner trois mois à leur plaisir, & les passer dans la plus brillante Compagnie. Le voyage de Bagnères est depuis très-long-tems du bon ton en France ; c'est la seule mode qui s'y soutienne constanment ; aussi est-ce sans doute la plus innocente & la mieux autorisée : plus d'une fois ce voyage a servi de prétexte à d'autres perfonnes qui fe trouvoient dans le même cas que Melle. de F——, & quantité de femmes font redevables aux Eaux minérales, autant de leur fanté, que de leur honneur, qu'elles auroient eu de la peine de mettre à couvert, fi elles n'euffent eu à faire un voyage auffi plaufible & auffi propre à cacher les effets de leur incontinence. Le Marquis de B—— réfolut donc le voyage de Bagnères, avec M^d. & Melle. F——. Le jour en fut fixé pour le huitième jour après celui de l'éclairciffement dont nous venons de parler, & dès le même jour il fut annoncé à toute la fociété, qui aprit avec peine une interruption, & une ceffation du plaifir, & que la plupart des membres eurent la bonté de trouver beaucoup trop longue, quoiqu'ils fuffent bien affurés de ne pas chaumer par l'abfence de ces Dames ; le Marquis prit la précaution de faire partir en avance un homme de confiance, chargé de trouver dans quelque lieu ifolé, un endroit propre à faciliter le fuccès du voyage de Melle. F——, & à la dérober à la honte inévitable de fon état. Ce lieu ne fut pas difficile à trouver, les environs de Bagnères font fi folitaires, fi peu fréquentés, & même fi impraticables dans quelques endroits, qu'il eft aifé d'y vivre inconnu au refte des mortels, auffi long-tems qu'on veut fe dérober à leurs yeux, fans qu'il foit poffible d'être découvert dans cette paifible retraite.

Madame de F—— exigea que le Marquis de B—— ne feroit pas du voyage, & elle n'eût pas de peine à l'obtenir; il étoit moins amoureux que libertin; & son amante commençoit à lui devenir indifférente; il avoit même résolu de l'abandonner après sa délivrance; & il fut bien aise qu'on lui fournit l'occasion propre à son dessein; Mᵈ.F——— qui ne suspectoit pas sa fidélité, avoit deux vuës en excluant le Marquis du voyage, la première de pouvoir à son gré disposer de sa bourse, étant chargée de faire toutes les dépenses nécessaires, & pouvant les grossir sans que le Marquis pût voir par lui-même, si elles étoient exagérées ou non; la seconde, qui lui tenoit au moins autant à cœur que l'autre, c'est qu'elle avoit résolu de se faire accompagner par le Religieux Bénédictin; ce qu'elle n'auroit pas pû faire décenment si son gendre prétendu eût été de la partie, elle avoit eu l'habileté de tenir sa correspondance avec le Moine à l'insçu de tout le monde, & personne n'en avoit la moindre idée; ainsi elle pouvoit d'autant mieux partir avec sa fille & lui, sans que le public pût y trouver à redire, qu'il est fort ordinaire de voir des personnes de différent état, entreprendre ce voyage à fraix communs pour ces voitures, qui dans le tems sont très-chères & fort rares, par le grand nombre de personnes qui en ont besoin, tout le monde n'en aïant pas à pouvoir disposer. Mᵈ. F——— n'eût pas plutôt arrangé son voyage avec le Marquis de B———, qu'elle le concerta avec son Moine, qui apprit avec la plus grande satisfaction, qu'il auroit occasion de vivre pendant près de deux mois fans gêne & fans contrainte avec une femme qu'il ne pouvoit voir à Touloufe qu'avec la plus grande referve. Extafié de cette bonne avanture à laquelle il ne s'attendoit pas, il ne penfa plus qu'aux préparatifs de fon voyage ; il lui falloit un prétexte plaufible pour en obtenir la permiffion du Prieur de la maifon, un certificat du Médecin qu'il n'eut aucune peine de fe faire donner, & qui lui ordonnoit les Eaux de Bagnères, pour une maladie qu'on ne fpécifia pas, & qu'il eut peut-être été difficile de caractérifer, fut une raifon plus que fuffifante, pour engager le Supérieur à permettre au Sindic d'aller rétablir une fanté à laquelle toute la communauté fembloit devoir s'intéreffer. D'après ces préliminaires, le Moine fe rendit un après-diné chez M^d. F——, où toute la fociété fut extrêmement furprife de le voir reparoître. La converfation roulant fur le prochain voyage de M^d. & Melle. F——, le Bénédictin qui fit femblant de l'avoir ignoré jufques-là, demanda à ces Dames la permiffion de voyager avec elles, difant qu'il étoit auffi néceffité d'aller à Bagnères : fa bonne mine, fon embonpoint, & fon vifage vermeil, n'annonçant pas une fanté délabrée, on lui demanda s'il faifoit ce voyage pour fes propres affaires, ou pour celles de la communauté; il fentit le badinage, & il y répondit fur le même ton. A la fin fon offre fut acceptée; & le bon M^r. F—— eut la bonté de lui recommander avec foin de ne

pas abandonner fa femme & fa fille, & de vouloir en quelque façon tenir fa place, ajoutant
qu'il avoit lieu de s'attendre à tous ces bons offices envers ces Dames par le droit de voifinage;
le Moine affura le Magiftrat, que fon devoir & fon
inclination s'accordoient parfaitement, & qu'il ne
tiendroit pas à lui, qu'il ne répondit à la confiance dont on l'honoroit. Il fe chargea dès ce moment de louer une voiture à quatre places, qui
leur étoit abfolument néceffaire, parce que Md.
F. —— prenoit avec elle une femme de chambre;
& le départ fut fixé au fur-lendemain, fe propo-
fant d'aller à petites journées, pour éviter un peu
les fatigues de ce voyage qui, quoique de peu de
durée, devient fatiguant tant par le chaud exceffif
qu'il fait dans cette faifon, que par le peu de
foupleffe des voitures dont on eft forcé de fe
fervir, quand on n'en a pas à foi. Md. F—— ne
mit dans la confidence fon Moine, qu'à la première couchée; & ce fut-là qu'elle lui déclara la
groffeffe de fa fille, & le véritable fujet de fon
voyage; elle lui fit part de tous les arrangements
qu'elle avoit pris avec le Marquis de B——, de
toutes les belles efpérances qu'elle concevoit pour
le bonheur futur de Melle. F——; en un mot ce
fut là qu'elle l'inftruifit à fonds de toutes les mefures qu'ils devoient prendre, pour que les couches de fa fille fe fiffent fans bruit, & qu'elle
pût revenir à Touloufe fans être fufpectée de la
véritable raifon qui l'en avoit fait fortir. Le Re-

ligieux, qui d'ailleurs n'avoit rien à refufer à la
belle Dame , fut enchanté de trouver une nouvelle occafion de lui devenir néceffaire, & même
de fe l'attacher prefqu'irrévocablement; il fe prêta
à tout ce que M^d. F—— exigea de lui de la meilleure grace du monde ; il fut d'avis que Melle.
F—— arrivât à Bagnères , & qu'elle s'y fit voir
pendant trois ou quatre jours, afin de mieux tromper toutes leurs connoiffances qu'ils devoient infailliblement rencontrer en foule dans cette ville;
il fe chargea enfuite d'en repartir incognito, &
d'aller conduire la D^elle. à fa deftination qui n'étoit
qu'à une demi-journée. Ce fentiment prévalut
fur celui qui avoit paffé entre M^d. F—— & le
Marquis , par lequel il avoit été réfolu, que Melle.
n'arriveroit pas à Bagnères , ou même qu'elle n'y
paroîtroit pas du-tout, ce qui parut au Religieux
Bénédictin de la dernière inconféquence ; il lui fut
même aifé de démontrer le danger de cette imprudence ; ainfi il conduifit la mère & la fille à
Bagnères, & pendant quatre jours confécutifs elles
fe montrèrent à toutes les fources minérales les
plus fréquentées, & y virent, comme le Moine
l'avoit prévu, beaucoup de perfonnes de leur
connoiffance , qui auroient été fort furprifes de
rencontrer M^d. F—— fans fa fille. Le cinquième
jour le Religieux & Melle. F—— partirent de grand
matin, pour fe rendre à une petite maifon ifolée
dans une gorge de montagne, & M^d. F—— eut
foin de répondre à tous ceux qui lui demandoient

des nouvelles de sa fille, qu'une de ses parentes la lui aïant instamment demandée pour quelques jours, elle n'avoit pû se dispenser de la lui accorder, & que sa fille par bienséance, avoit été forcée de donner quelques jours à une tante qui l'aimoit beaucoup ; qu'au reste elle reviendroit sur l'arrière saison, ou même plutôt, si sa bonne parente vouloit y consentir ; cette raison parut si naturelle, que personne n'y soupçonna du mistère, & Melle. F——, dans moins de quinze jours, accoucha d'un fils à l'insu du public, reparut à Bagnères, & dans le grand monde, sans avoir fait la plus petite tâche à sa réputation ; cette fille heureuse par cet endroit, n'eut jamais perdu l'estime générale, si la suite de son avanture eut été conduite avec autant de prudence que le commencement, ou pour mieux dire, si elle-même eut été plus réservée & moins imprudente. Ce que nous allons dire, peut être regardé comme le dénouement d'une scène qui, par sa variété autant que par sa vérité, doit être intéressante pour tous les cœurs sensibles.

Quand on n'aime une Femme que pour satisfaire sa propre passion, & qu'on ne s'attache à elle que par un penchant décidé de lubricité, il est rare qu'on conserve long-tems le même goût pour elle, & qu'on la trouve après quelques mois de jouïssance, ce qu'elle nous a paru avant de la séduire ; & si malgré la froideur & l'indifférence qui succèdent bientôt, à l'emportement le plus paſſionné, on continue encore à lui donner quelque preuve d'attachement, elle doit attribuer cette fidélité apparente, plutôt à une véritable néceſſité qui par diverſes raiſons nous force à perſiſter, qu'à un véritable ſentiment ou d'amour, ou de reconnoiſſance, dont un homme, qui n'aime que pour lui, n'eſt jamais ſuſceptible. Si cette maxime eſt généralement vraie pour les gens du monde, elle eſt d'une certitude inconteſtable pour les Prêtres, & les Moines qui, dans leurs amours, ne peuvent néceſſairement ſe propoſer que de ſatisfaire à la partie animale d'eux-mêmes, en répondant, autant qu'il eſt en eux, aux vives ſollicitations de la nature, qu'ils ont promis avec autant d'imprudence que de ſolemnité, de faire taire & de gouverner à leur gré, comme s'ils en fuſſent les auteurs, eux qui n'en ſont que les foibles enfans. Le Religieux Bénédictin, qui figure dans cette avanture, étoit comme tous ſes confrères, c'eſt-à-dire, qu'il reſtoit encore attaché à M^d. F——, parce que ſans doute il n'avoit pas eu encore d'occaſion à pouvoir changer de maîtreſſe, ou peut-être que le dégoût pour une femme, qui étoit bien en état de faire une véritable paſſion, n'étoit pas encore arrivé. Quoiqu'il en ſoit, le Moine, par l'occaſion qu'il eut de ſe familiariſer avec Melle. F——, forma le projet hardi de l'enlever à ſon amant, dont il n'avoit aucune raiſon de ſuſpecter la bonne foi, & ſe propoſa de ſacrifier à ſon incontinence la mère & la fille. On eſt ſans doute révolté d'un procédé si honteux; & on le prendra vraisemblablement, pour une fiction de *Gazettier*, qui par son état se croit autorisé à bercer le public par des contes *faits à plaisir*. Ceux qui connoissent les Ecclésiastiques en général, & particulièrement les Moines, ne seront nullement surpris qu'un de ces derniers se soit permis une atrocité pareille. Heureux les païs qui ne sont pas à même d'être scandalisés par de telles énormités! & plus heureux encore ceux où l'on prendoit des mesures efficaces pour y détruire jusqu'au nom de cette engence, qui, consacrée dans son principe à la gloire & à l'honneur de la Religion, fait gémir la véritable piété, sur des desordres aussi nombreux qu'ils sont énormes; desordres qui n'eussent jamais occasionné de la division parmi les enfans d'une même mère, si des Ministres scandaleux ou fanatiques n'eussent formé dans la Religion même de puissants partis opposés, qui, le poignard à la main, que des Moines avoient eu soin d'aiguiser sur l'autel, n'ont cherché qu'à s'entre-égorger, pour accréditer des opinions, ou indifférentes en elles-mêmes, ou superstitieuses de leur nature, ou enfin frivoles & nouvelles, & tout-à-fait opposées aux loix saintes de l'évangile! telle est l'idée qu'on doit se faire de la plus grande partie du Clergé de France; & sans craindre de se tromper, tel est le point de vuë sous lequel on doit envisager tous les Moines sans exception. Le mal qu'ils ont fait, & celui qu'ils feroient en-

core s'ils le poûvoient, devroit armer les Puif-
fances d'un St. Zèle pour les détruire & les abolir
fans ménagement ; mais fans nous avifer de nous
ériger en politiques, après avoir juftifié le Gazettier fur un reproche qu'on auroit pu lui faire,
nous reviendrons à notre Moine que nous allons
voir jouer un rôle, que lui ou quelqu'un de fes
confrères, pouvoit feul rendre dans toute fa vérité.

J'ai déjà dit que le Moine devint néceffaire à
M^d. F———, tant pour conduire fa fille au lieu
deftiné pour y faire fes couches, que pour avoir
foin de tout jufqu'à ce que l'enfant fut mis en
nourrice, & que la mère fut en état de reparoître dans le grand monde ; cet habile Religieux
profita d'une occafion qui le mettoit à même de
fe familiarifer avec une jeune perfonne à laquelle
il rendoit en apparence un fervice fignalé, & duquel on devoit lui tenir d'autant plus de compte,
qu'il paroiffoit, pour le rendre, facrifier les bienféances & la modeftie de fon état; & qu'il s'expofoit à perdre fa réputation vis-à-vis des perfonnes
auxquelles il avoit néceffairement à faire, en fe
chargeant d'une commiffion auffi délicate pour un
cœnobite. Il s'attacha premièrement à gagner la
confiance de la jeune F———; il s'abaiffa jufqu'à
lui rendre les plus bas fervices dans un état où
elle étoit incapable elle-même de fe fervir, & forcée à fe relâcher de la modeftie de fon fexe,
des politeffes, le Bénédictin paffa infenfiblement,

aux démonſtrations de compaſſion & d'attendriſſe-ment ſur ſon ſort; il haſarda enſuite quelques lé-gères careſſes; enfin il prit tant des libertés avec elle ſous différents prétextes, qu'il la réduiſit à ne pouvoir lui rien refuſer ; de cette ſorte paſ-ſant rapidement de la qualité d'ami, à celle d'a-mant, Melle. F——— ſe trouva engagée avec lui, ſans ſavoir comment; & ſon cœur totalement changé ne reſſentant plus que du dégoût, & même de l'averſion pour le Marquis de B———, fut embraſé du feu impur que le Moine avoit eu l'adreſſe d'allumer. La ſéparation de la mère lui avoit paru cruelle; le terme de ſon exil lui avoit paru trop long pour pouvoir le ſupporter ſans en-nui; la retraite dans laquelle elle ſe voyoit empri-ſonnée pour quelque-tems, lui avoit ſemblé inſu-portable & affreuſe; en un mot, elle avoit mau-dit mille fois ſa foibleſſe par la ſeule vuë des ennuis auxquels elle ſe voyoit en proye dans cette eſpèce de déſert. Dès qu'elle eut lié une con-noiſſance particulière avec le Bénédictin, ne voyant rien qui égalât le plaiſir de vivre ſans gène avec lui, elle redouta le moment qui devoit la rejoin-dre avec ſa mère, autant parce qu'elle trouveroit une ſurveillante, qu'une rivale dangereuſe, ſi elle ſoupçonnoit ſeulement la plus petite intelli-gence, entre elle & le Moine. Elle préféroit cette terre étrangère & déſerte, qu'elle regardoit comme le jardin des délices, au tumulte, & aux amuſements de la ville la plus bruyante ; en un mot elle eut confenti volontiers à ne plus fortir de cette folitude, pourvû que fon *Anachorette* eut voulu y bâtir fa celulle ; ne pouvant mieux faire, elle recula, après les couches, le jour de fon départ, autant qu'il dépendit d'elle, & ne quita, ce lieu charmant que fur les ordres réïtérés d'une mère qui l'attendoit avec impatience, & à qui il tardoit peut-être autant de revoir fon amant qu'elle ne fe perfuadoit pas de trouver refroidi, indifférent, ou peut-être même abfolument infidèle; toutes les précautions que le Moine & Melle. F——— prirent avant de partir, pour dérober aux yeux de la femme la plus jaloufe, la plus fine & la plus expérimentée dans ce genre, leur intrigue & leur amour, toutes ces précautions, dis-je, devinrent inutiles, foit que l'amour de Melle. F———, fut trop vif, trop animé & trop impatient, pour garder certaines mefures, foit que le Moine fut trop imprudent, ou trop ardent, M^d^. F——— ne fut pas long-tems à s'appercevoir de quelque chofe qui lui donna de l'ombrage, peut-être même, que le Réligieux étoit moins preffant ou moins entreprenant vis-à-vis d'elle ; quoiqu'il en foit, avec un peu d'attention elle parvint à fe perfuader aifément que fa fille lui avoit ravi fa conquête. Elle avoit trop de prudence pour éclater; elle prit même affez fur elle, pour ne pas faire connoître qu'elle avoit pénétré le miftère; elle fe contenta de preffer fon départ pour venir à Touloufe, afin que sa fille aïant occasion de revoir le Marquis de B——, elle pût jouïr sans partage de son Moine. M^d. F——, malgré son habileté, se trompa, & le moyen qu'elle employoit pour ramener le Religieux à son devoir, fut tout-à-fait inutile ; le Marquis avoit quité Toulouse, dès qu'il apprit l'arrivée de ces Dames ; il s'étoit retiré dans ses terres dans la résolution de ne plus donner de nouvelles à sa maîtresse qu'il n'aimoit plus, & qu'il n'avoit jamais sincèrement aimée ; & comme il n'y avoit aucun acte public ni privé, qu'on pût lui opposer ; que même par le secret qu'on avoit mis dans la grossesse & dans les couches de Melle. F—— on s'étoit fermé toutes les voyes de la contrainte, il se tint fort tranquile jusqu'à ce qu'il aprit que M^d. & Melle. F——, rivalisoient au point, que leur quérelle domestique faisoit la nouvelle du jour, & la fable de toute la ville. Enchanté de n'avoir plus aucune mesure à garder avec ces deux Dames, il eut la malignité de revenir à Toulouse, pour rire avec les autres d'une avanture dont il étoit lui-même la cause, & qu'il auroit dû se reprocher.

Ce seroit ici le lieu de décrire la fureur & la Rage de M^d. F—— ; je devrois raconter tous les emportements auxquels elle se livra autant contre le Moine que contre sa fille, le parti violent qu'elle avoit pris & l'extrêmité à laquelle elle s'étoit déterminée pour les punir l'un & l'autre ; mais il est aisé de concevoir tout ce dont un cœur outragé par l'endroit le plus senfible, eft capable; on fait que dans pareil cas une femme ne reconnoit ni prudence, ni bienféance, ni honneur; & que n'écoutant que fon dépit, & ne confultant que la vangeance, tout lui paroît permis dans un défefpoir qu'elle croit légitime; la nature même a beau fe faire entendre; fes cris perçants deviennent inutiles, & fes loix les plus facrées font indignement foulées aux pieds par une coquette méprifée & abandonnée.

Cette affaire faifoit trop grand bruit, pour que le Supérieur de là maifon des Bénédictins de Toulouse n'en eut pas connoiffance; les amis du Couvent l'avoient charitablement averti; & il prenoit déjà en fecret les mefures les plus fûres pour punir févèrement fon Sindyc du fcandale qu'il donnoit, & de l'infamie dont il couvroit fon ordre refpectable, lorfque le Moine prévoyant l'orage qui alloit fondre fur fa tête, prit le parti que tant d'autres de fes confrères avoient pris avant lui; il avertit du danger qui le menaçoit, fa tendre amante, & lui repréfentant le plus pathétiquement tous les maux fans reffource auxquels il s'étoit expofé par un amour trop violent, il la perfuada de l'y fouftraire, en confentant qu'il l'enlevât, pour la conduire dans le païs étranger, où il fe promettoit de vivre d'autant plus heureufement, que pouvant difpofer encore d'une fomme très-confidérable, ils devoient fe promettre l'un & l'autre d'y mener la vie la plus heureufe &

la

la plus tranquille. Melle. F—— qui aimoit sincèrement un homme qui lui peignoit si naïvement
son malheur & sa flamme, & qui d'ailleurs prévoyoit de son côté des mortifications & des humiliations accablantes, en restant exposée à la mauvaise humeur d'une mère qui ne lui pardonneroit
de la vie le vol quelle prétendoit qu'on lui avoit
fait, se détermina, autant par amour que par intérêt, à suivre le Moine, & à se livrer à sa bonne
ou à sa mauvaise fortune. Les moyens de l'en-
lèvement étant concertés, dès le soir même elle
s'évada de Toulouse avec le religieux Bénédictin,
qui emporta une grosse reserve que sa communauté avoit destinée à rebâtir l'église qui menaçoit ruïne: cette somme considérable le mettant
à même de courir la poste commodément & avec
toute la célérité possible, il étoit déjà bien loin
de Toulouse, lorsqu'on s'apperçut que son amante
& lui y manquoient. Cette évasion que personne
n'avoit prévue, exposa les Bénédictins aux sarcas-
mes les plus humiliants de la part de ceux qui
rendent toujours responsable un corps entier des
fautes des différents particuliers qui se deshonorent par une conduite irrégulière. Md. F——,
livrée au chagrin de s'être deshonorée autant par
l'intérêt personnel & particulier qu'elle ne pût
assez cacher pour qu'on ne le connût parfaitement, ferma sa maison à une société qui lui devenant absolument nécessaire, trouva à la fin le
moyen d'adoucir un peu ses peines, & de lui faire

oublier, au mions en apparence, la perte de fa
fille & celle de fon amant quelle avoit à fe reprocher, autant par la folle ambition qu'elle avoit
de devenir belle mère d'un Marquis, que par une
honteufe & crapuleufe lubricité qui l'avoit portée
à manquer à la foi conjugale en faveur d'un indigne Moine, qui par état ne pouvoit avoir des
fentimens d'honneur, & encore moins de reconnoiffance & de pudeur. Ainfi, cette femme fut
la Dupe tout à la fois d'un jeune Marquis qui ne
cherchoit qu'à fe fatisfaire, & d'un vil Penaillon
qui voulut faire la plus monftrueufe & la plus criminelle alliance en abufant tour à tour d'une
mère & d'une fille, qui dans le fonds le méritoient autant l'une que l'autre.

Une mère vertueufe, une époufe fidèle, ne
feront jamais expofées à de femblables infamies;
l'indigence la plus extrême, ne les portera jamais
à des défordres abominables; & fi leur aifence &
leur bien-être font perdus fans reffource, elles ne
chercheront jamais de moyens honteux pour les
réparer; leur vertu les foutiendra contre les
attaques violentes de l'orgueil de leur fexe, &
bien loin d'adopter la déteftable maxime, *necef-
fitas cogit ad turpia*, elles attendront patiamment
que la providence pourvoïe à leurs befoins les
plus preffants; & mourront avec la gloire d'une
entière foumiffion aux décrets immuables de cette
providence, quelques rigoureux qu'ils puiffent
être pour elles; & fi, par impoffible, cette tendre

mère de tous les mortels , perſiſte dans des rigueurs qu'on mérite preſque toujours, & que néanmoins elle adoucit tôt ou tard en faveur des enfans dociles , qui ſe ſoumettent ſans murmure à
ſes plus rudes coups, elles attendront les con-
ſolations abondantes, qui ſont le prix des vertus
dans une vie , pleine de douceurs pour le ſage,
& qui ne réſerve que des malheurs pour l'impie
& le méchant.

LA JEUNE VEUVE DE C——.
ou L'AMOUR VERTUEUX
et MALHEUREUX.

Londres ce . . . . . 1774.

Extrait d'une Lettre de Mr. P. à l'Auteur.

Mr.

JE voudrois être capable de répondre à la confience que vous avez en moi, en m'envoyant
votre manuſcrit, pour avoir mon avis ſur le petit
ouvrage qu'il contient. En qualité d'ami, je vous

parlerois avec toute la franchise possible , & je vous dirois librement ce que j'en pense ; mais vous savez, Monsieur , que je ne suis pas *Littérateur* de profession , & que mes connoissances, si bornées d'ailleurs, ne font presque rien en fait de littérature ; cependant je vous avouerai que vos contes m'ont fait rire, & qu'à mon avis ils sont assez variés pour amuser; c'est sans doute tout ce que vous avez prétendu ; & je pense que vos correspondants en pays étranger vous ont assez bien informé, & vous ont donné des mémoires propres à remplir votre plan. Quoique ce ne soit pas sur ce pied que nous soyons ensemble; je vais vous détailler une petite avanture arrivée à deux lieues de notre capitale , où vous savez que j'ai ma petite campagne; & où je suis actuellement retiré pour toujours; ma narration sera simple , & ne contiendra que le fait avec quelques unes des principales circonstances ; je consents volontiers que vous en fassiez part au public en l'accomodant à votre stile , & en lui donnant tout l'agrément qu'elle n'auroit pas certainement , si vous la faisiez imprimer à la suite de celles que je vous renvoïe , afin que vous puissiez les exposer au grand jour avant qu'il soit peu. . . . .
. . . .

Quoique je vous aye promis un simple recit historique d'un fait dont j'ai été témoin moi-même , je crois cependant devoir commencer par vous donner une idée de l'origine, du caractère,

& de la fortune de Lady Q—— notre Héroïne.
Le Miniſtre de mon village, qui n'a que très-peu
de bien, a eu de ſon mariage trois enfans, dont
Lady Q—— eſt l'ainée ; trente livres de revenu
annuel font toute la fortune de cette famille honnête ; un petit jardin cultivé par le Miniſtre lui-
même, lui ſert de récréation lorſqu'au ſortir de
ſon cabinet, la tête caſſée en feuilletant dans
quelque vieux ſermonaire, pour y trouver de
quoi faire ſon inſtruction du Dimanche, il a beſoin d'une petite récréation, afin de pouvoir
donner un peu de rélâche à ſon eſprit, qui par
une tenſion trop continuelle pourroit à la fin
mal répondre à ſon zèle paſtoral, duquel nous
ſommes édifiés, quoique preſque toujours nous
le trouvions trop lourd & trop accablant, par
la longeur de ſes ſermons. Ce tendre père aime
également, à ce qu'il dit, les enfans dont Dieu à
béni ſon mariage ; cependant ſon amour de complaiſance a toujours eu pour objet principal Lady
Q——, peut-être par la ſeule raiſon qu'étant le
premier fruit de l'amour, le Curé n'a jamais perdu de vuë, qu'elle étoit auſſi le témoin peu ſu-
ſpect, qui dépoſoit continuellement en faveur de
la complaiſance, ou plutôt en faveur de la plus
tendre paſſion de MSS——C, qui vaincue, autant
par ſon propre cœur que par l'empreſſement
du Miniſtre, conſentit à lui donner des preuves
de ſon amour, avant même que les loix poſitives
& eccléſiaſtiques les euſſent autoriſés à ſoulager

leur mutuelle flamme ; ils avoient pour eux à la
vérité, les Loix refpectables de la Nature, & le
Docteur Théologien, crut que toutes les autres
devoient être fubordonnées a celles-ci. Il commença donc à s'y conformer, fauf à les accorder
les unes & les autres, fi le cas y écheoit, ce qui
arriva effectivement peu de jours avant la naiffance de cette chère enfant. Comme en naiffant
elle avoit été l'objet de fa tendreffe ; par cette
même raifon elle fut toujours celui de fes plus
tendres foins ; & les difpofitions de fa fille, lui
faifant augurer qu'elle étoit digne de toute fon
attention, autant par néceffité que par goût, il
fe chargea lui-même de fon éducation, & après
l'avoir inftruite de tout ce qu'il eft néceffaire
qu'une femme fache afin de fe rendre utile à la
fociété, il crut devoir mettre à profit les difpofitions de fon Efprit qui lui parut propre pour
les fciences; il commença par y tourner le goût
de fa fille en piquant fa curiofité, de façon qu'à
quinze ans Lady Q——— paffa déjà pour un petit
prodige de fcience dans toute la contrée.

Un Jour qu'au fortir du Cabinet de fon père
Lady Q——— avoit pris fur fes bras fon petit
frère âgé de quinze mois, & que profitant de la
fraicheur d'une foirée d'été, elle fe promenoit à
peu de diftance de fa maifon, fur un grand chemin ombragé, une heure avant le coucher du fo-
leil, elle apperçut de loin un homme dont la
marche lefte & affurée fixa fes regards ; elle ne

fut pas long-tems fans reconnoitre dans cet étranger un jeune homme bien-fait, & de bonne mine ; quoiqu'à pied & fans bagage, cet aimable
cavalier l'aborda avec un air de franchife & de
politeffe qui la charmèrent ; il ne parut pas de-
cent à Mfs. Q——— de fe difpenfer de lui répondre poliment, aux queftions qu'il lui fit, & même de lui offrir une retraite dans la maifon de
fes parents, par qui elle étoit bien affurée de
n'être pas defavouée ; il eft trop tard, lui dit Mfs.
Q———, pour aller plus loin ; vous me paroiffez
avoir befoin d'un peu de repos, acceptez, je
vous prie, Monfieur, un logement chez mon
père ; je crois pouvoir vous affurer que ma famille fe fera un vrai plaifir d'exercer à votre
égard l'hofpitalité ; & fi vous me faites l'honneur
de répondre à mes défirs, ayez la bonté de venir
avec moi, afin que je vous préfente à mes parens.
Le jeune inconnu après avoir fait quelque légère
excufe fur l'indifcrétion qu'il y auroit de fa part,
s'il acceptoit une offre, qui d'ailleurs le flatoit in-
finiment, fe laiffa faire une douce violence, &
fe laiffa entraîner avec plaifir par Mfs. Q———,
qui de fon côté goûtoit une fatisfaction délicieufe
à obliger un jeune homme, en faveur duquel fon
cœur lui parloit hautement, & avec d'autant plus
de force que c'étoit pour la première fois, qu'il
s'expliquoit fi clairement, depuis qu'il avoit été
capable de fentir d'autre impreffion que celle de
la tendreffe paternelle ; leur converfation jufqu'à

la maison de Mſs. Q———, fut générale ; mais le ton avec lequel ce jeune couple s'entretenoit de choſes indifférentes en elles-mêmes ; étoit trop chancellant & trop entre-coupé pour ne pas indiquer une véritable émotion dans le cœur de l'un & de l'autre ; ne s'appercevant chacun en particulier que de leur embarras à s'expliquer, ils reconnurent bientôt à la rougeur qui couvroit réciproquement leur viſage, par l'effet naturel du feu qui commençoit à embraſer leur cœur, & qui ſe manifeſtoit déjà au dehors, ils reconnurent, dis-je, que cette rencontre auroit des ſuites affligeantes, que le jeune homme ne prévoyoit que pour lui, & que Mſs. Q——— de ſon côté ne prévoyoit que pour elle, ignorant encore l'un & l'autre que leurs deux cœurs d'intelligence s'étoient donnés mutuellement. Mſs. Q——— aimoit déjà avec paſſion ſon hôte, trop aimable pour n'être pas aimé, & celui ci adoroit ſa bien-faictrice, ſans que ces deux amants puſſent ſe flater d'un heureux retour. Arrivés au logis, Mſs. préſenta le jeune homme à ſon père avec un intérêt que le Miniſtre attribua à la politeſſe, & encore plus à la bonté compatiſſante, qu'il ſavoit faire le caractère diſtinctif de ſa fille. Mſs. Q——— n'avoit rien avancé de trop en promettant un acceuil favorable au jeune homme ; ſes parens en effet le réçurent de leur mieux, & le fêtèrent à leur façon de la manière la plus généreuſe.

Quoique nous aïons dit déjà que le Père de

MIfs. Q——, étoit un pauvre Miniftre qui n'avoit pour toute fortune que le revenu d'un très-mince Bénéfice, nous devons le juftifier fur fon mérite, qu'on feroit tenté de fufpecter, vû l'obfcurité & la petiteffe du Troupeau confié à fes foins, puifqu'il devroit être de règle, que plus un Pafteur à de fcience & de mérite perfonnel, plus auffi il doit être élevé en dignité dans le troupeau général. Ce n'eft cependant pas fur ce principe qu'il faut juger du Miniftre de Lin——; il s'en faut beaucoup qu'il fut pourvu proportionellement à fes lumières & à fes talents. Son peu d'ambition, fon goût pour l'étude, fa tendreffe pour fa famille; fa frugalité, l'amour de fon peuple, & en un mot toutes les qualités du cœur & de l'efprit, qui font l'homme fage & vertueux, lui tenant lieu de tout, lui faifoient envifager fon fort avec cette tranquilité que le témoignage feul d'une bonne confcience peut produire : tendrement chéri d'une époufe digne de lui, que la modeftie la fidélité, & la ponctualité à tous les devoirs d'une mère de famille rendoit refpectable à tous les honnêtes gens, le Miniftre couloit des jours délicieux dans une humiliante médiocrité, & n'afpiroit qu'à donner une éducation chrétienne à fa famille, penfant avec raifon que c'étoit la fortune la plus affurée & l'héritage le plus précieux qu'il pût lui laiffer. Après les premiers compliments & les premiers devoirs rendus réciproquement, il étoit naturel que le jeune inconnu touchât quelque

chofe de fon hiftoire perfonnelle, autant pour fatisfaire à la curiofité des hôtes que pour les raffu-
rer fur fa probité , & la droiture de fes intentions ; il fatisfit au défir qu'on lui parut avoir à ce
fujet, avec cette naïveté, cette candeur, & cette
noble fimplicité, qui feules peuvent caractérifer la
vérité.

Je fuis , dit le jeune homme, originaire de
K——— en Ecoffe; ce n'eft pas à moi à faire ni la
généalogie ni l'apologie de mes parens; d'ailleurs
la proximité du lieu facilite l'information qu'on
pourroit faire à ce fujet, fi j'étois affez heureux
pour piquer votre curiofité jufques-là. Je ne
vous dirai rien de mes parens , & je ne m'atta-
cherai qu'à vous faire un recit abrégé de mes
avantures ; elles font trop certaines & trop variées pour que je puiffe les oublier. Depuis
long-tems cependant je reffens au dedans de
moi-même des rémords qui me jettent dans un
chagrin que je puis dire habituel, ne pouvant
oublier la façon indigne dont je défertai de la
maifon paternelle , & depuis long-tems auffi je
n'avois fenti de trève à ma douleur que dans ce
moment que j'ai l'avantage de pouvoir vous raconter mes torts vis-a-vis de mes parens; avant
cet inftant l'idée feule m'affligeoit au point que je
ne pouvois pas la foutenir fans frémir, & dans
cette circonftance ils fe peignent tous à mon
imagination , non-feulement fans altérer ma tranquilité & mon repos, mais même avec une indif-

férence dont je ne me fuis jamais cru capable; il faut fans doute que mon cœur fe foit tout-à-coup fermé à la douleur, pour n'être fenfible qu'au plaifir, que je goûte depuis que j'ai eu l'avantage de rencontrer Mfs———. Le Miniftre prit pour un fimple compliment la tournure que fon hôte donnoit au début de fon Hiftoire ; mais fa fille lut aifément dans les yeux de celui-ci, que le cœur & la tendreffe y avoient plus de part que l'efprit & la politeffe. Nous vous tenons un compte infini, repartit le Curé, de vouloir bien nous attribuer tout l'honneur du foulagement que vous dites éprouver dans ce moment ; nous nous eftimerions très-heureux s'il étoit réellement vrai que nous puiffions contribuer à votre tranquilité; mais trève de complimens, je vous prie, & racontez nous tout fimplement votre avanture; foyez affuré d'avance de la fincère part que nous y prenons.

Je fuis, continua le jeune étranger, le dernier des enfans d'une famille affez nombreufe ; ma naiffance n'a rien de relevé, ni d'obfcur ; mes parens jouïffent d'une médiocre fortune, & d'une grande réputation de vertu ; telle étoit au-moins leur fituation quand je les quitai à l'âge de treize ans ; & comme il y en a douze que je n'en ai aucune nouvelle, je ne puis vous affurer pofitivement, s'ils font aujourd'hui par raport à leur fortune ce qu'ils étoient quand je les ai quités. Ne me fentant aucun goût pour les fciences, je défertai l'école latine où l'on m'envoyoit tous les jours; & fans y faire prefqu'aucun progrès, après avoir erré pendant quelques jours avec deux ou trois de mes camarades, fans trop favoir ce que nous deviendrions, enfin preffés par la faim & la foif, & dans l'impoffibilité de foulager la première de ces deux urgentes néceffités, il fut réfolu tout d'une voix dans le petit confeil que nous tinmes à ce fujet, que nous irions nous jetter aux genoux de nos parens, pour leur demander notre grace, ou au moins fi nous ne pouvions l'obtenir en entier, pour tâcher de diminuer la rigueur des chatimens que nous reconnoiffions avoir mérité par notre évafion furtive. Cette réfolution, infpirée à quatre ou cinq enfans incapables de réfléchir, fut exécutée fur le champ, plutôt par le preffant befoin où nous nous trouvions tous de manger quelque chofe, que par un fincère répentir de notre faute; comme nous ne nous étions écartés de nos maifons paternelles que d'environ trois milles, nous efpérions pouvoir nous rendre chez nos parens, affez à tems pour reftaurer des forces prefqu'entièrement défaillantes. Nous étant mis en chemin, chacun faifoit fans doute fes réflexions fur la façon qu'il feroit reçu, eu égard au plus ou moins d'indulgence qu'il croyoit avoir remarqué dans fes père & mère, ou à proportion de l'expérience qu'il en avoit fait ci-devant. C'étoit auffi la feule règle fur laqu'elle on pouvoit raifonnablement fonder la bonté ou la févérité de l'acceuil qu'on nous feroit. Sans doute que tous mes compagnons en auguroient favorablement pour eux ; mais moi qui n'avois pas la même préfomption, & qui avois toutes les raifons imaginables pour n'envifager qu'une réception dure & proportionnée à l'énormité de ma faute ; à peine avois-je fait le quart du chemin que je devois faire pour arriver chez moi que la févérité de mon Père fe peignit à mon imagination avec des couleurs que le fouvenir de la tendreffe de ma mère ne put affoiblir, quoiqu'en même tems elle me laiffât un peu efpérer pour la modification du chatiment qui m'étoit refervé ; je marchai encore un quart d'heure occupé de ces triftes réflexions, pendant que mes compagnons marchoient avec la même affurance & la même confience, que s'ils euffent été attendus par leurs parens pour être comblés de careffes, & fêtés comme au retour d'un long voyage entrepris de leur gré & avec leur confentement. Je connus l'inutilité qu'il y avoit de leur propofer de rétograder ; & comme fi je leur avois fait part de la réfolution que je venois de prendre à mon particulier, le rapport qu'ils en auroient fait à mes parens auroit pû être un obftacle à mon projet, je feignis d'être plus fatigué que je ne l'étois effectivement ; je m'affis le long du chemin & je les priai de me laiffer un peu tranquille, ajoutant que je me fentois une envie de dormir fi grande, qu'il m'étoit impoffible d'y réfifter ; je

les engageai à prendre les devans & les aſſurai
que je les rejoindrois aſſez à tems pour arriver
tous enſemble ; je n'eus pas de peine à obtenir ce
que je leur demandai ; je me couchai & fis ſemblant de me livrer au ſommeil , juſqu'à ce que
les aïant perdus de vuë , je revins ſur mes pas
pour me rendre à C———, où je ſavois que je
trouverois dans peu une occaſion favorable pour
paſſer aux Indes.   J'arrivai après bien des fatigues & accablé de l'aſſitude au port de mer que
j'avois en vuë ; il étoit encore aſſez de bonne heure
pour pouvoir m'engager dès le ſoir même ſur un
vaiſſeau qui devoit mettre à la voile le lendemain,
& qui, depuis huit jours, attendoit le vent favorable pour ſe mettre en mer ; je fus reçu à bord
en qualité de mouſſe ; & me voyant comme à
l'abri de toute pourſuite heureuſe de la part de
me parens, après avoir ſatisfait à la faim qui me
dévoroit je fus me coucher entre deux Bales de
marchandiſes qui étoient ſur le pont, & qu'on n'a-
voit pû encore placer à l'endroit qu'elles devoient
occuper ; quoique étendu ſur une planche gou-
dronée , j'y dormis juſques au lendemain à neuf
heures qu'on vint m'éveiller pour me mettre en
plein exercice de mon emploi ; je ne vous narre-
rai pas ſur le récit de ma traverſée ; elle ne
fut ni heureuſe, ni abſolument malheureuſe ; &
après avoir eſſuyé quelques tempêtes, nous fû-
mes mouiller dans le port de notre deſtination ;
dès que je fus à terre, je cherchai à me procurer

le moyen de pouvoir m'empêcher de repartir pour l'Europe, & aïant eu l'occasion de me placer chez un François établi à *Pondichéry*, pour être le laquais de Madame, je saisis avec empressement l'occasion favorable qui se présentoit pour m'établir dans un Païs pour lequel j'avois un goût décidé; il seroit trop long de vous dire, comment du simple poste de laquais, à l'âge de quatorze ans je suis monté par dégrés à une fortune, qui, sans être prodigieuse, me met à vingt & trois, que j'en ai actuellement, dans l'heureuse position de jouïr de tous les avantages de la vie; je vous prierai seulement de croire, que si je vous tais les moyens par lesquels je me suis procuré un bien-être solide, ce n'est pas parceque j'ai honte de m'en être servi; je n'en ai mis en œuvre que de très légitimes, que la plus exacte probité avoue & reconnoit; & s'il paroit extraordinaire que j'aye fini de m'assurer un bien-être honnête & même délicieux, à un âge, où la plupart des hommes commencent seulement à penser d'en poser les fondemens, bien loin de préjuger contre moi, il me semble au contraire qu'on doit attribuer la rapidité des progrès de ma fortune à la sagesse avec laquelle je me suis comporté dans un âge où l'on en est ordinairement le moins susceptible; & que la providence a sans doute béni, pour encourager la jeunesse à la vertu, & la détourner du vice. Me voyant en possession de biens assez considérables dans

l'Inde, je les ai réalifés ; & le défir de revoir
ma patrie & ma famille, m'a fait embarquer
avec mon petit tréfor pour venir en jouïr en
Europe & pour le partager, ou pour mieux dire
pour le laiffer à la difpofition d'une femme vertueufe, fi je fuis affez heureux pour mériter que
quelqu'une de mes patriotes veuille unir fon fort
au mien ; ces dernières paroles furent prononcées
avec un feu qui n'échapa pas à Mſs. Q——,
qui ne fe trompa pas fur la façon dont elle devoit l'interpréter ; ne pouvant plus empêcher
que le feu dont elle-même étoit embrafée, n'é-
tincellât, le jeune étranger s'apperçut, pour la
première fois, qu'il pouvoit avoir quelque efpérance d'un retour de tendreffe de la part de cette
aimable fille. Encouragé par le petit fuccès dont
il croyoit s'appercevoir, il chercha à s'affurer
de plus en plus du bonheur qu'il ne faifoit qu'en-
tre-voir, & dans peu les yeux de Mſs. Q——
& les fiens, fe dirent réciproquement que leurs
cœurs, s'étoient déjà voués pour toujours l'un à
l'autre ; l'abregé de fon hiftoire étant fini, il leur
dit qu'aïant débarqué depuis huit jours, & voulant, avant de partir, en voir tous les environs,
il s'étoit engagé plus avant qu'il ne penfoit dans
la tournée qu'il s'étoit propofé de faire ce jour-là ;
que fe trouvant fatigué, il avoit projetté d'arriver jufqu'au village & d'y paffer la nuit dans une
auberge, lorfqu'aïant rencontré Mſs. Q——, il
n'avoit pu fe refufer aux offres obligeantes qu'elle
lui

lui avoit fait d'accepter l'hofpitalité qu'elle lui
avoit offert avec toute l'honnêteté & la politeffe
poffibles —; il alloit continuer de parler ; lorfque le Miniftre l'interrompit ; ma fille, Monfieur,
favoit qu'elle ne couroit aucun rifque en vous
preffant de nous faire l'honneur de paffer avec
nous le refte de ce jour ; nous nous fommes toujours fait un devoir de prouver aux honnêtes
gens par l'acceuil favorable que nous leur faifons,
lorfque l'occafion s'en préfente, combien nous fommes flatés de pouvoir leur être de quelqu'utilité ;
& dans cette circonftance, je lui fais un gré très
particulier de m'avoir procuré le plaifir de vous
connoître ; mais je vois avec peine que vous nous
avez tu dans tout le cours de votre petite Hiftoire
le nom de votre famille ; peut-être que le hazard
pourroit me mettre à même de vous en donner
des nouvelles ; j'ai beaucoup de rélations en Ecoffe, & y entretenant encore une exacte correfpon-
dence avec ma famille, qui en eft originaire, il
ne feroit pas merveilleux que je fuffe capable de
vous donner des éclairciffements , fur la vôtre,
éclairciffements, que naturellement vous devez défirer : l'étranger alloit fatisfaire le Miniftre fur la
curiofité qu'il lui paroiffoit avoir de le connoître
à fonds, lorfque Mfs. Q—— les vint avertir que
le fouper étoit fervi, & qu'on n'attendoit qu'eux
pour fe mettre à table. La converfation roûla
fur des chofes affez indifférentes ; mais l'étranger
& Mfs. Q——, placés vis-à-vis l'un de l'autre, en

Q

firent une muette, dans laquelle ils mirent réciproquement tant d'intérêt, que le Miniſtre qui ne
ſe doutoit de rien, s'appercevant de la diſtraction
de nos deux jeunes gens, ne ſavoit à quoi l'attribuer; ſa fille naturellement gaie & parleuſe, avoit
un air ſombre & gardoit un profond ſilence;
l'étranger, qui juſques-là avoit ſoutenu paſſablement bien ſon rôle, perdant ſa préſence d'eſprit,
répondoit ſi mal-à-propos aux queſtions du vieux
Curé, qu'à la fin affectant lui-même de garder le
ſilence, il les examina ſans faire ſemblant de
rien ; & reconnoiſſant aiſément à leurs tendres
regards la cauſe de leur embaras & de leur timidité, il ſe hâta de faire deſſervir, afin qu'en
ſortant il eut occaſion d'entretenir ſon jeune hôte
d'une façon particulière qui le mit à même de
ſonder ſes véritables ſentiments. Sous prétexte
de profiter un peu de la fraicheur de la nuit
avant d'aller ſe coucher, il l'attira inſenſiblement
dans un petit boſquet, qui étoit à peu de diſtance
de ſa maiſon; & ſe voyant ſeul avec lui, il l'engagea à lui ouvrir ſon cœur. Le jeune homme
qui n'avoit aucune raiſon de ne pas laiſſer pénétrer ſa façon de penſer, répondit franchement
aux queſtions du Miniſtre, & allant même plus
loin que celui-ci ne l'avoit eſpéré, il lui déclara
confidamment, qu'il ne manquoit rien à ſon bonheur que de devenir ſon gendre; & que s'il n'ob-
tenoit ſa fille en mariage, il étoit réſolu de ſe
rembarquer ſans achever d'arriver chez lui, afin

d'aller languir loin de l'objet pour lequel il fentoit l'amour le plus paſſioné. Le Miniſtre dont la
joye étoit extrême en apprenant les diſpoſitions
d'un homme qu'il n'étoit pas poſſible de ſoup-
çonner de fourberie, diſſimula tant qu'il put, &
ne laiſſa entrevoir qu'une légère eſpérence au
jeune homme ; après avoir fortement combatu
toutes les raiſons que celui-ci lui donnoit, &
lui avoir fait des objections très-fortes pour lui
prouver le peu d'apparence qu'il y avoit, à une
union qui paroiſſoit encore ſi peu probable. Cependant autant pour lui laiſſer la liberté de s'expliquer avec ſa fille, que pour avancer l'heure
du coucher, ils reprirent le chemin de la maiſon, où étant arrivés, le ruſé Curé prétexta avoir
à écrire une lettre de conſéquence, & faiſant des
excuſes à ſon hôte ſur ce qu'il le quittoit, il le
pria de reſter avec ſa famille juſqu'à ce qu'il
reviendroit le prendre pour le conduire dans ſa
chambre. Le mère de Mſs. Q——— fut auſſi obligée, un moment après le départ de ſon mari, de
quitter la Compagnie ; & nos amans qui ne ſe
doutoient pas qu'on faiſoit tout en leur faveur,
& qu'on vouloit leur laiſſer le loiſir d'un tête-
à-tête, attribuèrent l'un & l'autre au hazard ce
qui n'étoit que la ſuite d'un deſſein prémédité.
Quoiqu'ils ſe fuſſent déjà preſque tout dit en ſe
regardant, ils eurent, ſe trouvant ſans témoin,
la même peine à entrer en matière, que s'ils
craignoient de faire une fauſſe démarche en s'a-

vouant leur amour ; ils se regardoient, & n'osoient se parler ; leurs soupirs interprêtoient ce qu'ils auroient voulu se dire ; mais leur langue se refusoit encore à expliquer ce que leur Cœur ressentoit. A la fin le jeune étranger, rompant le silence, s'expliqua à-peu-près dans ces termes ; mes yeux vous ont déjà dit, Lady, tout ce que ma langue va vous répéter ; & tout ce que j'ai déjà dit à votre respectable père ; la Providence a sans doute des desseins sur nous ; & elle nous conduit insensiblement à ses fins, lors même que le simple hazard semble régler nos destinées ; vous dire que je ressents pour vous l'amour le plus tendre, ce n'est vous rien apprendre que vous ne sachiez déjà ; mais vous dire que si vous ne couronnez mon amour & n'acceptez la main que j'ose vous offrir avec mon cœur, vous me rendez gratuitement le plus malheureux des mortels, c'est ce que je ne puis, ni ne dois vous cacher ; l'arrêt que vous allez porter, décidera de mon sort ; s'il m'est favorable, dès demain il faut le mettre en exécution ; & si au contraire vous prononcez contre moi, dès demain aussi je mettrai à exécution celui que j'ai porté contre moi-même ; si je suis assez malheureux pour ne pas mériter un peu de sensibilité en retour de la plus vive & de la plus forte tendresse...... Vous m'embarrassez beaucoup, Monsieur, repliqua Mss. Q——, en exigeant de moi une réponse Cathégorique & précise ; vous avez dû vous appercevoir que je n'étois pas infenfible à vos vœux; & j'ai peut-être à me reprocher de vous avoir laiffé entrevoir trop tôt des fentiments que j'aurois dû vous cacher encore , & peut-être même toujours. Il y a fi peu de tems que nous nous fommes vus pour la première fois, qu'il me femble qu'un amant raifonnable doit être très-fatisfait des progrès qu'il a fait dans une feule entrevue ; ne pouvant difpofer de ma main, comme vous pouvez difpofer de la vôtre, je ne puis vous en affurer la poffeffion, parceque je ne puis en difpofer fans le confentement de mon père , aux volontés duquel je dois me foumettre entièrement ; que penferiez-vous ? & que ne penfez-vous pas même fur mon compte ? La facilité avec laquelle je vous fais connoître mes fentiments pour vous , que je vois pour la première fois, pour vous , qui, avec toutes les apparences de l'honnêteté & de la probité , pourriez être tout autre que vous ne paroiffez, pour vous, qui pouvez fi aifément m'en impofer , fur la fincérité de l'amour que vous dites avoir pour moi , pour vous en un mot, contre qui je devrois être en garde , bien loin de répondre à votre tendreffe, fi un cœur, percé d'un trait, pouvoit fe permettre des précautions...... Je fais, chère Lady, interrompit vivement l'étranger ; je fais que toutes les apparences font contre moi, mais croyez m'en ; le vrai amour fe diftingue aifément d'un amour qui n'eft que feint, un mal-honnête homme a beau fe déguifer & fur-tout en amour, il fe laiffe découvrir toujours par quelqu'endroit; il n'y a qu'à l'obferver fans prévention, & bientôt fa perfidie perce à travers les dehors les plus impofans; fon affectation même le trahit, & il n'eft rien de plus aifé que de connoître, lorfque la langue eft l'interprête fidèle du cœur ou lorf-qu'elle exprime des fentiments que le cœur dèsavoue ——. Oui, Monfieur, reprit Mfs Q——, lorfque fon père entra & rompit la converfation qui vraifemblablement feroit devenue plus intéreffante encore, & auroit achevé de porter la conviction dans le cœur de deux amans, qui ne cherchoient qu'a connoître s'ils pouvoient compter l'un fur l'autre, & fi leur tendreffe étoit auffi réelle qu'elle paroiffoit vive & animée. Il eft tems, dit le Miniftre, en entrant dans la falle, il eft tems d'aller prendre un peu de repos; vous devez être fatigué, & vous ferez bien-aife fans doute de vous coucher; auffi bien eft-il affez tard; l'inconnu fut conduit dans fon appartement; & après les compliments d'ufage, chacun fe retira pour penfer de fon côté à la fingularité de l'avanture.

Le vieux Curé y avoit déjà penfé fort férieufement; & fur les Eclairciffemens que l'étranger lui avoit donnés en particulier, il avoit déjà écrit en Ecoffe pour s'informer de l'autenticité de fa naiffance, & à Londres, pour tâcher de découvrir fi fa fortune étoit auffi réelle qu'il l'affuroit; malgré

les précautions qu'il venoit de prendre, il roûla
toute la nuit des projets qui fembloient fe détruire
l'un & l'autre; le défir d'établir fa fille avantageufement, & de profiter par contre-coup de la brillante fortune qu'il envifageoit pour elle, en lui repréfentant fon futur mariage comme affuré & immanquable, lui faifoit envifager avec plaifir l'avenir le plus heureux; mais cette idée flateufe difparoiffoit bientôt lorfqu'il fe repréfentoit le peu de
vraifemblance qu'il y avoit dans tout ce que le
jeune inconnu lui avoit confié, & encore moins
dans la paffion violente qu'il affectoit pour fa fille;
toute la nuit fe paffa dans des peplexités pareilles ; & nos deux amans ne dormirent pas plus
tranquillement chacun de leur côté. Mfs. Q——
étoit à la vérité bien affurée du confentement de
fes parens ; elle ne pouvoit pas douter qu'ils
n'aprouvaffent fa flamme ; mais elle doutoit avec
raifon comme eux , fi elle devoit s'en fier aux
apparences & s'en rapporter au témoignage d'un
homme, qui pouvoit être intéreffé à affecter pendant quelque tems, un amour qu'il ne fentoit pas,
ou qui, étant réél & fincère, n'avoit pour toute
fortune que la tendreffe, qui, quoiqu'elle foit un
précieux tréfor pour un amant, ne fuffit, pour l'ordinaire, que très-imparfaitement, pour fournir
aux charges d'un Himen, qui, prefque toujours,
devient malheureux , quand il eft fans aifence.
L'étranger étoit celui qui avoit le plus de raifon
de fe tranquilifer; mais quoiqu'il ne lui eût pas

été difficile de comprendre, que ses sentimens, qu'il avoit déclarés au vieux Ministre, l'avoient comblé de joie, & que l'amour dont-il avoit fait l'aveu à Mss. Q——, avoit été accueilli & reçu avec reconnoissance de la part de cette charmante fille, néanmoins soit désir de voir l'accomplissement de ses projets, soit crainte de les voir avorter par quelque coup imprévu, & contre toute attente, ou plus vraisemblablement, soit qu'il fut dans une véritable impatience de revoir sa chère Lady, auprès de laquelle il pouvoit désormais s'expliquer sans contrainte, & se livrer aux doux transports d'une tendresse honnête, il ne dormit presque pas, & son amante continuellement présente à son imagination, le tint dans une espèce d'insomnie, plus douce que le sommeil lui-même. Le retour du jour les aïant tous surpris au-milieu de leurs réflexions, ils se levèrent avec une égale envie de se rejoindre & d'achever de s'éclaircir. Le Ministre avoit accoutumé dans cette saison de faire une promenade aux environs de son village avant de se mettre à l'étude, & l'étranger se proposant aussi de promener en attendant que tout le monde fut levé & qu'il pût prendre congé pour revenir à Londres, ils se rencontrerent au bas de l'escallier pour sortir ensemble; il eurent l'un & l'autre une égale satisfaction de se joindre, l'un pour avoir occasion de s'éclaircir de plus en plus, & l'autre pour avoir celle de faire des instances, afin d'obtenir le main de Mss. Q——,

qu'on étoit bien éloigné de lui refufer , fuppofé
qu'il ne fut pas un impofteur & un avanturier.
La converfation roûla tout de fuite fur le fujet
qui les intéreffoit autant l'un que l'autre ; la naïveté des réponfes de l'étranger affuroit le vieux
Curé de fa probité ; & l'efpoir que celui-ci mettoit dans celles qu'il faifoit à l'étranger ne lui per-
mirent plus de douter de fon bonheur, fuppofé
que Mfs. Q——— fut auffi-bien difpofée en fa faveur que le Père paroiffoit l'être.   Ils revinrent
donc l'un & l'autre très-fatisfaits ; & après avoir
pris certains arrangements qui pouvoient paroître
comme des préparatifs éloignés du mariage projetté , l'étranger fe hâta d'en faire part à Mfs.
Q——— , qui ne put s'empêcher d'en témoigner la
joie qu'elle en reffentoit, joie qui n'étoit troublée
que par la crainte de s'être attachée à un homme
qui pouvoit ne pas être ce qu'il paroiffoit. La jour-
née fe paffa dans des amufemens innocens & dans
de petites parties qui, dans toute autre circonftance , euffent été indifférentes ; & qui dans celle-
ci étoient délicieufes ; un honnête liberté y regnoit, & en rendoit le plaifir plus piquant ; nos
deux amans, fans s'écarter ni l'un ni l'autre des
règles de la pudeur & de la bienféance, fe donnoient mutuellement de petites licences, qui dé-
notoient l'intelligence fecrette de leur cœur, &
leur faifoit goûter des délices que les amans peuvent feuls fentir, & que perfonne ne peut décrire ; fur les fix heures du foir, l'étranger prit con-

Q 5

gé de fa maîtreffe, & partit pour Londres avec
le Miniftre, comme ils en étoient convenus; les
adieux furent tendres de la part des deux amans,
qui, dans vingt quatre heures, s'étoient accoutumés
à vivre enfemble, comme s'ils euffent été élevés
dans la même maifon.

Dès que le vieux Curé fut arrivé à Londres,
il ne lui fut pas difficile de voir par lui-même la
réalité & la folidité de la fortune de Mr. K——,
(c'eft ainfi que s'appelloit le jeune étranger, qui
jufqu'à-préfent, n'avoit pas voulu déclarer fon nom,
& qui ne le dit que lorfqu'il y fut forcé pour at-
tefter à fon futur beau-père que fa fortune étoit
entièrement à lui, & qu'il pouvoit en difpofer à
fon gré). Il fe hâta d'en informer fa fille, dès le
lendemain, qui reçut en même-tems que la lettre
de fon Père, celle de fon amant, qui lui apprenoit auffi de quelle façon les chofes fe paffoient,
& l'efpoir qu'il avoit de pouvoir dans peu de
jours prendre ces derniers arrangemens pour fon
mariage. Ces deux lettres qui étoient rélatives,
firent fur le cœur de la jeune amante l'effet
qu'elles devoient y faire naturellement. Elle fe
livra à toute la joie de fon cœur, & s'empreffa
de répondre à fon amant pour lui prouver combien elle défiroit ardemment d'unir fon fort au
fien. Si la fortune pouvoit être conftante, &
rire toujours à ceux qu'elle paroit vouloir le plus
favorifer, il eft affuré que Mr. K—— & Mfs. Q——,
pouvoient fe promettre le bonheur le plus par-

fait & la félicité la plus durable. Cette belle
aurore leur préfageoit le jour le plus ferein; mais
les nuages ne devoient pas tarder à l'obfcurcir;
ces deux amans dont le bonheur avoit été fi rapide, étoient à la veille d'être menacés d'un cruel
orage, lors même qu'ils avoient tout lieu d'efpérer
des jours du calme le plus parfait.

Huit jours entiers s'étoient écoulés depuis leur
entrevuë, ou plutôt leur rencontre, qu'on peut
attribuer au feul hazard, quand on ne veut pas
faire dépendre, même les circonftances les plus
intéreffantes de notre vie, des difpofitions d'une
fage providence, à laquelle on ne peut refufer,
fans folie, de difpofer au moins des moyens, qui
doivent concourir à règler & à fixer le plus faint
de tous les engagemens; huit jours, dis-je, s'étoient
écoulés lorfque le vieux Miniftre reçut, avant de
partir de Londres, une lettre d'un de fes amis
qui lui détailloit tous les éclairciffemens qu'il lui
avoit demandés au fujet de M^r. K ——, & qui
s'accordoient parfaitement avec tout ce que celui-
ci, lui avoit dit de fa naiffance, de fon état &
de fa fortune, avant qu'il eût quité la maifon paternelle; il lui apprenoit que le père & la mère
de ce jeune homme vivoient encore dans un état
de médiocrité, qui n'altéroit cependant pas leur
vertu & leur probité; que toute leur famille étoit
établie proportionellement à la fortune & à la
condition de leurs parens; qu'il ne reftoit plus
dans la maifon qu'une feule fille à établir, qu'on

efpéroit bientôt devoir être pourvuë comme fes frères l'étoient déjà; que d'ailleurs les parens du jeune homme jouïffoient de l'eftime générale; & que tous ceux qui les connoiffoient, fe faifoient un honneur de les fréquenter & d'être de leurs amis. Enfin il ajoutoit qu'il n'avoit encore rien dit de l'avanture de Mr. K—— à fes refpectables parens; que cependant depuis deux jours il fe répendoit un bruit confus de fon retour; mais que le père & la mère aïant été fi fouvent trompés par de femblables bruits, depuis que ce cher enfant les avoit quités, qu'ils nofoient plus compter fur rien à ce fujet, & que leur tendreffe pour lui n'aïant jamais rien perdu de fa force, tous ces bruits ne fervoient qu'à renouveller la playe de leur cœur, & à les affliger auffi fenfiblement que s'ils n'euffent perdu leur fils que depuis quelques jours feulement; qu'il lui demandoit en grace de lui donner la permiffion de pouvoir donner le premier, la nouvelle pofitive du retour heureux du jeune K——, à de refpectables vieillards qui méritoient à fi jufte tître de recevoir cette confolation, que lui-même leur étant parfaitement dévoué, il fe croiroit très-heureux d'être le premier à partager leur joie & à mêler fes larmes, aux larmes de tendreffe qu'ils répendroient abondamment, par une raifon oppofée à celle qui les leur avoit fait verfer jufqu'à préfent. Le Miniftre que cette nouvelle flatoit plus que je ne puis l'exprimer, s'empreffa de la communiquer à

fon futur gendre qui la reçut avec une joie &
une fatisfaction dont il feroit difficile de déterminer le véritable motif ; fa tendreffe pour fes
parens, & fon amour pour fon amante , agiffant
dans ce moment avec une égale force fur fon
cœur, on ne peut dire fi ce cœur étoit plus agréablement affecté du plaifir d'apprendre que fes
chers parens étoient non-feulement pleins de vie,
mais qu'ils lui confervoient encore toute leur tendreffe, dont il ne pouvoit pas fe cacher de s'être
rendu indigne par un abandon fi cruel ; ou fi le
plaifir de voir par-là tous les obftacles levés, afin
de pouvoir être pour toujours à fa chère Mfs.
Q——, dominoit fur l'autre ; quoiqu'il en foit de
ce problême fi difficile à refoudre , il fe jetta
aux pieds du vieux Curé, & ferrant fes genoux,
il lui demanda avec les plus fortes inftances de
ne plus différer fon bonheur en lui accordant la
main de Mfs. Q——. Le Miniftre qui n'avoit
plus rien à défirer pour s'affurer qu'il ne feroit pas
une fauffe démarche, en donnant fa fille à un homme qui ne lui étoit plus inconnu , n'eut pas de
peine à répondre aux vœux ardents de Mr. K——.
Il crut feulement devoir lui repréfenter, qu'il
devoit différer cette union jufqu'à fon retour de
chez fes parens ; lui affurant qu'il ne pouvoit fe
difpenfer, avant tout, d'aller confoler par fa préfence les auteurs refpectables de fes jours, &
d'aller dans leur tendres embraffemens effuïer des
larmes, qu'il avoit fait couler fi imprudament,

& que pour réparer, autant qu'il étoit en lui, la faute qu'il avoit fait de difpofer de fon fort dans un tems où il ne pouvoit le faire légitimement fans leur aveu, il croyoit qu'il ne pouvoit fe difpenfer fans crime, ou aumoins fans ingratititude, de leur aller demander la permiffion de prendre un parti qui devoit décider pour toujours de fon état; ce confeil étoit fage, jufte, prudent, & il paroiffoit qu'il étoit de toute néceffité pour le jeune homme de le fuivre ; il en fentit la jufteffe & la néceffité ; mais fon amour combatit fi vivement, l'une & l'autre, que ne pouvant y foufcrire, le Miniftre fut forcé de fe rendre à un avis qui n'étoit pas de fon goût, & qu'il n'eut jamais approuvé, fi fon intérêt particulier ne lui eut perfuadé à la fin que Mr. K———, pouvant difpofer de fon fort & de fa fortune après un abfence qui fembloit l'avoir fouftrait à l'autorité paternelle, huit jours de plus ou de moins étoient peu de chofe pour des parens, qui devoient être accoutumés à la penfée affligeante d'avoir perdu un fils fans efpoir de le revoir; le Miniftre & Mr. K——— prirent donc de concert tous les moyens néceffaires, afin de confommer leur bonheur, en arrivant dans la Cure du premier ; & dès le lendemain, le jeune K———, aïant retiré tous fes effets & les aïant placés avec fûreté, il partit avec fon futur beau père pour aller porter lui-même à Mfs. Q———, l'agréable nouvelle de leur prochaine union. Avant de partir de Londres,

le Miniftre écrivit à fon ami de ne rien divulguer encore de pofitif fur l'arrivée du jeune K———.
Il lui confioit les raifons qu'il avoit pour cela,
lui permettant d'ailleurs d'appuyer par des conjectures vraifemblables, le bruit qui s'étoit répandu afin de ranimer l'efpérance d'une famille affligée à laquelle fa fille alloit s'allier, & pour les
préparer par dégrés à une nouvelle qui, étant
annoncée fans ménagement, pourroit faire un
effet oppofé à celui qu'on s'en promettroit; c'eft
ainfi que l'intérêt trouve des raifons plaufibles en
apparence pour nous aveugler, fur les devoirs les
plus facrés de la fociété.

Je ne m'arrêterai pas à décrire la joie de Mfs.
Q———; joie que toute fa famille partageoit fincèrement, en voyant arriver fon père & fon amant;
de fi loin quelle les apperçut elle ne douta plus
de la réalité de fon bonheur, & toute préoccupée
de fon amour & de fa tendreffe, la Nature qui
eft toujours plus puiffante que les fimples règles
de convention, lui faifant oublier pour un moment fon état & fon fexe, la fit fe précipiter dans
les bras de celui qu'elle avoit raifon de regarder
déjà comme fon époux: entrés dans la maifon, le
père affembla toute fa famille, lui raconta tout ce
qui fe paffoit, pendant que fa fille, plus occupée
de fa paffion que de fa fortune, prodiguoit en
préfence de fes parens, les plus tendres & les
plus innocentes careffes à un amant, qui faifoit

tous ses efforts pour lui prouver qu'il n'étoit pas
indigne de ses empressemens.

Le jour de la noce étant fixé au sur-lendemain
de leur arrivée, on s'appliqua à en faire les
préparatifs, afin de rendre cette fête charmante,
aussi célèbre qu'elle avoit été imprévue & préci-
pitée; le délai n'en étoit pas long, & malgré cela,
les deux amans se plaignoient ensemble de la
lenteur des heures; quoiqu'ils passassent presque
tous les moments de cet intervalle dans les plus
délicieux transports, néanmoins le moment qui
devoit couronner leur vertu & recevoir leur
vœux solemnels, leur paroissoit encore bien
éloigné. Heureux! si ce moment, tant désiré,
n'eût dû être suivi que des félicités qu'ils s'en
promettoient; mais il devoit mettre en deuil toute
l'assemblée qui devoit environner ces deux époux
au pied de l'autel, & jetter l'épouse dans la plus
désolante situation; en effet à peine ces vœux
sacrés furent-ils solemnellement prononcés de part
& d'autre, à peine le Ministre eût-il interprêté
les volontés du ciel, sur ce couple infortuné, à
peine en un mot leur eût-il déclaré que le Ciel,
propice à leurs veux, venoit de les ratifier, & qu'ils
pouvoient désormais satisfaire sans crime aux désirs pressants de la Nature, & se livrer au délicieux penchant de leurs cœurs; que Mr. K———
tomba à côté de sa tendre épouse, sans que
les secours les plus prompts pussent le rapeller

à

à la vie qu'il venoit de perdre ſi ſubitement.

L'excès du plaiſir, a-t-il cauſé la mort de cet
époux trop paſſionné & trop empreſſé? Ou bien
n'a-t-il expiré à côté de ſon épouſe, que par
une ſuite néceſſaire de la foibleſſe de la nature
humaine? C'eſt une queſtion que nous n'entre-
prendrons pas de diſcuter, & encore moins de
décider; ce qu'il y a de certain, c'eſt que cette
mort, en jettant dans la plus grande conſternation toute la famille du Miniſtre, aſſemblée pour
célèbrer une fête dans laquelle on s'étoit promis
le plaiſir le plus parfait, mit l'épouſe déſolée à
deux doigts du tombeau, qui depuis cette triſte
épôque traîne des jours languiſſants dont rien n'eſt
en état de rafermir la trâme qui à chaque inſtant
paroit prête à ſe rompre.

Le Miniſtre, après avoir donné les premiers
momens à ſa juſte douleur, ſatisfit aux devoirs de l'honnête homme : il écrivit à ſon ami,
& lui marqua le funeſte accident qui mettoit
toute ſa famille en deuil, il le pria de prendre
tous les moyens que ſa prudence lui ſuggére-
roit pour annoncer aux parens de Mr. K———,
une nouvelle qui devoit les jetter dans la plus
grande conſternation, malgré les biens conſidérables dont ils héritoient par la mort de leur
fils ; il le chargea de les aſſurer qu'on ne devoit pas lui imputer la faute d'avoir empêché

R

qu'ils n'euffent la confolation de l'embraffer après une fi longue & fi douloureufe abfence ; il ajoutoit qu'il avoit des pfeuves évidentes à pouvoir fournir pour fe difculper & fe juftifier d'un reproche fi odieux ; & qu'il étoit prêt à remettre tous les effets tant en meubles, argent, & obligations qui appartenoient à fon gendre, & qui n'en aïant pas difpofé avant fa mort, devoient revenir à fa famille.

J'ai eu, Monfieur, la fatisfaction de voir combattre en générofité les deux pères de ces infortunés époux ; l'un vouloit rendre jufques aux plus petits effets appartenants au défunt, & l'autre en reprenant une partie de ces effets, vouloit que celui-ci en acceptât, en dédommagement des frais qu'il avoit dû néceffairement faire pour mener cette affaire au point où elle étoit ; cette généreufe difpute n'auroit rien de merveilleux fi les deux familles euffent été à leur aife, & euffent pû fe paffer d'un héritage de cette nature ; mais j'ai eu l'honneur de vous dire quelle étoit la médiocrité de leurs fortunes ; ainfi après des débats très-longs, & que les amis communs eurent bien de la peine à terminer, la jeune veuve fut contrainte d'accepter une penfion viagère de cent livres ; & outre tous les préfens de Noce que fon époux lui avoit fait, fon beau père voulut qu'elle acceptât encore une bourfe avec mille livres. C'eft ainfi que fe ter-

mina cette fcène intéreffante à tant d'égards ; &
dans laquelle, le hazard, la générofité, la probité, la tendreffe, la joie, & la douleur même,
après avoir joué tour-à-tour le premier rôle, con-
traftent fi agréablement, que l'enfemble du tableau que ces différentes paffions forment, en
donnant une jufte idée du cœur humain, démontre que la vertu n'eft pas incompatible avec
les intérêts les plus chers, quoiqu'en apparence
les plus contraires ; & que s'il en arrive autre-
ment fi fouvent, c'eft à la perverfité particulière
de ceux qui en donnent l'exemple qu'on doit
s'en prendre, & non à la nature de l'homme en
général, qui, par le fecours de la raifon que le
Créateur lui a donné en partage, peut quand
il le veut, donner des exemples d'une vertu,
qu'on eft forcé de traiter d'héroïque, parce que
rarement on trouve des hommes qui veuillent
dans leurs actions, écouter la voix de la Nature,
qui leur crie de faire le bien , & de fuir l'iniquité.

Nous avons cru cette piéce affez intéreffante
pour trouver place dans un recueil où nous nous
fommes propofés de faire contrafter l'amour vi-
cieux, avec l'amour vertueux ; afin que celui-ci,
par l'avantage qu'il retire du parallèle, pren-
ne, s'il eft poffible, une telle fupériorité fur fon
rival, que l'autre foit forcé de lui céder la
place : place qu'à la honte de l'humanité, l'a-

mour impudique, occupe généralement aujourd'hui dans presque tous les cœurs.

F I N.

TABLE
DES
CHAPITRES.

Fin de la Table des Chapitres.

Suit le Précis de la Vie de M.ᵈ la Comtesse
du Barry.

MADAME LA COMTESSE
DU BARRY.

PRÉCIS HISTORIQUE

DE LA VIE

De MAD. la COMTESSE

DU BARRY,

AVEC SON PORTRAIT.

PARIS 1774.

PRÉCIS HISTORIQUE DE LA VIE DE MADAME LA COMTESSE DU BARRY.

QUOIQU'ON ne donne au Public la Vie de ceux qu'on juge dignes d'avoir place dans les fastes de l'Histoire, qu'après leur mort, il n'est pas sans exemple, qu'on ait quelquefois anticipé ce moment, pour donner un précis de la vie de certaines personnes fameuses, qui par le grand rôle qu'elles jouoient dans le monde, piquoient à plusieurs égards la curiosité publique, & intéressoient par leurs qualités extraordinaires dans le bon, comme dans le mauvais. Outre ce motif général dont nous avons cru pouvoir faire l'application à M.^d la Comtesse *Du Barry*, nous nous sommes d'autant plus facilement déterminés à faire un présent au Public du *Précis* de sa vie, avant que la mort en ait tranché le fil, que par sa disgrace étant forcée d'en trainer les misérables restes dans l'obscurité d'un cloître, nous la considérons dès-à-présent comme absolument morte au monde ; & par conféquent comme aïant terminé par raport à nous, autant que par raport à elle - même, fa brillante carrière ; ne pouvant plus par cette raifon, attendre une fuite de faits analo- gues à la partie de fon Hiftoire qui feule peut intéreffer l'Europe, nous nous fommes empreffés de rendre publics ceux que nous croyons porter avec eux ce caractère de vérité, qui feul fait tout le mérite d'une Hiftoire, & qui doit faire la loi à l'Hiftorien : fi dans la fuite de fa vie fes actions peuvent être intéreffantes, ce ne peut être que par raport au peuple dévot ou bigot, & ce fera auffi à quelque Hiftorien Eccléfiaftique, s'il y a lieu, à faire l'Hiftoire de cette feconde partie de fa vie, à augmenter le grand nombre des *Légen- des*, & à fournir à Rome les mémoires de fa Ca- nonifation. L'efficacité de la grace qui fit de Mag- delaine une illuftre pénitente, pourroit faire de M.^d *Du Barry* une fainte à Miracles ; & l'Abaïe du pont-aux-Dames, pourroit bien devenir dans la fuite, un pélérinage auffi fameux, que la St.^e Beau- me près de Marfeille. (*a*) Quoique dans l'ordre phifique un peu de mauvais levain fuffife pour corrompre une grande quantité de pâte, & qu'un

---

(*a*) On voit dans le creux d'un rocher près de Marfeille, une grotte que la fuperftition fait prendre encore aujourd'hui pour le lieu où Magdelaine fe retira, après la mort du Sauveur, avec le Lazare & Marth fa Sœur, pour y confommer fa péni- tence. Ce lieu appellé la Ste. Beaume eft un pélérinage fameux.

feul peftiféré puiffe porter la contagion dans tout
un païs, nous efpérons que dans l'ordre moral,
la pâte purifiera le levain, & que les perfonnes
faines redonneront la fanté au peftiféré; fi cela
ne devoit pas être de même, Louïs XVI. qui fait
déjà l'admiration de l'Europe, & qui eft l'idole
des François, ne donneroit pas une grande idée
de fa prudence & de fa religion, en forçant les
chaftes Epoufes du Seigneur, à recevoir parmi elles
l'Epoufe de Mr. *Du Barry*, dont la conduite & les
fentiments doivent ce femble, faire un contrafte
dangereux avec la vie auftère & innocente de
ces Stes. réclufes.

Les conjectures hafardées fur la façon dont il
y a ordre de traiter cette amante défolée dans
fon exil, auffi bien que les différents bruits qui
ont couru fur celle dont le miniftère actuel fe
comportoit à l'égard des biens qu'elle a acquis
pendant fa faveur, & de ceux qu'elle a fait acquérir à la famille dans laquelle elle s'eft naturalifée
par fon mariage avec Mr. *Du Barry*, ont redoublé
la curiofité du Public pour la voir au jufte ce qu'elle
étoit avant de parvenir à l'honneur de *Maîtreffe* de
Louïs XV. Pendant le vivant de ce Mona que
il eût été dangereux en France, de pouffer fes recherches trop loin, & quoique l'on prétendit être
affez inftruit à ce fujet, le rifque que l'on eut couru
à approfondir les indices qu'on avoit, ne permettoit pas de parvenir à des éclairciffements fuffifants, pour n'avoir plus aucun doute fur fon ori-

gine & fur fon état primitif; rien ne prouve plus, qu'on n'avoit aucune connoiffance exacte de la vérité à fon égard , que les différents raports qu'on a fait fur fon compte; à peine trouve-t-on deux perfonnes qui s'accordent fur les circonftances effentielles de fon origine; & encore aujourd'hui on n'a pu parvenir à découvrir la vérité, quoique par la mort du Roi de France, & la difgrace éclatante qu'elle a effuyé dès les premiers moments du regne de Louïs XVI. il ait été permis aux curieux de raprocher toutes les circonftances qui regardent cette femme célèbre, & de remonter à la fource pour fe fatisfaire fur un point auffi intéreffant. La faveur extraordinaire dont elle a jouï, & les honneurs qu'on étoit obligé de lui rendre à la plus brillante Cour de l'Europe , juftifient affez la curiofité qu'on a de favoir, fi ces grands avantages qu'elle y avoit, étoient dus en partie ou à fa naiffance, ou du moins à fon mérite perfonnel , ou bien fi elle n'en étoit redevable qu'aux charmes de fa perfonne, & au caprice de l'amour; fi l'on peut appeller amour, dans le feu Roi, une paffion ufée & affoiblie par la trop grande quantité des aliments variés qu'on lui fourniffoit pour l'entretenir & la ranimer.

Nous ne nous engageons pas à garantir à la rigueur, la vérité du peu d'anecdotes que nous avons recueillies, & qui font la matière de ce précis hiftorique. M^d *Du Barry*, avant fon avancement à la Cour, a vêcu dans une efpèce d'obfcurité qui n'étoit guère propre à engager à faire faire des mémoires fur les commencements de fon entrée dans la carrière des galanteries ; confondue avec la foule, on verra que le hafard feul l'y a faite appercevoir, & que ce même hazard l'en a retirée ; mais nous proteftons, que ce que nous avons à dire à fon fujet, eft parfaitement d'accord avec la vraifemblance , ou plutôt, que tous les faits que nous allons détailler, ont une certitude au moins morale, aïant rejetté abfolument tous ceux qui ne nous ont pas paru avoir cet avantage, & dont nous aurions pu groffir ce volume, fi nous avions voulu courir le rifque de raconter des fables. Si malgré le foin que nous nous fommes donnés pour éviter cet inconvénient, nous y fommes tombés dans quelques endroits de notre Hiftoire, nous proteftons que ce n'eft ni par méchanceté, ni par un efprit de détraction, ni en un mot par aucun de ces motifs indignes, qui trop fouvent font prendre la plume à des efprits cauftiques & mordants.

Il eft plufieurs maifons illuftres, qui par l'antiquité de leur origine font dans l'impoffibilité d'en affigner la véritable époque, parce qu'elle remonte jufques dans les tems les plus reculés ; cette efpèce d'obfcurité en fait précifément le véritable luftre, nous ne penfons pas que M^d la Comteffe *Du Barry* foit dans ce cas, par raport à l'origine de fa maifon, ce qui nous confirme dans cette idée, c'eft que les maifons illuftres qui font dans l'impoſſibilité d'aſſigner le tems auquel ont vêcu leurs premiers Fondateurs, peuvent par une filiation non-interrompue, remonter juſqu'à un terme poſitif qui fixe l'époque aſſurée du corps de leur arbre généalogique, au-lieu que M^d *Du Barry* ne peut pas ſeulement donner la généalogie de ſon ayeul ; on aſſure même que celle de ſes Père & Mère eſt aſſez obſcure & très-peu connue. Quoiqu'il en ſoit, on s'accorde aſſez généralement à lui donner pour Père, un *Révérend Père Capucin*, nommé Frère *Ange*, & pour Mère une fille qui ſervoit dans une grande maiſon en qualité de *Cuiſinière* ; quelques-uns en lui donnant la même Mère, lui donnent un homme de diſtinction pour Père : ces deux ſentiments ne renferment ni contradiction ni impoſſibilité ; on peut adopter l'un ou l'autre, ſans choquer la vraiſemblance ; un Frère *Quêteur* peut aiſément gagner les bonnes graces d'une jeune Cuiſinière dans une bonne maiſon, où ſon employ lui donne les entrées libres ; un Père directeur le peut encore plus aiſément, par l'accès qu'il a dans une famille, dont il dirige les conſciences, & ceux qui vivent dans les païs où l'on eſt encore aſſez imbécille que de fournir à la nourriture & aux plaiſirs des Moines, ſavent combien il eſt aiſé à ſes Fainéants hipocrites, d'avoir des intrigues de cette eſpèce ; heureuſes les maiſons ! qui n'ont à ſe plaindre de leur incontinence, que par les ravages qu'elle fait parmi leurs filles de service ; mais pour l'ordinaire ces Messieurs portent leurs vues un peu plus haut.   Il n'y a rien que de très - ordinaire dans les alliances clandestines d'un homme de la première condition avec sa servante; ce sont des petits larcins faits à une épouse, & dont on ne se fait pas un grand scrupule ; dans plusieurs ce n'est qu'un rendu ; ainsi tout bien considéré, on doit conclure, que la naissance de M.^d *Du Barry* n'étoit pas légale., & que les premières années de son âge, ont dû se passer dans une obscurité impénétrable. (*b*) En suivant l'opinion qui la fait naitre d'un Capucin, non com-

---

(*b*) Il y a un troizième sentiment qui donne pour Père à M.^d *Du Barry*, un *Picpuce* nommé Père *Ange*, Religieux du tiers Ordre de St. François, & desservant une petite paroisse de campagne en *Brie* : on peut voir ce que le Gazetier Cuirassé dit à cette occasion p. 51. dans la (58) Note. Outre que l'autorité de cet Auteur ne paroît pas des plus respectables, l'espèce de contradiction que ce sentiment renferme par raport à l'éducation de M.^d *Du Barry* jusqu'à l'âge de dix ans dans la maison paternelle, nous le rend plus que suspect : un Moine ni tout autre Ecclésiastique, ne peuvent pas élever impunément sous les yeux de leurs paroissiens, & à la barbe de l'Evêque, le fruit de leur incontinence; on sait assez ce que produisent dans ce cas les plaintes des paroissiens; & la sentence de l'officialité qui en est la suite, est pour l'ordinaire trop rigoureuse, pour que les incontinents Ecclésiastiques ne prennent pas de précautions afin de s'y soustraire. Que ce soit d'ailleurs, un *Picpuce*, ou un *Capucin*, qui soit père de M.^d *Du Barry*, c'est toujours un Moine de l'Ordre de St. François, & la différence est d'aussi peu de conséquence, que celle qui se trouve entre *la Tulipe*, grenadier

me la plus probable en elle-même, mais comme la plus généralement adoptée, on peut alors très-facilement lui faire une généalogie bien plus noble & plus glorieuse, que ne pourroit être pour elle, celle que d'*Ausier* lui fourniroit en payant comme à tant d'autres ; puisqu'alors en remontant de père en fils jusques vers le douzième siècle, elle pourroit sans craindre de se tromper, indiquer *François d'Assise*, surnommé le *Séraphique*, pour son premier ayeul. Combien de familles en France qui se glorifient d'une origine très-ancien-

---

dans la première compagnie du Régiment de Champagne, & *la Tulipe*, grenadier dans la seconde compagnie du même régiment. C'est toujours *la Tulipe*, grenadier de Champagne, comme c'est *Père Ange*, religieux de *St. François*.

Le Larcin fait de cette enfant par une coureuse, n'a pas plus de vraisemblance ; un enfant chéri & caressé par ses parens à l'âge de dix ans, ne se laisse pas enlever par force par une seule femme ; à cet âge il a trop de discernement pour quiter une maison où il ne lui manque rien, & pour suivre une avanturière, uniquement pour le plaisir de courir ; puisque l'esprit de libertinage ne peut pas encore porter à cet âge une fille à se soustraire à l'autorité paternelle pour satisfaire son penchant. La *Brie* d'ailleurs n'est pas si éloignée de Paris, pour qu'il n'eut été très-aisé à Père *Ange*, ou à sa Cuisinière, si le religieux n'avoit pas voulu paroître, de retrouver cette petite fille *courant sous les lenternes de Paris*, & de la ramener en *Brie*. La satire est piquante, & le *Gazetier Cuirassé* s'est plus attaché à y mettre du sel, que de la vraisemblance ; c'est le défaut général de tout son petit ouvrage ; mais sans doute que quand il l'a donné, il n'a pas prétendu qu'on l'en crut sur sa parole.

ne, ne peuvent pas compter six siècles d’ancienneté ! combien y en a - t - il même qui seroient
bien plus orgueilleuses qu’elles ne le font encore de leur antiquité, si elles pouvoient remonter clairement & sans contradiction jusqu’au quinzième siècle !

Il y a apparence en adoptant le sistême qui
donne *Frère Ange* pour père à M^d. *Du Barry*, que
sa première Education a dû se former dans la
maison des *Enfans Trouvés*, & que ses parens durent être dans la nécessité de prendre le parti de
confier ce précieux fruit de leur amour, à l’admi-
nistration publique, ne pouvant pas eux - mêmes
par une infinité de raisons, l’élever sous leurs yeux,
& prendre soin de son Enfance. Renfermée peu
d’heures après sa naissance dans cette maison de
charité, confondue avec un nombre presqu’innombrable d’autres créatures, dont la plupart
quoique avoués par la nature, portent à jamais,
comme la fille de *Frère Ange*, la tache honteuse
de leur origine incertaine, reléguée en un mot
dans l’obscurité d’un hôpital, il nous est impossi-
ble d’avoir rien de certain sur les premières années de son âge, & nous sommes obligés de passer tout d’un coup à sa quinzième année ou environ, qu’elle commence à paroître dans les rues
de Paris, sans savoir exactement ni d’où elle sort,
ni d’où elle vient, ni enfin ce qu’elle a fait jusques - là.

Avec beaucoup de jeunesse & un joli minois,

une fillette ne court pas rifque de refter long-
tems fur le pavé de Paris, & de s'y trouver expofée à la honteufe néceffité d'importuner la charité des paffans ; elle eft affurée d'être bientôt recueillie par quelque perfonne charitable qui fe fait
un plaifir de la recevoir, & de faire en fa faveur
quelque petite dépenfe en avance, étant bien
affurée de n'être pas long-tems à s'en payer avec
ufure, en vendant bien cher la vertu de celle en
faveur de laquelle elle s'eft fentie émue de compaffion ; combien de feigneurs n'ont-ils pas à leurs
gages de ces fortes de perfonnes, qui font continuellement aux aguets pour pouvoir leur procurer des jeunes tendrons qui ayent au moins en
apparence tout le mérite de l'innocence.

Il ne nous a pas été poffible de découvrir par
qui ni comment la petite échapée des enfans trouvés fut recueillie, ni quel fut l'heureux mortel
qui eut l'honneur d'être le premier gendre de
Frère Ange, nous favons en général, que les premières amours de M^d. *Du Barry* ont été très-ob-
fcures, peu conftantes, & qu'après avoir fait fes
premiers exercices dans les baffes claffes, elle ne
parut avec quelque efpèce d'éclat dans le monde,
que lorfqu'elle entra chez une faifeufe de modes
en qualité de fille de boutique ; on entend aujour-
d'hui ce que cela veut dire : avant d'entrer chez
la maîtreffe de boutique, on affure qu'elle couroit
Paris avec un petit pannier fous le bras, allant
de porte en porte pour tâcher de vendre des pe-

tites bagatelles de *quinquaillerie* qui faifoient tout fon fonds. Ces commencemens ne pronofti-quent certainement pas fa grandeur future, & il **y** a trop de diftance d'un Hôpital au Palais d'un Roi de France, pour que *Noftradamus*, lui-même, eût pu faire une centurie qui prédifit à la fille d'un pauvre *Frère Capucin*, qu'après avoir été élevée dans le premier de ces endroits, & avoir été prife & fucceflivement abandonnée par quantité de jeunes' gens, trop inconftants pour pouvoir fe fixer, le fils-aîné de l'Eglife la recevroit dans fa Cour pour en faire fa dernière maîtreffe en titre.

Nous arrivons enfin à l'époque de la vie de M^d. *du Barry*, où nous pouvons marcher à la lueur du flambeau de la vérité, les épaiffes ténèbres ré-pandues fur les dix-huit premières années de fa vie, commencent à fe diffiper, ce ne font plus des conjectures probables que nous hafardons, ce font des faits conftants que nous allons détailler, ici tout concourt à nous inftruire fur fon compte, parce qu'elle paroit enfin avec une efpèce d'intri-gue fuivie, qui commence à faire un certain bruit dans le monde. Mr. de *la Vauvenardière*, homme de condition, devenu l'amant en titre de notre Hé-roïne, nous la fait connoître fous le nom de *l'Ange* de *la Vauvenardière*, & nous donne par là le moyen de la fuivre pas à pas jufques dans fon exil, où elle pleure actuellement la perte de fon amant, par un motif bien différent peut-être, que celui qui fait pleurer à la France la mort d'un Monarque *bien-aimé* malgré fes grandes foibleffes, & qui n'avoit d'autre défaut, que d'aimer le plaifir, & de s'y livrer avec trop peu de referve.

Ce feroit ici le lieu fans doute d'ébaucher fon portrait, mais tout ce que nous pourrions dire, n'aprocheroit jamais autant de la vérité, que ceux que l'on a peint d'après nature; l'eftampe fidelle que nous avons mis à la tête de cet abrégé de fon hiftoire, la repréfentera plus naturellement que nous ne pourrions faire à ceux qui n'ont pas eu le bonheur de la voir, ceux qui ont eu cet avantage, n'ont que faire fans doute, que nous leur retracions l'image d'une beauté agréable, qui doit avoir fait une affez vive impreffion dans leur ame, pour n'être pas effacée de leur mémoire.

Mr. de *la Vauvenardière* devenu éperduement amoureux de la jeune faifeufe de modes, ne négligea rien pendant quelque tems pour captiver fon cœur; ce cœur naturellement fenfible, & qui jufques-là n'avoit eu que des attachements momentanés, ne fut pas révèche, & fe laiffa aller au doux penchant qui l'entrainoit vers une intrigue fuivie; la vanité peut-être fe mettant un peu de la partie, rendit au gentilhomme fa conquête affez aifée, beaucoup d'amour, une affiduité conftante, & quelques dépenfes faites à propos, la lui affurèrent pendant tout le tems que fon goût fe foutint,

& que le plaifir de la nouveauté alimenta fon amour ; il eft à préfumer, que fa maîtreffe avoit quelque connoiffance de fon origine, & qu'elle favoit à qui elle étoit redevable de fa naiffance, puifqu'elle portoit déjà de ce tems-là, le Nom d'*Ange*, comme étant fon véritable Nom de famille ; ce qui donna lieu à cette heureufe allufion qui la fit appeller pendant quelque tems, l'*Ange de la Vauvenardière* ; on peut raifonnablement conjecturer, que le *Frère Capucin* par un effet de tendreffe bien naturelle à un père, dans la dure néceffité de faire élever fon enfant hors de fa maifon, où la bienféance ne lui permettoit pas de la retenir, ne l'avoit jamais perdue de vuë ; que quand elle fut en état de fentir un retour de tendreffe pour les auteurs de fes jours, il lui confia le fecret de fa naiffance, & que par un effet naturel de l'attachement qu'on a pour fon véritable nom, elle ne voulut pas en prendre d'autre que celui de fon Père.

La Vauvenardière entretint fon petit *Ange* pendant quelque tems ; il eut pour cette jolie fille tout l'amour & toute la tendreffe que fa belle figure étoit en état d'infpirer ; mais enfin, foit inconftance affez ordinaire à ceux qui n'aiment uniquement que pour leur plaifir, foit que le petit Ange manquat à la fin de fidélité, & que l'uniformité du plaifir l'ennuïat, foit qu'elle n'eut en fa faveur que la gentilleffe de fa perfonne, & l'agrément des charmes de fa figure, foit enfin parce qu'elle n'avoit pas été auffi avantagée du côté des agrémens de l'efprit, que de ceux de la beauté, cette belle union fe rompit, & l'amant en abandonnant fon amante, pour quelque motif qu'il feroit difficile d'indiquer pofitivement, lui rendit fa première liberté, & récouvra la fienne.

Redevenue maîtreffe de fa perfonne, & pouvant difpofer à fon gré de fon fort, façonnée d'ailleurs par la fréquentation qu'elle venoit d'avoir avec un amant qui étoit en état de lui donner des belles leçons de galanterie, fi elle eut été en état d'en profiter, elle reparut fur la fçéne comme une perfonne qui cherche à fe placer, & à tirer parti des charmes qui pouvoient encore lui faire efpérer de n'être pas long-tems fans trouver de chalant; mais le tems marqué par la providence n'étoit pas encore venu, & il fallut fe rétrancher à des complaifances paffagères, qui quoiqu'affez bien payées, ne peuvent pas fatisfaire un cœur qui a déjà goûté ce doux plaifir de n'être qu'à un: les défagréments inféparables de la Banalité des faveurs, & le mépris qui en eft toujours la fuite, rendant la fituation d'une fille publique des plus défagréables, lors qu'après la perte d'un amant elle fe trouve affez d'attraits pour être digne de former une nouvelle intrigue; quoique la jeune l'*Ange* fe trouvat dans ce cas; force lui fut de n'être pas cruelle envers ceux qui fe préfentoient, même avec l'intention de ne s'attacher à elle que pour quelques moments.

Après

Après avoir paffé de main en main, le hazard la fit enfin tomber dans celles du Comte *Du Barry*, qui cherchoit depuis quelques années fur le Pavé de Paris, à fe rendre la fortune plus propice qu'elle ne lui étoit dans la Province ; & qui pour cela ne négligeoit aucun des moyens qu'un *Gafcon*, qui a de l'efprit & des talents, met quelquefois en œuvre avec quelque fuccès, mais que *Du Barry* avoit jufques là infructueufement employés, quoiqu'il joignit à l'avantage d'être originaire & affez récemment parti d'une province, dont les naturels paffent pour avoir de grandes reffources, celui d'avoir un efprit affez cultivé & des manières très-engageantes : le rolle intéreffant qu'il joue dans la fcéne que je crayone, m'autorife fans-doute à faire une pétite digreffion à fon fujet, & je croirois manquer à l'exactitude de l'hiftoire, fi je ne le faifois connoître à fonds ; peu de perfonnes font peut-être auffi bien inftruites que moi de fa naiffance, de l'origine de fa nobleffe, de fa fortune, & en un mot de tout ce qui regarde fon hiftoire jufqu'au moment de fa brillante fortune ; j'ai entendu fi fouvent faire des bévues fur fon compte, que je fuis bien-aife de défabufer le public à ce fujet (c). Mr. *Du Barri* eft natif de *Levignac* petite ville de *Guienne* à trois lieues de Touloufe, & à deux de

---

(c) On ne fait pas pourquoi il a défiguré fon nom, il s'écrit *du Barri*, & non *du Barry*.

l'*Isle Jourdain* ; ses parens jouïssent depuis assez long-tems du titre de *Nobles*, ou comme l'on dit de *Gentilshommes*, & quoiqu'ils ne soient pas de la première ancienneté, & que leur noblesse ne provienne que du *Capitoulat de Toulouse* (*d*), ils passent cependant aujourd'hui sans contradiction pour être du second rang parmi la nombreuse noblesse de cette grande province. En qualité d'aîné il a succédé aux biens de ses parents, à la charge par lui de payer des légitimes proportionnées à la totalité de la fortune, à ses cadets selon l'usage des gens de condition de cette province. Sa fortune étant passablement honnête pour le païs, sans être brillante, elle le mit à même d'épouser une Demoiselle de condition, & dont la dot étoit proportionnée aux biens dont il étoit héritier. Son goût pour la dépense fut toujours excessif, & sa famille grandissant peu-à-peu, ses petits revenus devenant insuffisants pour

____

(*d*) Le *Capitoulat* à Toulouse n'est autre chose que la charge d'Echevin par tout ailleurs, ceux qui sont nommés par le Roi à ce poste honorable qui répond en quelque façon à celui de *Consul de Rome*, acquièrent la noblesse pour eux & pour leurs descendans à perpétuité. On en nomme huit chaque année, & il faut être Bourgeois de Toulouse pour pouvoir y prétendre. Qu'on juge à présent s'il est difficile de trouver des Nobles aux environs de Toulouse. Quoique le Roi nomme au *Capitoulat*, il faut l'acheter fort cher. Pendant long-tems M^d. de Pompadour a eu ce petit département.

continuer le train trop fort qu'il ménoit dès le commencement de son mariage, ne pouvant d'ailleurs se réduire à le diminuer aux yeux de toutes ses connoissances & de ses amis, pour se soustraire à cette espèce d'humiliation, il fit une petite bourse, & quita la Province pour aller dans la capitale du Royaume ensévellir sa honte, ou relever, s'il étoit possible, sa gloire. Comme ses principes n'ont jamais été des meilleurs, & que son goût pour la philosophie moderne a paru toujours décidé, il se mit peu en peine dans le choix des moyens qu'il employa pour parvenir à son but; il sentit la nécessité, arrivant à Paris, d'avoir des amis pour faciliter la réussite de ses projets, il chercha à s'en faire; mais n'aïant pas de l'argent à dépenser pour en acquérir de bons, & n'aïant que beaucoup de cet esprit volatille & léger, qui ne produit dans la grand monde qu'autant qu'on peut s'y soutenir avec un certain faste, il vit bientôt que les bonnes maisons lui furent fermées, & que la seule ressource qui lui restoit, étoit de se lier avec quantité d'autres personnes, qui comme lui, avoient inutilement tenté fortune, n'étant soutenus que par ce que l'on appelle assez mal-à-propos *mérite*. Il trouva dans cette classe d'hommes des gens souples, déliés & plus fins que lui; il étoit naturel qu'il en fut la *Dupe*, il la fut effectivement; son petit thrésor fut bientôt dissipé, & dans peu de jours il ne lui en resta que le malheureux avantage d'avoir appris à savoir faire des

dupes à son tour. Il avoit trop de bonnes dispositions naturelles, pour que cet apprentissage lui
coutat beaucoup de tems, & il se trouvoit dans
une trop grande extrêmité, pour ne pas saisir la
première occasion qui se présenta pour faire son
chef-d'œuvre, afin de mériter les lettres de *Mai-
trise*. La ressource de filouter au jeu le soutint
pendant quelques mois dans une honnête médiocrité; mais soit qu'il eût des meilleures occasions,
soit qu'il devint plus aguerri & plus adroit, il parut se relever avec avantage de la perte qu'il
avoit fait peu de jours après son arrivée; si l'argent volé au jeu pouvoit être un profit réel, &
qu'un joueur put n'en être pas prodigue, il est
certain, que *Du Barry* auroit en partie rempli les
vues qu'il avoit en allant à Paris; mais un faux
joueur qui n'a que le seul défaut d'être fripon, est
un Phénomène aussi rare qu'une femme coquête
& vertueuse tout ensemble. *Du Barry* n'étoit pas
fait pour faire exception à la règle générale, & le
revenu qu'il se faisoit par sa dextérité à bien mêler
un jeu de cartes, lui donnoit de quoi fournir aux
dépenses exorbitantes qu'il faisoit dans les *Tripots*
avec les femmes qui en sont les fermes soutiens.
Parties de plaisir, spectacles, lieux publics, & en
un mot tous les endroits consacrés à la plus infame & à la plus crapuleuse débauche, étoient
régulièrement fréquentés par *Du Barry*. C'est
dans un de ces derniers lieux qu'il vit la l'*Ange*,
& qu'il fit connoissance avec elle; leurs inclina-

tions fe trouvèrent fi reffemblantes, qu’il ne leur fallut pas beaucoup de tems pour s’accorder, & le marché étant fans-doute bientôt conclu, ils durent en venir tout de fuite à l’exécution, comme il eft d’ufage dans de pareilles rencontres. *Du Barry* ne la vit alors que comme il voyoit fes femblables, mais la trouvant plus jolie, & par conféquent plus propre à fes plaifirs, il fe fixa à elle pendant quelques jours, il en fit l’objet de fa prédilection, & ne négligea rien pour fe l’attacher, il y réuffit par fes libéralités, & l’union devint affez parfaite. Cependant le dégoût & la fatiété, fuites ordinaires & infaillibles d’une jouïffance trop aifée, quand elle ne tombe que fur un beau bufte, s’emparèrent de *Du Barry* ; fa maîtreffe n’aïant que les charmes de fa figure, & manquant abfolument de cet efprit, qui feul peut enchainer un homme à qui il faut autre chofe qu’une maffe de chair bien proportionnée pour le fatisfaire, quand il a affouvi fa paffion, fentit la fin de fon règne approcher, elle la fentit, & ne s’en allarma pas, elle étoit déjà accoutumée à ces fortes de révers, & elle s’en étoit fait une efpèce d’habitude ; cependant autant par compaffion pour elle , que pour fe faire une recommandation auprès d’une efpèce de *Grand du monde*, *Du Barry* ne rompit ouvertement qu’après s’être donné un fucceffeur qui put le remplacer à tous égards: cette reconnoiffance ou cette humanité de fa part, eft fans-doute digne de nos éloges, s’il n’a eu en vuë que le bien particulier de la l'*Ange*, fi dans ce procédé honnête il n'a pas confulté fon avantage perfonnel ; & que ce ne foit pas plutôt un trafic qu'il fit de fa maîtreffe, qu'une conceffion pure & fimple : nous devons cependant avouer, que la fuite de la conduite qu'il a tenu avec elle, ne préjuge pas en faveur de fon défintéreffement. Quoiqu'il en foit il jetta les yeux fur M^r. de *St. Foix*, pour lui céder fes reftes & ceux de tant d'autres : M^r. de *St. Foix* étoit une efpèce de fous-miniftre au département des affaires étrangères, ou pour parler correctement, un des premiers commis à ce bureau ; il n'eft pas befoin de dire combien cette engeance d'hommes eft habile à favoir rendre le *tour du baton* profitable dans ces poftes lucratifs, dont les appointements font toujours très-confidérables, & prefque toujours bien au-deffus du mérite de ceux qui les rempliffent : on fait que, malgré l'orgueil & l'impertinence qu'ils font paroître vis-à-vis des gens refpectables, qui font affez malheureux que d'avoir à faire à eux, & d'aller mendier mille fois une audience que bien fouvent ils n'obtiennent jamais, on fait dis-je, que dans les lieux de débauche, ils ont la bonté de s'humanifer, & de traiter de pair à compagnon des perfonnes, que partout ailleurs ils regardent avec un dédain infultant ; c'étoit dans un de ces endroits que *Du Barry* avoit eu l'honneur de faire connoiffance avec ce *Créfus*, & c'eft auffi là qu'il lui propofa fon ancienne maîtreffe, dont il lui exalta les charmes ; le moment pour l'entrevue fut pris, & dès le lendemain au foir la l'*Ange* vit fon nouvel amant, & reçut les preuves de fa tendreffe en même tems que celles de fa libéralité. M_r. de *St. Foix* qui avoit de l'efprit autant que *Du Barry*, & qui penfoit à peu près comme lui fur l'article de la galanterie, vit bientôt avec le même œil que fon ceffionnaire, la belle l'*Ange* ; il fe dégouta de fes charmes, après en avoir jouï quelques jours, prit fon congé & rendit à *Du Barry*, le dépot dont celui-ci avoit prétendu le gratifier. Ne pouvant s'attacher à un *Ange* fans efprit, il fut bien-aife que *Du Barry* voulut la reprendre au même prix qu'il l'avoit cédée.

Du Barry qui a toujours eu un fonds de caractère affez humain & affez compatiffant, voyant fa maîtreffe abandonnée & comme fans efpoir de trouver quelqu'autre amant affez généreux, ou affez amoureux de fa figure pour fournir honorablement à fon entretien, la reprit fur fon compte plus par compaffion, que par toute autre vuë. Son efprit fertile en reffources lui en avoit tout récenment fuggéré une, de laquelle il fe promettoit de grands avantages ; le hazard fit réuffir fes vuës ambitieufes ; mais fa fortune ne vint pas du côté d'où il l'attendoit.

Peu content d'aller courir les *Tripots* de la Ville, pour y dévalifer les jeunes étourdis qui avoient l'imprudence d'y jouer ; il crut devoir augmenter le revenu qu'il fe faifoit de fes filouteries, par le profit immenfe des cartes, qui revient à ceux qui veulent bien prêter leur maifon pour fervir de rendez-vous à tous les fripons joueurs; on fent bien qu'un maître de *Tripot* ne fournit pas à ces Meffieurs, des cartes, du feu, de la lumière, des Canapets, des lits, des rafraichiffe-ments, des foupers, & en un mot des filles ou des femmes pour le feul plaifir de les obliger; on trouve de tout cela à la vérité dans ces *Coupe-gorges*, mais on le paye bien plus cher que par-tout ailleurs; & fi l'entreprenneur ne gagne pas deux ou trois Capitaux, il ne peut pas fe tirer d'affaires, encore malgré cela, la plupart finiff-fent-ils cet honorable commerce, par une *banque-route*, qui fe fait ordinairement fans donner de *Bilan*. *Du Barry* avoit depuis peu affiché fa maifon, ou plutôt fon appartement, pour l'offrir au Public fur le pied de maifon à jouer &c. &c. &c. & comme il n'avoit pas de femme pour en faire les honneurs, il fe détermina de prendre la l'*Ange* pour remplir ce pofte intéreffant. La l'*Ange* n'avoit qu'une des qualités qu'il faut à une maîtreffe de logis dans ces circonftances, c'eft-à-dire, qu'elle n'étoit que jolie; cet avan-tage fans-doute eft grand pour attirer la foule, mais quand il n'eft pas accompagné de foupleffe dans l'efprit, de gentilleffe dans les manières, & en un mot de ce qui dans une femme eft plus féduifant que fa beauté, il arrive qu'on fort du temple peu après qu'on y eft entré, en difant froidement, l'*idole* eſt belle, mais c'eſt aſſez que de l'avoir vuë une fois. *Du Barry* pouvant ſuppléer de ſon côté en partie à ce qui manquoit à la l'*Ange*, pour retenir chez lui les chalants que ſa beauté pourroit y attirer, la plaça dans ſa maiſon, comme on place un *Leurre* pour attirer dans un endroit les *Bêtes fauves*, afin de pouvoir en dépeupler une forêt; la l'*Ange* fut un hameçon excellent, & les parties de *Brelan*, de *vingt & un*, & celles d'autres jeux de pareille honnêteté, devinrent nombreuſes & brillantes dans ce nouveau Quartier d'aſſemblée. Bientôt la plus grande partie des autres *Boucans* fut déſerte, & les appartements de *Du Barry*, pouvoit à peine contenir le monde qui ſe rendoit chez lui pour jouer &c. &c. &c. Parmi ceux qui lui faiſoit l'honneur de lui donner leur pratique, un certain M^r. *Le Bel* ſe prit d'une belle paſſion pour la maîtreſſe de la maiſon, elle étoit aſſez d'accord avec *Du Barry* pour ne pas être obligée de jouer le rolle de cruelle, qui n'étoit nullement dans ſon caractère, elle écouta donc les propoſitions de ce nouveau venu, & y répondit de ſon mieux. M^r. *Le Bel* eſt un des valets de chambre de Louïs XV. généralement reconnu pour ſon homme de confiance au département des affaires clandeſtines du cœur; emploi dont il s'eſt toujours acquité avec une vigilance & une exactitude des plus grandes; il tenoit ſon bureau au petit *Parc aux Serfs*, & c'eſt-là qu'il faiſoit travailler Louïs XV. avec les *Griſettes* qu'il avoit pu engager de vouloir bien

B 5

fe prêter au foulagement de la paffion indomta-
ble de ce Monarque pour le culte de Vénus ; on
affure même , qu'il n'expofoit jamais le Roi à des
fuites facheufes, ou qu'au moins pour n'avoir rien
à fe reprocher , il prenoit la même précaution
que le Médecin de fa Majefté, c'eft-à-dire, qu'il
goûtoit lui-même , avant tout , les mets qu'il fervoit à fon maître.

La l'*Ange* fans connoître l'importance de fa
nouvelle Conquête, en fit part à *Du Barry*, qui du
premier inftant, en habile politique, vit d'un coup
d'œil, les grands avantages qu'il pouvoit s'en promettre, tant pour lui, que pour la l'*Ange* elle-même. Dès lors fes efpérances & fes vues furent
plus loin qu'il n'avoit jamais ofé le penfer ; il regarda M^r. *Le Bel* comme un Ange envoyé du Ciel
pour lui frayer la route aux honneurs & aux richeffes ; il fe propofa de fe fervir de lui, pour
monter à ce haut dégré de fortune, auquel il fe
promettoit d'arriver par fa médiation ; l'évènement en rempliffant fon attente, a démontré, que
Du Barry connoiffoit à merveille le cœur humain, & qu'en comptant de parvenir aux dépens
de la foibleffe de ceux de *Le Bel* & de Louïs XV.,
il n'avoit pas mal compté. Quoique le hazard ait
beaucoup de part à fon élévation, comme à celle
de tant d'autres, il y a toujours beaucoup de mérite en lui, d'avoir eu l'adreffe de faifir une circonftance unique, pour remplir fes projets ambi-
tieux ; mille l'euffent manquée , ne penfant pas

qu'une *Coureuse de rues*, à l'âge de vingt & cinq ans passés, put devenir la Sultane favorite d'un puissant Monarque, dont le serrail ambulant lui offroit des jouïssances bien plus belles & plus en état de la captiver par tant de raisons. *Du Barry* donc bien-loin de faire éclater son mécontentement sur l'infidélité dont la l'*Ange* lui fit confidence, l'exhorta beaucoup à faire tout son possible pour gagner un homme, qui pouvoit par son emploi la conduire au faite des honneurs; il lui fit la plus belle peinture des avantages & des plaisirs dont jouït une maîtresse d'un Roi; il lui exagéra l'honneur qu'il y avoit de donner la loi à tout un Royaume; il lui peignit le séjour de la Cour comme le plus délicieux pour la concubine en titre du Monarque; en un mot lui proposant M^d. de Pompadour autant pour modèle que pour appas, il échauffa tellement son imagination, que cet *Ange* terrestre comparant son sort futur avec celui des *Anges* célestes, se proposoit déjà de rivaliser avec eux, & n'eut pas sans-doute troqué sa destinée contre la leur. Elle promit à *Du Barry* de faire de son mieux pour mettre *Le Bel* dans l'impossibilité de rien lui refuser, & *Du Barry* se réservant le droit de Conseil & la direction secrète de cette importante intrigue, elle lui promit aussi la plus entière déférence à ses avis; quoiqu'elle n'eut pas assez d'esprit pour se conduire elle-même, & sans d'autres secours que le génie ordinaire de son sexe, elle en eut cependant assez,

pour tenir parole à *Du Barry*, pour bien retenir fa leçon, & en un mot pour favoir enjauler
Le Bel, au point de le mener où elle vouloit en
venir, ou pour mieux dire, au point où *Du Barry*
vouloit que *Le Bel* la conduifît. Dès la feconde
entrevue, la l'*Ange* infinua à *Le Bel* quelque chofe
de fes prétentions, & lui laiffa entrevoir en partie
fon ambition, voulant fans-doute fonder les difpofitions du *Pourvoyeur du Lit du Roi*; celui-ci
qui n'eut pas déviné la poffibilité d'un tel projet
dans une fille fi notoirement publique, tourna la
propofition en badinage, & fur ce ton promit fes
bons offices à la l'*Ange*. Il la regardoit encore
affez en état de remplir les fonctions de fa propre
maitreffe pendant un tems; mais ce qu'il jugeoit
bon pour lui, il n'avoit pas affez de vanité pour
le regarder de même pour fon maître; il eut cru
s'expofer à de vifs reproches, & même à la perte
de fon emploi, s'il s'en fut fi mal acquité, que d'introduire dans la couche de Louïs XV., une fille
qui la plupart du tems n'avoit facrifié à *Vénus*,
que dans des galetas, que tout le monde avoit vu
dans les temples publics confacrés à cette Déeffe,
& qui actuellement occupoit, à raifon de fon ancienneté, un appartement dans un de ceux qui
paffoit pour un des plus fréquentés de Paris. Une
femme qui veut quelque chofe, pour peu qu'elle
ait de l'afcendant fur un homme, eft affurée de
réuffir, fi elle s'obftine à le demander. La l'*Ange*,
à qui *Du Barry* avoit fait appercevoir les fuites

heureufes que pourroit avoir fon introduction dans les plaifirs fecrets du Roi, s'en étoit fait une idée trop avantageufe pour fe défifter après une feule demande ; elle revint donc à la charge , & preffa fi fort & fi vivement *Le Bel*, que malgré les rifques évidents auxquels il s'expofoit par une démarche fi imprudente, il paffa par - deffus toutes les confidérations, & ne s'attendant pas fans-doute à donner une Reine poftiche à la France, il fut contraint de promettre tout ce que la l'*Ange* exigeoit de lui, & il fe prépara à lui tenir fa parole.

L'on ne fait pas pofitivement, fi cette veftale étoit dans ce tems-là dans un état de pureté, qui ne laiffat rien à craindre pour les fuites de fon approche; on ignore fi *Le Bel* avoit fans aucune précaution hafardé le *Paquet*, pour ce qui le concernoit en propre, & fi au rifque de ne pouvoir pas frayer le fentier à fon maître pendant quelque tems, il s'étoit expofé à avoir recours à Efcu-lape pour fe remettre en état de reprendre l'exercice de fes fonctions dans toute leur étendue, mais ce qu'on fait pofitivement, c'eft que quand il fut queftion d'introduire la l'*Ange* chez le Roi, il ré-fléchit férieufement fur l'état dans lequel pourroit fe trouver la fanté de cette Nimphe, & fuppofé qu'il eut pris quelque précaution pour lui-même, il les crut infuffifantes pour fon maître : eft - ce fidélité, attachement, & affection, pour le Roi? ou n'eft-ce qu'intérêt particulier, qui le rendit fi exact ? Chacun peut penfer la-deffus ce qu'il

voudra ; toujours eſt-il certain, qu'il fit ſon devoir en poſant pour condition eſſentielle, qu'avant
de faire la fonction d'Introducteur, il s'aſſureroit
qu'il n'y avoit rien à craindre pour le Roi ; la
l'*Ange* qui ne pouvoit pas ſe ſcandaliſer d'un ſoup-
çon ſi injurieux à une honnête femme, conſentit
de bonne grace à donner des preuves évidentes
de ſa ſanté ; ou à travailler au plutôt à la réparer, ſi elle étoit jugée altérée : la viſite fut faite
avec le plus grand ſcrupule, & on aſſure qu'un
Médecin & deux Chirurgiens fameux & très-con-
nus, à la réquiſition de *Le Bel*, ſe rendirent chez
Du Barry pour y viſiter la l'*Ange*. Si cette précaution fut inutile, elle étoit au moins prudente,
& comme ces ſortes de rélations ſe font ſans autorité de la juſtice, on ne les rend pas publiques,
ainſi on ne ſait pas ce que ces viſiteurs rapportè-
rent à *Le Bel*, mais on ſait, qu'à quelques jours de-
là, étant parfaitement raſſuré ſur le point qui l'a-
voit inquiété le plus, il vint la prendre à l'entrée
de la nuit, pour la conduire *incognito* à Verſailles,
& pour préſider à l'entrée qu'elle devoit y faire
ſans ſuite, ſans train, & ſans cortége, telle que
tant d'autres qui l'avoient précédée, avoient fait la
leur pour la même raiſon, c'eſt-à-dire, pour avoir
l'avantage d'amuſer en particulier, un Monarque,
qui vouloit bien de tems en tems ſe dérober à ſa
Cour, pour ſe familiariſer pendant quelques heures avec les derniers de ſes ſujets. (e) L'heure

---

(e) J'ai lu quelque part, que *Le Bel* connut la l'*Ange* chez du rendez-vous arrivée, le Roi y fut exact à son ordinaire, & le Miniſtre ſecret de ſes plaiſirs s'étant retiré, il traitta la l'*Ange* en *Novice*, parce que toutes celles qui l'avoit dévancée, ou en avoit le mérite, ou affectoit de l'avoir. La l'*Ange* avec une expérience de près de dix ans, étoit ſuffiſanment aguérie pour n'avoir pas cette timidité qui accompagne toujours la vertu, lorſqu'elle n'a reçu encore que quelques légères atteintes, ou lorſque les plaies qu'on lui a fait, ſeignent encore; d'ailleurs depuis le moment, où elle avoit été aſſurée de l'honneur d'entretenir le Roi en particulier, ſon Mentor *Du Barry* lui avoit donné des avis ſur la conduite qu'elle devoit tenir avec le Monarque dès ſa première entrevue; & l'évènement a prouvé, que *Du Barry* avoit déviné la véritable façon dont elle devoit ſe conduire, pour s'en ménager d'autres qui la miſſent à même d'arriver, ſinon ſur le Trône, du moins auſſi près que mortelle puiſſe en approcher, n'étant pas reconnue pour Reine en titre. Le Roi ne s'appercevant pas d'abord du peu d'émotion que ſa préſence inſpiroit à la l'*Ange*, & ſuppoſant raiſonnablement qu'elle devoit en avoir, eût la bonté de vouloir la tranquiliſer & de la raſſurer:

Mᵈ. de Sᵗ.... & que c'eſt cette Dame qui l'engagea à venir prendre une nuit chez elle, cette fille, pour la conduire à Verſailles. Ce ſentiment eſt tout-à-fait contraire à la vérité.

comme il étoit naturellement bon, il avoit accoutumé de dépofer dans ces occafions tout le fafte
impofant de la royauté, & de fe comporter, comme un mortel ordinaire , avec ces fillettes qui
malgré tout cela fe laiffoient tomber fans mouvement entre fes bras, & ne recouvroient fouvent
l'ufage de leurs fens, que long-tems après avoir
quité le Roi , quoiqu'on n'épargnat aucune des
reffources ufitées pour les rapeller à la vie,
avant de leur laiffer quiter le petit Parc aux
Serfs. Tous ces foins, de même que ceux que
le Roi fe donna avant d'en venir au fait, furent
très-inutiles pour la l'*Ange :* à fa contenance affurée que le Roi reconnut au peu de palpitation
du cœur de cette belle , il la fixa, & fe voyant
fixé lui-même avec une hardieffe qu'un Prince
moins bon que lui, auroit pris pour une effronterie impardonable, il fe trouva plus ardent qu'à
fon ordinaire, & embrafé par le feu qui jaillif-
foit des yeux de cette nouvelle *Danaé*, il éprouva dans fes embraffements un plaifir qu'il n'avoit
pas gouté depuis long-tems, par le retour de vivacité avec laquelle elle répondoit aux marques
de tendreffe qu'elle recevoit de la part de fon
Roi. Ce n'étoit pas un beau cadavre inanimé
dont il parcouroit les attraits, comme à fon ordinaire, il retrouvoit dans la l'*Ange*, tous les
agréments & toutes les reffources, à l'efprit près,
qu'il avoit trouvé dans fes défunctes Maîtreffes,
après une fréquentation de plufieurs années; en
un

un mot la l'*Ange*, qui n'avoit pour ainſi dire **vu**
que des hommes qui ne cherchoient avec elle que
d'aſſouvir leur paſſion, & qui s'étoit bien trouvée
de la ranimer & de l'exciter de nouveau, lorſque la Nature ſembloit demander du repos ;
crut que tous les hommes ſont hommes dans
cette circonſtance, & conformément à la leçon
qu'elle avoit reçue, elle ſe comporta avec Louïs
XV. comme elle avoit accoutumé de ſe comporter avec tous les autres ; les agaſſeries & les eſ-
piégleries uſitées en pareil cas, furent miſes en
uſage, elle rit, elle badina avec le Roi comme
avec un ſimple particulier, & ne ſe réſerva pas
davantage qu'à ſon ordinaire. Loin que la dignité du Moharque lui en impoſât, & que le re-
gard du Roi qui étoit naturellement fier & per-
çant, l'intimidat, elle ne voyoit en lui qu'un
homme, aimable à la vérité, mais ordinaire. Enfin on ne peut pas mieux, je crois, exprimer
l'effronterie de cette dévergondée, qu'on l'exprime à cette occaſion dans un papier Anglois ; où
l'Auteur dit, que la l'*Ange* jouoit avec la Cou-
ronne de Louïs XV., & que du premier moment
elle la regarda comme *un Bonet de nuit qui leur
étoit commun à tous les Deux.* (*f*)

Le Roi peu accoutumé à des familiarités de
cette eſpèce, & n'aïant peut-être pas encore gouté

(*f*) . . . . the dignity of his crown, any more than if it
had been *a common night-cap.*

le plaifir de l'égalité, fi doux & fi fenfible dans les ébats amoureux, en fentit tout l'agrément, & autorifa la l'*Ange* par la fatisfaction qu'il en témoigna, à fe livrer à toutes les poliffoneries, ou même à toutes les extravagances qui font l'unique mérite de la très-grande partie de ces *Toupies*, & qui font l'unique fonds de leur aimabilité ; bien-loin de fe rebuter par une continuité d'indécences, qui ne peuvent plaire tout au plus, que lorfqu'elles fervent à éguifer l'appétit, quand le fentiment eft devenu impuiffant à cet égard, le Roi au contraire, trouva cet exercice fi joli, & prit tant de goût pour cette Tactique V. . . . . que chacune des évolutions que la l'*Ange* en exécutoit, étoit, comme dit un *de fes Hiftoriens*, un *nouveau chainon qu'il ajoutoit à fa brillante chaine.* (*g*)

Auffi, lorfqu'après fon inftallation à la Cour, tout le monde fut pleinement convaincu qu'elle n'avoit rien par elle-même, excepté fa figure, qui fut en état de former une paffion conftante, & un attachement réel, le *Duc* de *Richelieu* demandant au Roi, ce qu'il trouvoit dans cette femme, capable de le fixer au grand étonnement de toute fa Cour, ce Monarque lui répondit, qu'*elle étoit la feule en France, qui trouvoit le fecret de lui faire oublier, qu'il étoit fexagénaire.* (*h*)

(*g*) Addet its links to the chain.

(*h*) Ceux qui ne favent pas que le Duc de Richelieu avoit

Le Roi en quitant cette première fois le Parc aux Serfs, & en remettant la nouvelle amante à *Le Bel*, pour la reconduire à Paris, lui ordonna de la ramener dès le lendemain au foir, & ainfi de fuite jufqu'à nouvel ordre. *Le Bel* fut autant furpris de cet ordre, qu'il étoit nouveau, car Louïs XV. voyoit à peine deux fois la même fille dans ce petit fecret Sanctuaire de l'amour. Le Miniftre de fes plaifirs fut peu fenfible à la perte qu'il faifoit d'une Maîtreffe à laquelle il s'étoit cependant fincèrement attaché, mais il penfoit trop généreufement pour ne pas fe faire un vrai plaifir de la céder à fon Maître, & comme à la Cour toutes les charges & tous les emplois font fujets à des viciffitudes prefque continuelles, quoiqu'il eut tout lieu de croire qu'il étoit affez folidement établi dans fon pofte pour ne pas craindre de concurrent, cependant il fe flatta de trouver dans la l'*Ange* une puiffante Protectrice en cas que quelque Antagonifte voulut entreprendre de le débufquer; cette idée prévalant fur toutes les autres, & prévoyant une partie de la faveur à laquelle la l'*Ange* alloit parvenir, il fut le pre-

---

acquis le droit par fes longs fervices, de faire des demandes de cette nature à Louïs XV., pourroient être furpris de fon impertinence à cet égard. Mais on fait en France la raifon qui pouvoit l'autorifer à faire cette démarche, qui dans tout autre fujet, eut été regardée comme un crime, & punie tout au moins par une prifon perpétuelle.

mier à la féliciter fur l'heureufe perfpective qu'elle envifageoit, & lui demanda fa protection avec des termes fi expreffifs, que quand la reconnoiffance ne la lui eut pas affurée, la bonté naturelle de la *l'Ange* n'eut pu la lui refufer.

De retour chez elle, ou plutôt chez *Du Barry*, qui l'attendoit avec impatience, elle raconta à fon Mentor tout ce qui s'étoit paffé dans cette entrevue, celui-ci en conçut les plus belles efpérances, & redoublant fes foins & fon attention pour donner des leçons utiles à fa *Pupille*, qui puffent faire réuffir les projets vaftes qu'il formoit déjà, il prit de fon côté les mefures les plus fures pour partager avec elle, finon les agrémens de fa future condition, au moins les avantages réels de fa pofition.

Comme *Du Barry* étoit affez inftruit des ufages & des étiquetes de la Cour, quoiqu'il fut originaire d'une des Provinces qui en font les plus éloignées, il penfa aux moyens de mettre la *l'Ange* dans le cas de pouvoir être déclarée *Maîtreffe* en titre, fi le cas y échéoit, comme il n'en douta plus, après la troifième entrevue qu'elle eut avec le Roi. Sachant donc que toutes les maîtreffes de Louïs XV. étoient mariées, lorfqu'il les établiffoit dans fa Cour, il fongea à chercher un mari à la *l'Ange*, & pour être autant maître du mari, qu'il l'étoit déjà d'elle-même, il ne voulut pas courir le rifque de le choifir dans une famille étrangère à la fienne, afin qu'en cas de disgrace, les biens, les honneurs, les titres, les emplois, & tous les avantages obtenus & acquis par la faveur de la maîtresse du Roi , restassent dans sa propre maison, & qu'à tout évènement il l'eut enrichie & illustrée avant que la faveur de la *l'Ange* eut pris fin. Ne pouvant pas devenir lui-même le mari légal de sa *Pupille*, aïant déjà femme & enfans à *Lévignac*, & ne pouvant le cacher au public , qui eût pu aisément le convaincre de *Poligamie*, s'il eut été assez imprudent que de s'exposer à commettre un tel crime dans un Royaume où le cas est *Pendable*, il jetta les yeux sur un Frère Cadet, qui étoit en Province, pour en faire l'époux de sa Catin, qui alloit passer au poste de celle du Roi : il écrivit donc en Guienne, & envoyant l'argent nécessaire pour que son Frère pût se rendre tout de suite auprès de lui, sans lui marquer précisément de quoi il étoit question, il l'exhorta de partir tout de suite pour une affaire où sa fortune étoit intéressée. Il n'en eut pas tant fallu à un jeune homme désœuvré dans un petit endroit, dont toute l'occupation consistoit à battre les champs, & à suivre un chien d'arrêt tout le long du jour, afin de tuer quelque pièce de Gibier qui put servir à augmenter le petit ordinaire de sa famille, qu'une très-mince fortune forçoit à une frugalité excessive, il n'en eut pas tant fallu dis-je, pour engager le Chevalier *Du Barry* à quiter avec plaisir la Province, pour venir dans la Capitale,

qu'il n'eut certainement jamais vû fans cet évènement extraordinaire; n'aïant rien qui l'obligeat
de différer un moment fon voyage, il fe rendit
fur le champ à Touloufe, & s'accordant pour une
place dans la *Brouette* du Courier, il arriva à Paris le cinquième jour après fon départ de Touloufe. Comme fon mariage avec la l'*Ange* étoit
un mariage de *Convenance*, & que l'amour n'y
avoit aucune part, ni ne devoit y en avoir, les
articles du contrat déjà rédigés avant fon arrivée par fon ainé, qui faifoit en cette qualité la
fonction de Père, furent fignés par les parties
contractantes, fans contradiction, & tout étant préparé pour ce glorieux Himen, les deux futurs
Epoux furent fe jurer au pied des autels, de ne
pas vivre déformais l'un pour l'autre, de ne pas
s'aimer, de ne plus fe voir, & furtout de fe
manquer réciproquement de fidélité. On dit que
de tous les veux le plus mal obfervé, eft celui
que deux perfonnes font réciproquement, lorfqu'elles fe donnent leur foi & leur main en face
de la S^{te}. Eglife. Jamais Epoux n'ont été plus
fidèles aux leurs, que le Chevallier *Du Barry* &
fa Femme, & ils peuvent hardiment défier qui
que ce foit, de leur prouver qu'ils y ont manqué.
On ne fait pas même, s'ils ne fe font pas laiffé
un moyen fûr pour obtenir la caffation de leur
mariage, en cas qu'ils vouluffent en venir là, en ne
le confommant pas; fi c'eft par ce motif qu'ils n'ont
jamais couché enfemble, ils ont pouffé la pré-

caution un peu trop loin, dans un tems où l'on n'y regarde pas de ſi près, pour autoriſer les divorces dans des perſonnes qui n'ont que des raiſons ſpécieuſes, mais évidenment inſuffiſantes pour ſe pourſuivre en juſtice; peut-être eſt-ce par une raiſon plus preſſante, que l'honnêteté, l'ordre de la ſociété, & la Nature elle-même ſemblent autoriſer; on ſe familiariſe en effet difficilement avec l'idée d'un *inceſte*; peut-être enfin, que M^d. *Du Barry* ſachant déjà ſa glorieuſe deſtination, vouloit ſe réſerver toute entière pour le Roi, & que les vœux qu'elle avoit fait dans le temple de l'amour, lui paroiſſant plus ſacrés, que ceux qu'elle auroit dû faire dans une Egliſe *Catholique Romaine*, ou plus avantageux, elle s'en tint irrévocablement aux premiers, & ne regarda les ſeconds que comme une ſimple Cérémonie qui ne l'obligeoit pas plus que ſi ſon mariage ſe fut célébré ſur le théâtre, qui à cette formalité près, n'eſt effectivement qu'une ſcène de quelque petite piéce qu'on appelle aſſez communément *Farce*.

Le plus grand obſtacle, ou pour mieux dire, l'unique qui s'oppoſoit à ſa grandeur, étant lévé, M_d. *Du Barry*, par les Conſeils de ſon beau-Frère, preſſa ſon inſtallation auprès du Roi; ce Monarque en étoit déjà avec elle au point de ne pouvoir plus lui rien refuſer, ſon inclination le portoit à accorder ce qu'elle exigeoit; & quoique la Cour & la Ville fuſſent déjà inſtruites des nouvelles amours de Louïs XV., & qu'on en parlat ſans

beaucoup de ménagement, il étoit le seul qui ignoroit ce qu'on en difoit, & qui croyoit fon intrigue enfévélie dans le plus profond fecret. Malgré fa propre impatience à n'être plus contraint
à fe réferver avec M^d. *Du Barry*, & à pouvoir
lui donner un appartement contigu au fien, & conftamment occupé par les *Dévancières* de fa nouvelle favorite, il ne pouvoit fans choquer directement toutes les bienféances , & qui plus eft
toutes les coutumes, brufquer les circonftances,
& inftaller fans forme M^d. *Du Barry* ; il reftoit
encore certaines petites formalités à remplir, &
il fe difpofa tout de bon à applanir toutes les
difficultés.

Il commença par rompre ouvertement avec
Madame la Comteffe d'*Efparbés*, avec laquelle il
vivoit fi bien, qu'il ne manquoit plus à cette Comteffe, que la cérémonie de la *Déclaration*, pour
être fenfée avoir fuccédé à la Marquife de Pompadour. Il fut d'autant plus facile à Louïs XV.
de la renvoyer, que l'affaire du Régiment de *Pié-
mont* , dont Mr. le Comte d'*Efparbés* étoit Colo-
nel, & dans laquelle on lui donnoit une part qui
ne lui faifoit pas honneur, étoit encore affez ré-
cente, & que M^r. le Duc de Choifeuil qui avoit
en vue de faire fuccéder fa Sœur à la place de
la marquife, preffoit la difgrace du Comte d'Efparbés , croyant y entrainer la Comteffe fon
Epoufe. Mr. le Duc de la Vrilière fut chargé à
fon ordinaire, de faire favoir à M^r. & à M^d. d'Ef-

parbés par une *Lettre de Cachet*, que le Roi les difpenfoit à l'un & à l'autre de lui faire leur Cour; & que l'intention de Sa Majefté étoit, qu'ils fe retiraffent à *Montauban* auprès de M^r. le Marquis de *Luffan*, Père de M^r. d'Efparbés, qui à caufe de fon grand âge, avoit befoin de leur préfence.

M^d. d'Efparbés renvoyée, il ne reftoit plus que de faire paroître une fois ou deux en Cour M^d. *Du Barry*, afin, qu'aïant été préfentée felon l'ufage aux Dames de France, & à toute la Famille Royale, elle put l'être dans les formes à Sa Majefté. Toutes ces préfentations n'étoient plus du reffort ni du département de M^r. *Le Bel*, fes fonctions ne s'exerçoient qu'au flambeau & dans le Parc feulement; il falloit des Introducteurs d'un rang bien plus fupérieur; heureufement pour le Roi, que fon ancien Maître des Cérémonies, malgré fon grand âge, vivoit encore, & qu'il pouvoit reprendre l'exercice de fes fonctions, & les remplir avec le même zèle qui lui avoit acquis la grande faveur dont il jouïffoit auprès du Roi; M^r. le Duc de *Richelieu* fut donc averti de fe tenir prêt pour annoncer M^d. *Du Barry*, & pour l'introduire chez le Roi, après qu'elle auroit été préfentée à Mesdames.

Il eft encore de l'Etiquette de la Cour, qu'avant qu'une femme quelconque foit préfentée au Roi, elle doit l'avoir été auparavant, à la Reine, fi le Roi n'eft pas veuf, & à toutes les Princeffes de la Famille Royale; cette préfentation fe fait tou-

jours par une ou deux Dames de la première diftinction, attachées elles-mêmes au service de quelqu'une des perfonnes de la Famille Royale. (*i*)
Dans une autre Cour que celle de France, on eut
été peut-être en peine de favoir à qui s'adreffer, pour trouver quelque Dame du premier rang
qui eut voulu fe charger de rendre ce fervice important à une femme généralement reconnue pour
C... publique, fachant furtout, que c'étoit à ce feul
titre, qu'elle étoit parvenue à l'honneur de fe
faire connoître du Roi, & que ce n'étoit que
pour perdre ce titre de publicité, qu'elle devoit
paffer à la Cour; en confervant néanmoins celui
de C. . . ., du Roi. La fonction de préfentatrice
dans ce cas, n'étoit pas fort honorable, & différoit peu de celle de M. . . . . Royale; cependant
le choix ne fut pas difficile à la Cour de Verfailles, & à l'exception de la Ducheffe de *Gra-*
mont qui auroit eu des raifons particulières pour
s'en excufer, il étoit affez indifférent au Duc de
Richelieu, de s'adreffer aux unes ou aux autres des
Courtifanes, pour les charger de l'honneur de le

(*i*) Quand un Miniftre étranger, ou quelque perfonne de
confidération, doit être préfenté en Cour, il doit commencer
par l'être au Roi, & de chez le Roi, on le conduit graduelle-
ment chez tous les Princes & Princeffes de la Famille Royale;
pour les *Femmes*, la préfentation fe fait au rebours, & ce n'eft
qu'après avoir paffé fucceffivement chez toute la Famille Royale,
qu'elles parviennent publiquement chez le Roi.

repréfenter dans une cérémonie dans laquelle il ne pouvoit pas remplir fon emploi par lui-même ; il n'en étoit prefque aucune, qui n'appréciât beaucoup l'avantage de fervir le Roi, & de remplir le pofte honorable de *Commis* du Duc de *Richelieu* dans la préfentation de M^d. *Du Barry* aux Dames de France, les feules alors, depuis la mort de la Reine, chez qui elle dut paroître avant de parvenir chez le Roi *in formâ publicâ*.

Le jour étant pris pour cette cérémonie indécente à tous égards, M^d. *Du Barry* fe rendit à Verfailles avec une fuite de domeftiques brillante & nombreufe, & comme c'étoit fa première fortie publique, on fe perfuade aifément, que Mr. *Du Barry*, fon beau-Frère avoit réglé le cortége d'une façon proportionée à fon goût, à fes vues, à fa vanité, & furtout propre à ne pas humilier en apparence l'orgueil des Dames refpectables, qui avoient bien voulu faire l'honneur à fa belle-Sœur, de la préfenter à *Mesdames*. Cette préfentation fe fit donc avec les cérémonies d'ufage en pareil cas, & après que l'initiée eut fait fa révérence aux auguftes Princeffes, & qu'elle eut baifé le fonds de leur *Robe*, au défaut de leur main que les vertueufes filles de Louïs XV. lui refufèrent héroïquement, elle fe retira affez peu fatisfaite de l'accueil froid qu'elle venoit de recevoir, auquel fans-doute elle ne s'attendoit pas, mais auquel elle auroit dû s'attendre, fi une perfonne de fon état étoit fufceptible de quelque fentiment d'honêteté ;

mais outre que M^d. *Du Barry* paſſa à juſte titre pour être très - bornée du côté du génie, ſa bonne fortune l'avoit aveuglée au point de croire, que la complaiſance forcée de *Mesdames* pour leur Père, pût leur faire oublier ce qu'elles devoient à l'honneur, à leur auguſte naiſſance, à leur rang, en un mot à la conſidération publique, & qu'elles devoient encore ſacrifier tout à l'obéïſſance filiale, & ſe ſoumettre de bonne grace aux volontes d'un Père, qui dans cette occaſion, comme dans bien d'autres de cette nature, n'auroit pas dû mettre leur ſoumiſſion à de ſi rudes épreuves, & auroit mieux fait d'abolir une Etiquette auſſi déshonorante pour ſes enfans, qu'elle eſt ridicule & inutile. M^d. *Du Barry* eut la ſottiſe de ſe plaindre au Roi de l'accueil peu flateur que Mesdames lui avoient fait, & le Roi eut aſſez de ſentimens pour ne pas épouſer ſa querelle, pour n'avoir aucun égard à ſes plaintes, pour ne pas en marquer le moindre reſſentiment, & pour au contraire en eſtimer & en aimer davantage ſes filles, qui méritoient à plus d'un titre toute ſa tendreſſe.

Dans l'intervalle du mariage de M^d. *Du Barry* & de ſon inſtallation en Cour, les libéralités du Roi lui avoient donné le moyen de monter une maiſon des plus brillantes, ou plutôt ſon beau-Frère, ſon Mentor, ſon Régiſſeur & ſon Tout, ſembloit avoir épuiſé tout ce que la folie, la vanité & le bon goût peuvent ſuggérer, pour donner à la maiſon de ſa belle-Sœur, & par contre-coup à la fienne, ce ton, cette élégance, & cet air de fomptuofité, qu'on ne foutient jamais qu'aux dépens du public, & que lui-même malgré les fonds du Thréfor Royal, ou de la Caffette du Roi, ne pût foutenir un mois, fans endetter Md. *Du Barry* de plus de cent-mille livres. Pendant ce même intervalle, en changeant d'hôtel, il avoit jugé à propos de conferver l'*enfeigne* du premier logement qu'il occupoit, lorfqu'il n'avoit qu'un *Tripot*, il avoit feulement pris la précaution de faire effacer, *maifon à jouer* & n'avoit laiffé que les *&c. &c. &c.* mais en attendant il fe donnoit tous les foins imaginables pour fe faire de puiffants Protecteurs en Cour, afin d'y foutenir fa belle-Sœur contre les puiffantes caballes qu'il ne pouvoit pas ignorer fe former déjà contre elle. Le parti qui lui étoit oppofé, étoit d'autant plus formidable, que le Duc de *Choifeuil* étoit à la tête de toutes fes créatures pour tacher de renverfer du Trône M^d. *Du Barry* qui n'avoit encore qu'un pied fur le premier dégré, & qui étoit à la veille de les franchir tous, pour aller prendre place à côté du Roi.

Luter contre le Miniftre favori de Louïs XV. étoit le projet le plus hardi & le plus téméraire, auffi *Du Barry* en connut-il d'abord tout le péril ; & quoiqu'il eut autant & plus de fineffe que fon adverfaire, n'aïant pas à beaucoup près le même pouvoir en main, il commença par tacher d'aprivoifer & d'adoucir s'il étoit

possible ce Lion furieux ; il connoissoit son foible,
& il tenta de le séduire par l'endroit le plus délicat, il eut infailliblement réussi à le calmer, si le
Duc de Choiseuil n'eût eu des raisons de famille
plus fortes que son inclination naturelle, à consulter, & qui tout considéré affermissoit plus surement son crédit & la faveur, en faisant occuper
à sa sœur le poste qui paroissoit destiné à Md. *Du*
Barry ; cette considération lui fit refuser généreu-
sement toutes les offres séduisantes que *Du Barry*
lui fit ; il eut beau lui promettre que sa belle-sœur
ne se guideroit que par ses avis à la Cour, qu'elle
ne se mêleroit que de coucher avec le Roi, qu'il
conserveroit toujours la même autorité dans le
Royaume, & le même ascendant sur l'esprit du
Roi, qu'elle feroit avec lui une ligue offensive
& défensive contre tous les honnêtes gens, qu'elle
n'oublieroit jamais l'obligation qu'elle lui auroit,
& qu'en un mot il se chargeoit de lui faire donner
par sa belle-sœur, tels otages qu'il jugeroit à propos pour la sureté de la parole, qu'elle lui donneroit, de ne jamais séparer ses propres intérêts des
siens, même aux dépens de la fidélité qu'elle devoit à son Roi ; tout fut inutile ; Mr. le *Duc de*
Choiseuil refusa de se prêter à aucun arrangement,
méprisa des otages qui avoient été si souvent donnés, & ne se désista de traverser les desseins de
Du Barry, & de s'opposer à l'installation de Md.
Du Barry, que lorsque voyant tous ses mouvemens inutiles, & reconnoissant pour la première

fois, que fon crédit n'étoit pas auffi fort qu'il fe l'étoit perfuadé, depuis la mort de la fameufe Marquife, il fut obligé de fe foumettre aux volontés du Roi, de permettre ce qu'il ne pouvoit pas empêcher, & qui pis eft, de faire fa Cour, & de ramper indignement aux pieds d'une femme, dont il avoit méprifé l'état, la puiffance & les *appas* (*k*).

Du Barry trouvant le *Duc de Choifeuil* intraitable, & fortement déterminé à traverfer fes projets, fe jetta à corps perdu dans le parti qui

---

(*k*) Quelques perfonnes mal inftruites ont cru, que Md. *Du Barry* devoit fon élévation à Mr. le *Duc* de *Choifeuil*, que c'étoit ce Miniftre qui l'avoit procurée au Roi, après s'en être dégouté lui-même, & que lui trouvant une négation de génie propre à fes vuës ambitieufes, il avoit cru devoir la préférer à toute autre, pour en faire la maîtreffe du Roi; fe promettant par là, de fe faire un double mérite auprès du Monarque, fans courir le risque d'être détruit lui-même par l'ouvrage de fes mains, n'étant plus d'humeur de ramper fervilement aux pieds d'une Sultane favorite, comme il avoit été obligé de le faire, pendant le règne de Md. de Pompadour. Ce fentiment qui ne manque pas de vraifemblance, & qui paroit fondé fur des principes analogues à la façon de penfer de cet ancien Miniftre, eft cependant contraire à la vérité, quant à ce qui regarde la préfentation de Md. *Du Barry* par le *Duc* de *Choifeuil*. Il peut fe faire, qu'avant que cette femme eut porté fon ambition fi haut, elle avoit fervi aux plaifirs de ce Grand-Homme, mais toujours eft-il vrai, qu'elle n'avoit jamais été vuë par Mr. de *Choifeuil*, dans l'intention d'en faire la Maîtreffe de Louïs XV.

étoit opposé à ce Miniftre, & fe lia étroitement avec M^{rs}. les Ducs de *Richelieu*, d'*Aiguillon*, &c. Il lui fut d'autant plus aifé de lier fecrètement la partie avec eux, que ces Seigneurs depuis qu'ils s'étoient apperçus du gout du Roi pour M^d. *Du Barry*, lui faifoit affiduement leur Cour dans fon hotel, & commençoient à rechercher fa protection, prévoyant bien, qu'elle pourroit leur être d'un grand fecours, pour fupplanter un rival qui paroiffoit fi difficile à débufquer d'un pofte, qu'on lui envioit. C'eft fans-doute par reconnoiffance pour fes premiers courtifans, qui lui avoient rendu leurs homages, avant que fa gloire fut tout-à-fait décidée, que M^d. *Du Barry* les a conftanment protégés, & que rien n'a pu altérer fon attachement pour eux, que la mort inopinée du Roi. M^r. *Du Barry*, fa belle-fœur, Mr. le Duc de Richelieu & fon Neveu, avoient déjà réglé tout le plan de leurs opérations, avant que M^d. *Du Barry* s'établit à la Cour; & fi ce plan s'eft exécuté lentement, c'eft qu'ils n'avoient pas prévu, en le formant, trouver autant d'obftacles, ni éprouver une fi vigoureufe réfiftance de la part du chef de leurs adverfaires, d'autant plus difficile à vaincre, que dans l'impoffibilité de leur réfifter en face, il avoit eu l'adreffe de faire femblant de fe ranger de leur parti, en fe contentant de leur porter des coups cachés, qui heureufement portoient à faux, & qui enfin tournèrent contre lui-même.

Quel-

Quelques jours après, que M[d]. *Du Barry* eut
été préfentée à Mesdames, par les deux femmes,
qui en répondant au choix du *Duc* de *Richelieu*,
répondoient indirectement aux défirs du Roi, aux
dépens de leur honneur, de leur gloire, de leur
réputation, & de l'eftime des Dames de France
qu'elles perdirent fans retour, celui auquel elle
devoit paroître en public chez le Roi, fut déterminé par le Roi même, qui chargea le *Duc* de
Richelieu d'en avertir M[d]. *Du Barry* & fes intro-
ductrices, afin que cette réception eut tout l'éclat
qu'elle devoit avoir. Trois jours avant celui de
la cérémonie, Mr. *Du Barry* donna tous les
ordres néceffaires, afin que l'équipage, les livrées,
& en un mot tout ce qui devoit paroître avec
éclat à la fuite de fa belle-fœur, fut dans le meilleur ordre, & répondit à fon triomphe: pendant
ces trois jours les maîtreffes de cérémonie fe ren-
dirent affiduement chez elle, pour achever de là
façonner, afin qu'elle n'eut pas un air neuf &
gauche, en fe produifant dans une Cour, dont
les manières, le maintien & la contenance demandent une étude particulière, quand on a auffi
peu d'habitude qu'en avoit M[d]. *Du Barry*. Elle
n'avoit pas la reffource d'y payer d'effronterie,
comme elle faifoit, quand elle voyoit le Roi en
fon particulier; le ton de Catin qui plaifoit au Roi
dans le petit *Parc aux Serfs*, & qui étoit le feul
qu'elle fut prendre fans fe gêner, lui auroit extraordinairement déplu, fi elle l'eût pris en pré-

fence de toute fa Cour ; elle auroit couvert le Roi de confufion, & elle fe fût expofée à fe faire chaffer, comme elle l'eût mérité, fi au-lieu d'une noble modeftie, elle eût dévélopée, en débutant, toute l'effronterie de fon état.

Le Roi fachant l'heure & le moment qu'elle devoit arriver à Verfailles, fe tint au balcon du pavillon qui fait face à la grande avenue de Paris, pour avoir le plaifir fans-doute de voir, fi fon Equipage & fa Livrée avoient été choifis avec goût, ou par un pur effet d'impatience naturelle aux tempéramens vifs, que l'attente d'un plaifir fait toujours courir au-devant de lui ; le cortége paroiffant au fonds de l'avenue, & un peuple innombrable, prévenu de fon arrivée, s'étant affemblé à la grille, par un efprit de curiofité, bien pardonable en pareille circonftance, le Roi s'en étant apperçu, s'adreffa à M^r. de *Choifeuil*, & lui demanda avec un ton d'ignorance affectée, ce que ce peuple faifoit à la grille du chateau, & ce que tout ce tumulte fignifioit; ,, Sire, lui répon- ,, dit le Duc, ce peuple informé que c'étoit au- ,, jourd'hui que M^d. *Du Barry* devoit avoir l'hon- ,, neur d'être préfentée à votre Majefté, eft ,, accouru de toutes parts, pour être témoin de ,, fon entrée, ne pouvant l'être de l'accueil que ,, votre Majefté lui fera ''. L'orgueil du Roi fut humilié par cette réponfe; il fentit toute la méchanceté qu'elle renfermoit, & il eut la générofité de ne pas la punir; il comprit une partie du ridicule qu'il fe donnoit, & qu'il alloit combler en préfence de toute fa Cour. Ne voulant pas cependant reculer, la chofe étant trop avancée, étant d'ailleurs réfolu à fe donner une Maîtreffe en titre, il voulut éluder pour ce moment, l'efpèce de honte à laquelle il s'expofoit, & redoutant les approches de cette entrevue publique, il crut fe mettre à l'abri du défagrément qu'elle avoit déjà pour lui, & qu'il n'avoit pas prévu, en donnant ordre de différer fous quelque prétexte, la préfentation de cette nouvelle Courtifane; il fe tourna du côté du *Duc* de *Richelieu* qui étoit près de fa perfonne, & le chargea de renvoyer la partie à un autre jour; ce Seigneur s'empreffant de remplir les nouveaux ordres qu'il venoit de recevoir, fe difpofoit à fortir de l'appartement du Roi, pour les exécutér, mais il n'en étoit plus tems; en ouvrant la porte, il rencontra M^d. *Du Barry* & fes deux affiftantes, & croyant ne pouvoir pas *décemment* les faire reculer, il prit le parti d'ouvrir, d'introduire ces Dames, & de crier à haute voix, en s'adreffant au Roi, „ *Sire la voici, s'il plait à* „ *votre Majefté qu'elle entre, elle eft ici*". Jamais coup de Théatre n'a été mieux exécuté; jamais fcéne n'a été mieux rendue, par la pofition & la contenance naturelle de tous les différents acteurs qui y jouoient un role intéreffant; le *Duc* de *Choifeuil* qui avoit entendu l'ordre que le Roi avoit donné, pour le renvoi de la cérémonie, s'applaudiffoit en fecret, d'avoir réuffi à humilier

d'un même coup, le Monarque & le *Duc* de *Ri-*
chelieu ; peut-être même se flatoit-il d'avoir tout-
à-fait détourné l'orage qui grondoit sur sa tête,
en reculant une installation, qui par là pouvoit
bien n'avoir jamais lieu; le *Duc* de *Choiseuil* dis-
je, s'en raportant à peine à ses yeux, resta confondu & immobile, lorsqu'il ne put plus douter,
que M^d. *Du Barry* étoit dans l'appartement, &
que déjà le Roi la recevoit avec une distinction
qui marquoit l'attachement qu'il avoit pour elle;
le *Duc* de *Richelieu* ne pouvoit cacher la joye
pure & parfaite qu'il goutoit, d'avoir triomphé de
son rival, au moment où il avoit tout-à-fait dé-
sespéré de la victoire pour cet instant; les Courtisans rioient sous cape, & pouvoient à peine s'empêcher d'éclater, en voyant l'humiliation du premier de ces Ducs, qu'ils détestoient, & le triomphe du second qu'ils méprisoient; & enfin M^d. *Du*
Barry, malgré les leçons de modestie qu'elle
avoit reçu, se présenta avec un air assez libre, qui
prouvoit, qu'elle avoit vu le Roi plus d'une fois
en particulier; tant il est vrai, que les préjugés
de l'éducation prévalent toujours, & que tout
l'artifice possible ne peut pas totalement en cacher
les sentimens & les manières.

Le Roi vit avec la plus grande satisfaction, que
ce moment qu'il redoutoit si fort, s'étoit enfin
passé, sans, pour ainsi dire, qu'il eût eu le tems
d'en sentir tout le désagrément, & cet instant
qu'on peut regarder comme celui du dénouement

de cette plaifante comédie , fut fi bien ménagé, qu'à peine fa Majefté eut-elle le tems de s'appercevoir du role ridicule qu'il jouoit dans cette pièce comique: le Roi, M^d. la Comteffe *Du Barry* & toute la Cour, ne pouvoient fe tromper fur le motif qui avoit affemblé devant le chateau cette foulle , dont l'afpect tumultueux avoit couvert Louïs XV. de confufion ; il ne fut pas difficile d'en attribuer toute la malice à Mr. le *Duc* de *Choifeuil*; on en dévina aifément le principe , & l'évènement penfa juftifier , que ce fin courtifan , en envoyant fes émiffaires fecrets , pour affembler cette populace , avoit pris le parti le plus fûr , pour traverfer les deffeins du Roi lui-même , fans qu'il put en être directement accufé; tout autre moins en faveur que le *Duc* de *Richelieu* , & moins verfé dans les rufes de Cour, eût exécuté à la lettre , les ordres du Roi , eût manqué par là, la plus belle occafion de mériter les éloges de fon maître, d'augmenter fon crédit, & fur-tout d'humilier un rival redoutable, en rendant toutes fes fineffes inutiles. Auffi les parties intéreffées en tinrent-elles tout le compte qu'elles devoient, à l'un & à l'autre de ces Seigneurs, & on ne fait pas pourquoi la difgrace du premier , ne fuivit que quelques années après fon imprudence, qu'on peut regarder comme une véritable impertinence. La cérémonie de l'inftallation étant finie, chacun fe retira pour s'applaudir , ou pour dévorer fon chagrin à proportion de la part qu'il prenoit à cet évènement; mais le nombre des indifférents, & par conséquent des rieurs, fut le plus grand. La nouvelle inftallée, outre l'honneur de fon inauguration, en recueillit tout le profit pour elle, pour la famille, dans laquelle elle avoit pris un Epoux, & pour toutes les créatures qu'elle acquit dans la fuite, ou qui lui étoient déjà dévouées. Elle fortit de chez le Roi avec le titre de *Comteffe*, que le Roi lui accorda; car il falloit un titre à une Dame de Cour, & celui de *Madame Du Barry*, fans acceffoire, eût mal fonné ; d'ailleurs l'étiquête exigeoit une qualification honorable, & en France lorfque la naiffance n'en donne pas, il n'eft pas difficile d'en obtenir le brevet; ces graces dépendant entièrement du bon-plaifir du Roi, quand on n'eft pas affez heureux, que de pouvoir s'adreffer directement à lui, on peut facilement moyennant de l'argent, acheter la protection de quelque courtifan, qui par fa médiation & fes bons offices obtient les graces de cette nature.

En fortant de chez le Roi, M^d. la *Comteffe Du Barry*, fut conduite dans l'appartement deftiné aux Dames de fa condition; fa Dévancière feu M^d. la *Marquife de Pompadour*, qui l'avoit occupé pendant trop long-tems, l'avoit rendu affez commode & affez fuperbe, pour que la nouvelle favorite put s'en contenter; elle y reçut bientôt après les homages de toute la Cour ; elle y vit à fes pieds tous les Miniftres, même l'orgueilleux

ennemi qu'elle venoit de terrasser , & enfin tous
ceux qui croyoient avoir un intérêt réel à flater
sa vanité , ne se firent aucun scrupule de venir
changer en éloges exagérés, les Satires mordantes,
& les traits indécents qu'ils avoient lancé contre
elle, avant son élévation ; on vit sur-tout, les sa-
vans, les artistes, & toute cette *sequelle* d'importuns, assiéger la porte du temple de cette nouvelle divinité , mandier humblement la faveur
d'y être introduits , pour déposer aux pieds de
l'idole leurs offrandes, qu'une adulation intéressée
lui faisoit porter ; le savant lui offrit le fruit de ses
veilles ; l'Ecrivain, celui de son plagiat ; l'artiste
celui de ses sueurs , & tous vinrent briguer l'honneur de travailler sous les auspices d'une nouvelle
Muse , qu'Appollon ne reconnoissoit pas à la vérité , mais que le maître du Parnasse François , par
un pur mouvement de sa suprême volonté , éleva
à l'honneur d'être la protectrice de tous ceux qui
s'empressent de concourir à la gloire de son règne,
en consacrant leurs talens aux progrès des scien-
ces & des arts.

La vie qu'elle avoit mené jusques-là, & celle
qu'elle alloit mener, étoient trop différentes, pour
qu'elle passat de l'une à l'autre, avec cette aisance
qui découvre un génie noble, élevé, & propre à
se plier à tout. Dans sa première façon de vivre,
tout sembloit lui être permis, & aïant secoué le
joug des bienséances, les étourderies, les caprices,
les bouderies, les hauteurs, & même les indécen-

ces paſſoient pour des gentilleſſes de ſon état, qui trouvoient peu de Cenſeurs, au-lieu qu'à la Cour, quand tous ces défauts ne ſont pas autoriſés par une naiſſance illuſtre, ils couvrent de ridicule une femme qu'on ne croit pas née pour aller de pair avec les grands, & que le ſeul hazard, & la faveur, ont placée à côté d'eux: il n'eſt donc pas ſurprenant, que la nouvelle Comteſſe fit des faux pas, ſans nombre, dès ſa première entrée, & qu'elle s'expoſat à des petites mortifications, qui euſſent été bien plus grandes, ſi le reſpect qu'on devoit au Roi, & la crainte d'encourir ſa diſgrace, ne l'euſſent miſe à l'abri de tous les déſagrémens, que ſa faveur lui épargna. Les leçons ſur ſon maintien à la Cour, ne lui manquoient pas; mais ſoit qu'elle négligeat d'en profiter, ou qu'elle ne ſut pas en profiter, il eſt certain, que ſes premières hauteurs, & les libertés outrées, qu'elle crut pouvoir ſe donner, augmentèrent le nombre de ſes ennemis, & que s'il eût été poſſible de la précipiter en bas du Trône, au haut duquel elle étoit montée, ſans aucun mérite, que celui qui lui étoit commun avec tant d'autres, ſa chutte auroit ſuivi de près ſon élévation; mais toutes les tentatives, à ce ſujet, furent inutiles; elle conſerva ſon orgueil, ſon impudence, & toutes ſes mauvaiſes qualités avec l'attachement de Louïs XV., pendant que tous ceux qui avoient à ſe plaindre d'elle, perdirent leurs peines & leurs ſoins, pour lui faire perdre ſon crédit, qui quoique naiſſant, se trouva affez affermi , pour triompher de tous ceux qui travailloient fous main à le détruire ; car quoiqu'en apparence toute la Cour lui parut dévouée , à l'exception des *Ducs* de *Richelieu* & d'*Aiguillon* , du *Chancellier* , & de quelqu'autre , elle pouvoit compter autant d'ennemis cachés , qu'il y avoit de Courtifans.

M . *Du Barry* qui ne lui connoiffoit pas les talens néceffaires pour pouvoir être avec honneur à la tête des affaires de l'Etat, & pour remplacer à cet égard M^d. la *Marquife de Pompadour* , lui avoit fur-tout recommandé , de ne pas s'en mêler d'aucune façon ; pour ne pas courir le rifque fans-doute, de faire de faux pas au Roi , qui par un jufte reffentiment auroit pu lui faire porter toute la peine de fa témérité ; il lui avoit confeillé de n'employer fon crédit, que pour obtenir des honneurs & des richeffes pour ceux de fes parens qui étoient les feuls qui en fuffent fufceptibles; auffi fuivit-elle ce fage confeil de point en point , & on n'a jamais fu , qu'elle ait pris part aux démélés des Parlemens avec le Roi , ni aux affaires qui fe trouvoient dans une crife affez critique, lorfque tout paroiffoit annoncer une guerre avec l'Angleterre, quoiqu'on ait affuré fans fondement, qu'elle avoit reçu en préfent de la part de cette nation, outre des fommes affez confidérables, une *aigrette* de diamans , d'un travail & d'un prix infinis , & que moyennant ce cadeau , elle s'étoit engagée à obtenir la disgrace de M^r. de *Choifeuil,* qui à ce qu'on croyoit, vouloit abfolument la guerre, dont il avoit fourdement tramé le prétexte en Efpagne par des vuës d'intérêt particulier; mais quand bien même on devroit lui faire honneur de la difgrace de ce Seigneur, elle avoit affez de motifs perfonnels pour la folliciter, & affez de crédit pour l'obtenir, fans que l'Angleterre l'animat à la perte d'un homme qu'elle étoit fi fort intéreffée d'humilier & de profcrire.

On raconte comme un fait certain, une répartie de M^d. la Comteffe *Du Barry* à Mr. le Duc de *Choifeuil*, qui prouveroit en elle plus d'efprit qu'on ne peut lui en attribuer, & qui par-là me paroît un peu fufpecte : cependant comme elle auroit pu être étudiée pour être faite dans l'occafion qui pourroit fe préfenter affez fouvent, je la raporterai telle qu'on la trouve dans un papier Anglois, qui en fait honneur à M^d. la Comteffe. On affure, que jouant un jour au *Whift*, & aïant pour partenaire M^r. de *Choifeuil*, elle dit avoir gagné la partie *par les honneurs* qu'elle avoit; —— *Comment cela eft poffible*, répondit le Duc, *je n'en ai aucun : je le fais*, lui répondit M^d. *Du Barry; mais je les ai tous fans vous* (1) Si l'anecdote eft vraie, il n'eft pas impro-

(1) *La Barri* happening to be Choifeuil his partner, faidfhe was up by honnours, how can that be, anfwered he, I have not any, i knors that, replied the Lady, but *i have the bonnours wit boutyou.*

bable, que le Comte *Du Barry* eut suggéré à
fa belle-Sœur une répartie qu'il n'étoit pas difficile de prévoir devoir avoir lieu dans un tems,
ou dans un autre, puifque ce jeu Anglois donne
occafion de pouvoir la faire plus d'une fois dans
la même partie; & qu'il a tellement prévalu en
France, que pendant plufieurs années il a été le
feul jeu de commerce qu'on ait joué dans tout
le Royaume, après avoir commencé par devenir
à la mode à la Cour.

Quand on affure que M^d. la Comteffe *Du Barry*
ne s'eft nullement ingérée dans l'adminiftration
politique de l'Etat, on n'entend pas par-là,
qu'elle n'ait eu beaucoup de part dans la nomination aux emplois honorables & lucratifs, &
même à ceux de la première importance. C'é-
toit un moyen trop fûr d'augmenter fa fortune;
pour qu'elle le négligeat; d'ailleurs l'ufage étoit
trop conftant, & M^d. de Pompadour fur-tout
l'avoit trop bien établi, pour que la nouvelle
Maîtreffe du Roi y dérogeat. Après avoir fait
pleuvoir pour ainfi dire les graces fur fes beaux-
Frères, fes Neveux, &c. & après les avoir placés & folidement établis dans des poftes d'honneur auxquels ils n'euffent jamais ofé prétendre,
& pour lefquels ils n'étoient nullement faits,
fi le crédit de cette nouvelle *Païfanne parvenue* ne les y eût élevés, elle penfa férieufement
à vendre fa protection, & à en tirer le meilleur
parti poffible. — Il eft en France quantité d'em-

plois de conféquence , qu'on ne peut remplir qu'avec l'agrément du Roi , même après les avoir achetés; il eft encore quantité de difpenfes d'âge, qu'il faut obtenir de la Cour , pour pouvoir entrer en plein exercice de certaines charges dans le Royaume; en un mot il eft quantité de furvivances qu'on brigue, ce font autant de petites mines abondantes d'or & d'argent, pour les Médiateurs , dont on fe fert afin d'obtenir de fimples graces de la part du Monarque, qui les accorde toujours *gratis pro Deo* , mais qui fous main fe financent quelquefois plus cher que l'emploi lui-même ; or quand il y a une Maîtreffe en titre, elle eft feule en poffeffion de ces mines, elle feule les fait exploiter à fon profit, parce qu'elle feule eft le Canal par lequel ces graces découlent ; & c'eft toujours le plus offrant, & dernier enchériffeur, qui les obtient , quand il y a concurrence de Candidats ; ce font ces parties cafuelles de la Maîtreffe du Roi, qui fervent de fonds à fes ménus plaifirs. Pendant le règne de M^d. la Comteffe *Du Barry* , on ne compte qu'un feul homme qui foit parvenu fans intrigue , fans s'y attendre , & par fon feul mérite, à un pofte des plus honorables dans l'Etat, & celui de tous qui demande peut-être le plus de probité, de défintéreffement , de difcernement, & d'honneur, c'eft celui de *Sécrétaire* au *Département de la Guerre* ; M^r. le Marquis de Montainard à la follicitation d'un Prince du Sang qui fait apprécier le mérite, fut appellé du fonds de fa Province, pour être mis à la tête de ce Bureau, fans que les follicitations de M^d. *Du Barry* en faveur de M^r. le Duc d'*Aiguillon*, ayent pu l'emporter, que quelques années après; cependant elles ne reftèrent pas tout-à-fait infructueufes; car pour dédommager ce Seigneur, qui l'avoit fi bien fervie, lors de fon inftallation, elle lui obtint par *interim*, le *Département des affaires étrangères*, après avoir engagé le Roi à couper court, par fa feule autorité, à des procédures que les Parlemens du Royaume de concert avec les Pairs, jugeoient affez graves, pour prononcer à l'extraordinaire contre ce ci-devant Gouverneur de la Province de Brétagne.

Quoique toutes les Loix Eccléfiaftiques profcrivent la *Simonie*, & prononcent les plus grandes peines contre les *Simoniaques*, & que les Conciles & les Papes ayent lancé de tout tems les plus terribles Anathèmes contre ceux qui achêtent argent comptant les Bénéfices, ou même qui n'attendent pas patiemment que Dieu les appelle, pour travailler à la fanctification de fon Peuple, cependant par un cinquième article des *Libertés de l'Eglife Gallicane*, non-exprimé à la verité, mais que la tradition immémoriale a fait paffer en force de Loi dans le Clergé de France, il n'eft aucun Bénéfice à Nomination Royale furtout, qui ne s'obtienne par faveur, & à force d'argent, qu'on donne toujours à titre de préfent à ceux qui fe chargent de faire valoir auprès du Collateur le mérite, la piété & la fcience du poftulant ; c'eft encore ici une feconde fource prefqu'auffi abondante que la première, pour la favorite du Monarque, & de laquelle M^d. *Du Barry* a tiré le plus grand parti; quoique la feuille des Bénéfices ne fût pas en fes mains, ceux à qui elle eft confiée, n'oferoit fe refufer à la follicitation d'une perfonne qui pourroit dans un moment la leur ôter, pour la faire donner à quelqu'un qui connoitroit mieux fa dépendance & fa fubordination, & cet emploi important donne un trop grand relief, & approche de trop près de la perfonne du Roi, pour que le *Sécrétaire à ce Département* veuille s'expofer à perdre un emploi qui le met à même de fe faire faire la Cour par ce qu'il y a de plus grand dans le Royaume, & de trouver pour lui-même des douceurs qu'il n'auroit certainement pas dans tout autre emploi. M^r. *De Jarante*, Evêque d'Orléans, favoit trop bien ce qu'il devoit à fon ambition, à fes intérêts, & au crédit de la Maîtreffe de Louïs XV. pour fe refufer aux follicitations qu'elle lui faifoit en faveur des jeunes Abbés de Cour, pour lefquels elle avoit des raifons particulières de s'intéreffer, & qui fans fa protection ne feroient parvenus que plus tard, ou peut-être même jamais, à des Bénéfices riches, qui les mettent à même d'étaler tout le luxe, & de fe livrer à toute la molleffe de leur état.

M^d. *Du Barry* & M^r. le Sécrétaire de la *Feuille* vécurent donc de la meilleure intelligence du monde, jufqu'à la difgrace de ce dernier ; leurs inclinations étant à peu près les mêmes, leur fa-çon de vivre ne différoit guères non plus, & ce Prélat aimoit autant les femmes que M^d. *Du Barry*, aimoit les hommes ; leurs intrigues n'étoient ni mieux palliées, ni plus fecrètes, & le raport fym-patique qu'on ne pouvoit s'empêcher de remar-quer entre eux, ne différoit malheureufement pour l'Evêque, que dans un feul point, il étoit l'ami à vendre & à ·engager du Duc de *Choifeuil*, & M^d. *Du Barry* étoit fa plus acharnée ennemie ; la fupériorité du crédit de celle-ci l'emportant fur les bons offices de l'autre en faveur de ce Duc, M^r. *De Jarante* fut envelopé dans la ruine de fon ami, pour avoir voulu luter contre la Sultane favorite, par une démarche auffi hardie que téméraire ; à fa prière une des filles du Roi follicita la grace & le rapel de M^r. de *Choifeuil* ; le Roi a la foibleffe de le dire à M^d. *Du Barry* ; elle l'emporte fur les follicitations de Madame *Victoire*, & ajoute à l'éclat de fon triomphe, l'humiliation, & la perte de M^r. l'Evêque d'Or-léans ; qui forcé de rendre compte de fon admi-niftration, & de la caiffe des Economats dont il avoit la direction, fe trouve court de plufieurs Millions, & ne pouvant, ou n'ofant décenment en affigner l'emploi, fut envoyé en exil dans une Abbaïe qu'il avoit au *Mans* ; un *Banqueroutier* d'un rang inférieur, eut été envoyé à la *Grêve*. Le vieux Cardinal de la *Roche - Aimont* qui attendoit avec autant d'impatience de paſſer à cet emploi, qu'il avoit attendu de Rome le chapeau rouge pendant plus de 20 ans, qu'il croyoit l'avoir mérité, ſuccéda à M^r. *de Jarante*, & non moins complaiſant que lui, à l'égard de M^d. *Du Barry*, il s'eſt maintenu dans ce poſte, en encenſant l'idole de la même main qu'il encenſe la Croix.

M^d. *Du Barry* étoit née avec un penchant trop lubrique, & ſon éducation bien-loin de le modifier, l'avoit trop enflamé, pour que Louïs XV. à l'âge de ſoixante ans put lui ſuffire. Ce Monarque d'ailleurs avoit trop abuſé lui-même de la force de ſon tempérament, pour en avoir conſervé toute la vigueur; ainſi, il ne doit pas paroître ſurprenant, qu'elle ſe permit de tems en tems de lui donner à ſon inſçu quelques ſeconds qui la miſſent dans le cas de ne pas autant exiger de la part d'un Roi, dont la conſervation lui étoit ſi précieuſe & ſi néceſſaire, & quoiqu'elle prit cette ſage précaution, autant par amour & par attachement pour le Roi, que pour ſa propre ſatisfaction, elle a ſu néanmoins ſe comporter avec aſſez de prudence & de miſtère, dans des intrigues ſi délicates, qu'il n'a jamais été bien poſſible, de connoître ceux qui avoient l'honneur de faire une partie de la beſogne, que le Roi croyoit & entendoit faire tout ſeul ; on n'a ſur cet article, que des conjectures haſardées, & chacun

¢un en a parlé felon qu'il s'eſt trouvé affecté. Les uns ont cru, que M^{rs}. les Coadjuteurs de Strasbourg & de Reims, avoient part à ſes faveurs; mais quand on conſidère, que ces deux jeunes Prélats doivent conſerver encore toute la ferveur de leur état, eſt-il poſſible de croire, qu'ils euſfent voulu manquer ſi jeunes à ce qu'ils devoient à leur état & à leur Roi? D'autres ont cru, qu'un certain *Garde du Corps*, un des plus beaux hommes de ſa Troupe, & qu'on a vu parvenir trop rapidement, avoit gagné par la vigueur de ſon tempérament, la beauté de ſa figure, & la belle proportion de ſon Corps, les bonnes graces de la Comteſſe, par plus d'un endroit; en un mot on lui a donné dans tous les états, & dans toutes les conditions, des hommes auxquels elle permettoit de la ſervir à ſon gré, & peut-être lui a-t-on fait tort, en divulgant, qu'elle n'étoit délicate, ni ſur le choix, ni ſur les avances; il me ſemble, qu'il y a de l'injuſtice, à conclure des habitudes paſſées, & qu'une eſpèce de néceſſité avoit forcé de contracter, contre les habitudes actuelles que tant de raiſons doivent rendre différentes des premières; à moins qu'on ne veuille ſoutenir à la rigueur, que *l'habitude eſt une ſeconde Nature, qu'il n'eſt pas poſſible de réformer;* quoiqu'il en ſoit, il eſt certain, qu'elle n'a pas été ſcrupuleuſe en fait de fidélité, & quels que ſoient les heureux Mortels qu'elle a voulu favoriſer, on ne peut s'empêcher de déplorer l'aveu

E

glement d'un Roi, qui méritoit si peu d'être trompé, & qui l'a été si impunément.

Ce Monarque dont la bonté naturelle le rendoit le moins méfiant de tous les hommes, n'avoit pour ainsi dire aucune volonté à lui ; se méfiant uniquement de son propre sentiment, à peine osoit-il exposer sa façon de penser, ou s'il la dévélopoit, il s'en déportoit toujours aux plus petites objections, pour adopter celle de son Conseil, qu'il croyoit devoir être préférable à la sienne ; avec de grands talens, de belles connoissances, beaucoup de pénétration, des sentiments d'humanité surtout, qui paroissoient faire le fonds de son caractère, avec les meilleures & les plus tendres intentions pour son peuple, ne cherchant, ne désirant qu'à le rendre heureux, Louïs XV. eut de grandes foiblesses, qui arrêtèrent presque toujours les effets heureux de ses qualités naturelles, qui dans l'ésprit de ceux qui le connoissoient mal, l'ont fait passer pour pusillanime, & qui ont privé la France du plus glorieux, comme du plus heureux de tous les règnes, sous le Monarque le plus juste, le plus bon, le plus homme, & le plus digne en un mot de l'amour des François. Il aimoit le plaisir, & s'y livroit sans reserve ; quel est l'homme qui ne l'aime pas ? Et quel est le Roi qui ne s'y livre pas ? lorsque la plus grande partie des courtisans ne semblent occupés qu'à fortifier son gout de plus en plus, en étudiant tous les moyens de pouvoir les variér, & de les rendre par là plus fenfibles & plus vifs ; & lorfque des Miniftres qui ont un intérêt particulier à gouverner feuls, & à n'être pas éclairés de près, cherchent, fous de vains prétextes plus féduifants & plus plaufibles en apparence les uns que les autres, à écarter le Monarque de l'adminiftration détaillée des affaires, fe contentant de ne lui en laiffer prendre qu'une idée générale, en lui épargnant, à deffein, toute la peine de la difcuffion. Le Cardinal de Fleuri bien digne de former l'éducation d'un Roi, auroit mis à même Louïs XV, de faire oublier peut-être jufqu'à la mémoire d'Henri IV, de Louïs XIV. & de tous les Rois, dont la France rapelle encore le fouvenir avec autant d'attendriffement, que d'admiration, fi ce prélat refpectable lui eût laiffé prendre les rennes du gouvernement, auffitôt qu'il connût que fon Elève étoit capable de commander à fon peuple par lui-même, & avec le fecours des confeils d'un fi digne précepteur : mais le Cardinal de Fleuri ne fut pas affez grand pour fe contenter de la gloire de rendre la France heureufe, en ne confervant auprès de fon illuftre Pupille, que le droit de redreffer les faux pas qu'il auroit pû faire dans les commencemens de fon règne, & en lui remettant généreufement tous ceux qui lui avoient été confiés pendant la minorité de ce Prince. Cet excellent homme, avec moins de bruit, de fracas, d'oftentation, & peut-être avec plus de folidité, de fondement, & de mérite, eût rendu la

France plus solidement heureuse, que les *Riche-
lieus* & les *Mazarins*, qui à bien des égards, lui
font de beaucoup inférieurs. En un mot il ne
manquoit à Louïs XV. pour effacer la gloire de
tous ses ayeux, que d'avoir commencé à bonne-
heure à gouverner par lui-même; & il ne manquoit à son précepteur, qui devint ensuite son
premier Ministre, que d'avoir habitué son Elève
au travail, & à la connoissance des affaires d'Etat,
pour mériter véritablement les éloges, qu'on prodigue mal-à-propos aux autres instituteurs de nos
Rois. Louïs XV. écarté pour ainsi dire depuis
son berceau, jusqu'à sa mort, des affaires de son
Royaume, & ne les connoissant que sous le faux-
jour qu'on avoit soin de lui présenter, n'a jamais
connu réellement les malheurs de ses peuples,
ni l'oppression dans laquelle ils ont vécu sous la
plupart des Ministres, qui abusoient de l'autorité
trop entière qui leur étoit confiée. Croyant ses
sujets heureux, ou beaucoup moins opprimés,
qu'ils ne l'étoient réellement, il se livroit au plaisir, pour lequel il faut avouer, que son penchant
depuis la mort du Cardinal de Fleuri, s'étoit
tout-à-fait décidé : se laissant gouverner par tous
ceux qu'il croyoit mériter sa confiance, est-il surprenant, que ses Maîtresses l'ayent aussi trop gou-
verné ? le cœur n'est-il pas la partie la plus foible
de l'homme, quand la tendresse y domine ? &
lors même que l'esprit est indomptable, le premier ne plie-t-il pas souvent, même sous le joug

le plus tyranique ? celui de Louïs XV. afservi par M^d. de Pompadour, avoit contraĉté la malheureufe habitude de l'efclavage, il ne pouvoit vivre fans être enchainé ; cherchant une nouvelle fervitude, il fe donna tout entier à M^d. *Du Barry*, la moins digne des femmes, d'avoir l'honneur d'être fa fouveraine. Cette femme par une fatalité déplorable, étoit réfervée pour obfcurcir & ternir les dernières années d'un Roi, qu'on a jugé trop févèrement fur l'article d'une paffion, dont prefque perfonne n'eft exempt, & qui conduit prefque toujours à des fautes réelles, à la vérité, mais qui de toutes celles que l'homme peut faire, quoique les plus funeftes, tant dans le fujet que dans le fouverain, méritent toujours beaucoup plus d'indulgence, qu'on ne leur en accorde ordinairement ; tant il eft vrai, qu'on eft toujours prêt à condamner dans les autres, ce qu'on ne s'avifé pas même de corriger en foi-même.

La conftante foibleffe de Louïs XV. à l'égard des femmes, a beaucoup moins de quoi furprendre, que fon dernier attachement pour celle qui de toutes les femmes de France, étoit la moins faite pour attacher ce Monarque. On nous peint l'amour aveugle ; on a raifon ; car comment eft il poffible d'imaginer, qu'une femme fans efprit, fans éducation, indépendanment de l'opprobre dont elle s'étoit couverte par fa conduite trop publique, pour qu'on puiffe même la pallier, comment imaginer dis-je, qu'une telle femme ait</p>

pu remplacer la femme la plus aimable , la plus déliée, la plus fine, & la plus digne de former un véritable attachement , si elle eût été moins désintéressée , & moins impérieuse ? Comment pouvoir se familiariser avec l'idée, que M^d. *Du Barry*, qui ne ressembloit en rien à M^d. de Pompadour, & qui lui étoit si inférieure en tout, ait pu prendre sa place auprès d'un homme, qui par lui-même étoit si en état de faire la différence de l'une à l'autre, & qui auroit pu, s'il eût voulu, sinon remplacer avec quelqu'avantage M^d. de Pompadour, au moins s'en attacher une autre, qui sans avoir ses défauts, auroit eu une partie de ses agrémens & de ses graces, mais qui surement telle qu'elle eût été, auroit eu tout l'avantage sur M^d. *Du Barry.* Il n'est pas possible, que le Roi ne s'apperçut de sa méprise, mais on croit pouvoir assurer, que si M^d. *Du Barry* ne fut pas renvoyée, elle en fut redevable à cette bonté naturelle du Monarque, qui lui faisoit sacrifier son intérêt, son goût, & peut-être une partie de sa gloire, à la répugnance qu'il avoit de porter la désolation dans le cœur d'une personne qu'il avoit honorée une fois de son attachement. M^d. *Du Barry* n'est pas la seule personne de la Cour, qui s'y soit maintenue dans la faveur de ce Prince par cette seule raison; l'idée de la disgrace de ses favoris, affligeoit si sensiblement ce Monarque, que quoiqu'il ne put pas se cacher qu'ils étoient peut-être indignes de ses bontés, ou qu'au moins la France les jugeoit tels, il n'eut jamais la force de leur donner la mortification de les priver de son attachement & de sa bienveillance ; on doit convenir, que cette bonté est un défaut, plus grand dans un Roi que dans tout autre, mais c'est un de ces défauts dont on ne peut s'empêcher de faire l'éloge, lors même, qu'on le condamne ; heureuses les personnes ! qui ne sont condamnables que par cet endroit ; & plus heureux encore les Peuples, qui n'ont d'autre reproche à faire à leur souverain ! s'ils ne sont pas aussi heureux sous son empire, qu'ils pourroient l'être, leurs malheurs deviennent plus suportables, lors qu'ils réfléchissent, qu'ils prennent leur unique source dans la bonté trop excessive du Monarque, dont ils savent d'ailleurs, qu'ils sont tendrement aimés. On me reprochera peut-être de faire un paradoxe de cette bonté que j'exalte si fort dans Louïs XV. ; qu'on consulte la France toute entière, & surtout qu'on jette les yeux sur la vraie sensibilité de tous les François, que de trop justes allarmes sur les suites de la maladie qui leur a enlevé *Louïs le bien-aimé*, jettoient dans le chagrin le plus véritable, on aura la réponse la plus démonstrative, & la plus satisfaisante, au Problème qui paroit d'abord si difficile à résoudre.

Il n'est pas surprenant, que la vie de M^d. *Du Barry* à la Cour, ne nous offre aucune Anecdote remarquable : elle y a vécu pendant que la France jouïſſoit de la paix avec ſes voiſins, & c'eſt ſans-doute un très-grand bonheur à tous égards, qu'elle n'ait pas eu occaſion, comme celle qui l'avoit précédée, de régler le plan des opérations de la guerre, d'en faire nommer les Généraux, & de les aſtraindre à ne recevoir que ſes ordres, & à n'agir que ſous ſa direction; la France n'oubliera jamais la honte de la dernière guerre, & peut-être ne réparera-t-elle jamais ſa gloire, qui s'y trouva cruellement compromiſe, pour avoir été dirigée par une Femme, qui ſuivoit peut-être plus ſon intérêt, ou ſes caprices, que les lumières de ſon eſprit & de ſon jugement; les François ſont trop avides de la gloire militaire, & ils eſtiment trop l'honneur de commander à leurs compatriotes contre les ennemis de l'Etat, pour ne pas s'abaiſſer à en briguer le commandement par la ſeule voye qu'ils ſavent leur reſter pour l'obtenir, quand les emplois militaires ſont à la ſeule diſpoſition de la Favorite du Monarque. Md. *Du Barry* auroit été trop flatée, de voir augmenter à cette occaſion, la foule de ſes courtiſans, pour ne pas ſe rendre à leurs ſollicitations, & avec ſon peu de diſcernement, que de fautes énormes n'auroit-elle pas commis dans le choix de ceux auxquels elle eut donné la préference! un homme élégant & d'une figure ſéduiſante, n'eſt pas toujours l'homme qu'il faut mettre à la tête d'une troupe, pour la mener au combat; & c'eſt cependant celui qui auroit été protégé par M^d. *Du Barry*, & qui par conséquent l'auroit emporté sur le véritable *militaire*.

Quant aux affaires domestiques du Royaume, nous avons déjà dit, qu'elle s'étoit fait, ou plutôt, qu'on lui avoit fait une espèce de loi, de ne pas y prendre un parti décidé ; son séjour doux à la Cour, a été en quelque façon moins bruyant, & moins tumultueux, que sa vie privée (& que l'on peut appeller *publique*) dans la Capitale : le soin de plaire au Roi, & de déplaire à tous les honnêtes gens, semble avoir occupé tout son tems ; ses intrigues n'ont rien d'intéressant ; elle a jouï de son état, comme une personne de son mérite étoit capable d'en jouïr ; c'étoit une machine que son beau-frère faisoit mouvoir à son gré ; incapable de prendre un parti d'elle-même, elle suivoit l'impulsion qu'on lui donnoit, & si elle a fait des fautes, elles doivent être toutes rejettées sur son Mentor qui, à beaucoup d'esprit, joignoit trop d'orgueil, de prévention, de hauteur, d'ambition, d'étourderie, & d'impertinence, pour ne pas abuser de la protection d'une femme, qui après avoir été sa maîtresse, son rébut, sa femme de ménage, & enfin la femme de son frère, lui devoit trop, pour ne pas se dévouer à ses volontés, & avoit trop peu de génie pour voir, qu'il abusoit de l'heureuse position dans laquelle elle se trouvoit par ses intrigues basses, & que les gens de bon-sens jugent très-criminelles. M^d. *Du*

Barry fait un contraſte trop frapant avec les *Gabrielles d'Etrées*, les *Maintenons*, les *Monteſpans*, les *La Valière*, & les *Pompadours*, pour que le tems qu'elle a paſſé auprès de Louïs XV. fourniſſe des époques auſſi intéreſſantes, que celles de la vie des Maîtreſſes des Rois de France, prédéceſſeurs du dernier mort ; beaucoup moins belle que la Maîtreſſe d'Henri IV., n'aïant rien du mérite, de la ſenſibilité, de la naiſſance, ni de la véritable tendreſſe des Maîtreſſes de Louïs XIV., beaucoup inférieure à tous égards à ſa dévancière, en entrant à la Cour, elle a comme terminé ſa carrière, & l'intérêt de ſon Hiſtoire finit, où celui de celle des autres a commencé. La Cour qui pour tous les Courtiſans en général, eſt le théatre ſur lequel ils paroiſſoit avec éclat, ou par leurs vertus, ou par leurs vices, a été pour M^d. *Du Barry* un véritable tombeau, dans lequel elle n'a pas enſéveli ſes vertus, parce qu'elle n'en avoit pas, ni ſes vices, parce qu'elle n'en avoit qu'un, qu'elle étoit obligée de conſerver par ſon état, & auquel il étoit impoſſible, qu'elle donnat un nouvel éclat. Oui ce n'eſt que ſon néant qu'elle y a enſéveli, & que pouvoit-elle y enſévelir de plus ? Uſant de ſa fortune avec prodigalité & ſans diſcernement, elle dépenſoit une partie des libéralités de ſon amant, ſans s'en faire honneur par quelque trait de bienfaiſance, qui fut en état de jetter une gaze légère ſur ſon peu de mérite perſonel. Ne connoiſſant que la parure, & tous fes ridicules & puériles acceffoires, elle en faifoit prefque fon unique occupation; étourdie de fa prétendue grandeur, elle s'étudioit à la foutenir par un luxe outré & difpendieux, qui ajoutoit à fon ridicule. Affaillie continuellement par une foule d'êtres vils & rempans, elle avoit la fotte vanité de raporter à elle-même des baffes adulations qui n'avoient pour objet, que le Monarque, dont on vouloit continuer à mériter la faveur, en encenfant fon idole. En un mot méprifée à la Cour, comme elle l'avoit été à la ville, fi elle n'y a pas reçu les mêmes humiliations, le refpect dû à la Majefté royale, l'en a mife à l'abri, & a contraint le cœur de défavouer en fecret les hommages que la bienféance exigoit qu'on rendit en public à la Maîtreffe du Souverain. Quoique fille d'une naiffance obfcure & criminelle, qu'elle ne pouvoit cacher ni aux autres, ni à elle-même, elle ne regardoit ce défavantage, que comme un caprice du fort, dont elle fe croyoit pleinement vengée par fa figure & fes graces; l'état le plus brillant dont elle jouïffoit, lui tenoit lieu d'ancêtres refpectables; la fomptuofité de fa maifon à la Cour même, lui avoit fait oublier l'indigence affreufe, pour laquelle elle fembloit être née, & dont elle avoit éprouvé les triftes défagrémens. Le Roi de France, & toute fa brillante Cour à fes pieds, l'autorifoit à fe croire la fouveraine de l'univers; les femmes de la première qualité, réglant leur gout fur le fien, adoptant fes modes, imitant fes petits caprices, & applaudiffant à fes minauderies, lui paroiffoient beaucoup au-deffous de fes premières compagnes dans le défordre, parmi lefquelles elle n'occupoit qu'un rang d'égalité ; en un mot tous les propos qu'elle entendoit autour d'elle, étant autant d'éloges qu'on vouloit qu'elle prit pour fon compte, comment auroit-elle pu fe reconnoitre? ou plutôt comment auroit-elle pu ne pas fe confirmer dans les principes fondamentaux du fyftème moderne de la fociété, que Mr. *Du Barry* avoit eu le foin de lui expliquer? les leçons de vertu qu'elle en avoit reçu, fe trouvoient parfaitement d'accord avec tout ce qu'elle voyoit, étoit-il poffible, que fe mettant au-deffus, & de l'exemple, & de fon penchant, elle en eût l'idée que les honnêtes gens en ont? on lui avoit fi fouvent répété, que la vertu ne méritoit aucune confidération, qu'on ne devoit avoir des égards que pour ce qui plait, & pour ce qui eft utile, que la vertu étoit un être de raifon, ou que fi elle exiftoit, elle étoit froide, & ifolée, que ce n'étoit qu'un fuperflu qu'il faloit abandonner aux mifantropes, que la vie eft fi courte, que c'eft une folie, que d'en rien retrancher fur fes plaifirs, qu'une honnête femme, furtout quand elle n'a pas d'état brillant, eft un être bien peu intéreffant, qu'elle ne tient prefque pas à la fociété, & qu'elle n'eft bonne tout au plus, que pour faire les froids délices d'un imbécile de Mari, que la richeſſe eſt l'ame univerſelle , qui anime & qui embellit tout , qu'une jolie figure en un mot, enſévelie dans des habits modeſtes , perd les trois quarts de ſes charmes , & doit être confondue avec les beautés du tiers état ; toutes ces maximes empoiſonnées , & d'autres auſſi déteſtables , lui avoient été rebatues tant de fois , ſous mille expreſſions différentes , qu'elle ne ſoupçonnoit pas même , qu'il fut honnête de penſer différenment , & d'agir en conſéquence d'autres principes. Qu'importe lui diſoit ſon inſtituteur, que vous ayiez été l'héroïne de vingt hiſtoires? ſi vous étiez moins jolie, on parleroit moins de vous ; la laideur & la pauvreté méritent ſeules d'être enſévelies dans un oubli éternel, le préjugé de l'honnêteté n'eſt que pour les ſots & le peuple; que les faiſeurs de livres exaltent l'honnête, qu'ils en ſoient les panégiriſtes, c'eſt leur métier, & graces à Dieu, ils en ont tant rebatu les oreilles, qu'on ne les écoute plus aujourd'hui; on les punit même, en ne les liſant plus ; ce ſont des ennuïeux éternels, que le monde paye aujourd'hui d'un juſte mépris, & c'eſt auſſi l'unique ſalaire qu'ils méritent. — Tout ce qu'on peut faire en faveur de la vertu, c'eſt d'en adopter quelquefois l'apparence, quand la néceſſité l'exige: un Prédicateur ſi pathétique & auſſi éloquent ne manqua pas de faire l'impreſſion la plus forte ſur un cœur, qui peut-être n'étoit pas ſuſceptible d'en recevoir d'autre, eh! quels progrès ne fait pas le vice! lorſqu'il eſt préconiſé par un de ces *Séducteurs* à la mode, qui poſſède tous le artifices du métier, qui cache ſous des dehors attirants, & quelquefois impoſans, un cœur perfide & un ſyſtême ſuivi de ſcélérateſſe. —— Mr. *Du Barry* avant même qu'une ambition honteuſe, & qu'un ſordide intérêt l'engageaſſent à ſe déclarer pour panégiriſte du vice, étoit généralement connu pour un héros dans cette claſſe d'hommes mépriſables qu'on devroit punir, au défaut des loix, d'une flétriſſure dèshonorante; car qu'on éclaire le cœur des méchants, qu'on y deſcende le flambeau à la main, on y découvrira en frémiſſant, que leur plaiſir le plus pur, & le plus ſenſible, eſt d'étendre le vice, les progrès du mal, & d'augmenter le nombre de leurs Complices: ce ſont des peſtiférés qui avant d'expirer, goutent une joie infernale à communiquer la contagion dont ils ſont atteints, & à voir tomber à leurs côtés des mourants, victimes infortunées du vénin qu'ils ont verſé dans leur ame.

D'après de tels principes, & avec le ſecours d'un tel maître, Md. *Du Barry* mena à la Cour une vie de diſſipation continuelle, & s'y livra à tout le délire ſcandaleux d'un cœur gaté & corrompu; promenée de ſpectacle en ſpectacle, ſuivie dans toutes les aſſemblées publiques, préſidant à toutes les fêtes d'une Cour brillante, elle y faiſoit l'admiration de ces vils eſclaves de leur ambition démeſurée, elle y recevoit leur culſe reſpectueux, & les adorations qu'ils refuſent conſtanment à l'Etre suprême, elle y jettoit ses rivales dans le plus affreux désespoir ; la richesse, le luxe, le plaisir, l'environnoient & cherchoient à réveiller ses goûts, l'élégance, la mode accouroient lui payer leurs tributs, en un mot aïant à peine le tems de se demander ce qu'elle désiroit, son deshonneur comme son triomphe étoit complet: mais il est un terme à tout, celui de la grandeur inopinée de M⁴ *Du Barry* étoit proche, sans qu'elle eût peut-être prévu qu'il put jamais arriver, ou au moins lorsqu'elle le croyoit encore bien loin, ce vain Phantome étoit prêt à s'évanouir, lorsqu'il paroissoit avoir le plus de réalité; le masque imposant sous lequel elle paroissoit à la Cour, étoit prêt à tomber, lorqu'elle pensoit qu'il étoit le mieux attaché, en un mot elle marchoit avec toute son arrogance & sa fierté, lorsque sans s'en appercevoir, elle chancelloit le plus, & que sa chute étoit prochaine. Le jour le plus beau obscurcit quelquefois au moment où il brille le plus, & auquel on s'y attend le moins, le vent le plus favorable peut changer dans un clein d'œil, & forcer le Pilote de faire une route contraire à son dessein, la Fortune se plait presque toujours à tourner le dos à ceux à qui elle a ri constanment, dans le moment même que tout les porte à croire, que cette divinité capricieuse a fait d'eux ses plus chers comme ses plus heureux favoris; que de chutes éclatantes ne voit-on pas tous les jours, dont le bruit & le fracas étonnent même ceux qui ont le moins de confiance fur l'inftabilité des chofes humaines ! combien de malheureux opulents ne tombent-ils pas dans la plus affreufe indigence au moment où leur état paroit le plus folidement établi ! que de vaftes projets ne forme-t-on pas fur des principes qui paroiffent ne pouvoir pas manquer, & fur des fondements que la prudence humaine ne peut pas s'empêcher de juger foli-des, qui cependant tombent en ruïne, & s'écroulent au moment qu'on y conftruit deffus l'édifice projetté avec la plus grande confiance ! en un mot l'inftant où l'homme fe croit au faite de la gloire, & au comble du bonheur, touche très-fou-vent à celui qui amène fa ruine, qui prépare fa honte, & qui fait naître fon défefpoir, c'eft lorfque le cœur femble ne pouvoir plus former de défirs, & que tous fes fouhaits font remplis au délà de fes efpérances, c'eft alors dis-je, qu'il pan-che fur le vuide affreux dans lequel il tombe fans avoir eu même un inftant, pour en confidérer l'immenfité; oui l'homme (& celui de Cour plus que tout autre) marche fur une continuité de précipices d'autant plus dangereux, qu'ils font prefque toujours jonchés de fleurs qui les rendent invifibles ; & il ne s'apperçoit que la terre lui manque fous le pied, que lorfque précipité, tout couvert de cette même terre, il va rudement heurter le fonds de l'abîme, dans lequel revenu à lui-même par la force de la fecouffe, il a le tems d'en méfurer la profondeur, de faire le

trifte

triste parallèle de son état actuel, avec celui dont il jouïssoit un moment avant de dévorer son chagrin, & de se consumer enfin en regrêts innutiles : oui encore un coup, telle est la malheureuse destinée de l'homme dans ce monde périssable ; à peine entend-il gronder l'orage loin de lui, que ne croyant pas avoir rien à craindre pour lui-même, la foudre tombe en éclats, l'atteint, le renverse, l'écrase, & l'annéantit, sans que l'éclair qui l'a dévancée, ait presque frapé ses yeux : heureux l'homme ! qui s'attend aux revers, qui s'y prépare, qui les reçoit avec fermeté, & qui se console sur un avenir, qu'il s'efforce de rendre heureux par une conduite irréprochable aux yeux de ses semblables, mais surtout aux regards pénétrans de l'auteur de son existence, qui l'attend ou pour le récompenser, ou pour le punir.

Louïs XV. à qui une santé solide & robuste paroissoit promettre encore plusieurs années de vie, est frapé d'une maladie mortelle, dont son âge avancé sembloit devoir ne pas lui laisser prévoir, que ce seroit celle qui l'enléveroit à ses sujets ; cette maladie dangereuse pour tous les âges, le devient beaucoup plus à proportion qu'on y est avancé ; quel espoir pouvoit-il donc y avoir pour le rétablissement de ce Prince dans sa soixante cinquième année ? il étoit bien foible cet espoir dans les premiers momens de sa maladie, & peu de jours après les François justement allarmés sur son compte, n'en eurent plus aucun, & pleurè-

rent d'avance la mort d'un Monarque qu'ils ché-
riſſoient, & dont ils étoient tendrement chéris : le
deuil, & la conſternation répandus dans toute la
France, pendant la maladie & après la mort de
Louïs XV. atteſtent à l'univers entier, que la
Fidélité & l'amour des François pour leur ſou-
verain, eſt à l'épreuve de tout, qu'ils ſavent ſouffrir, ſans rebellion, lorſqu'ils voyent que la main
qui s'appéſentit ſur eux, eſt dirigée par les infames miniſtres qui abuſent de la confiance du ſou-
verain, & qu'enfin ils auroient horreur de tenter
à venger ſur leur Roi, des oppreſſions dont ſes
miniſtres ſont ſeuls coupables.

Dès qu'il fut décidé que Louïs XV. étoit atta-
qué de la petite-Vérole, M^d. la Comteſſe *Du
Barry* quita la Cour, dans l'eſpoir peut-être d'y
reparoître, lorſque le danger auroit ceſſé, ſe flatant
plus pour ſon avantage que pour celui de la
France, que le Roi échaperoit à un accident ſi
critique & ſi dangereux ; toute la Cour uniquement occupée de la maladie du Roi, & du danger qu'il couroit, ne s'apperçut que la favorite y
manquoit, que lorſqu'on apprit avec quelque ſurpriſe, qu'elle s'étoit retirée à deux lieuës de
Verſailles dans une ſuperbe maiſon de M^r. le Duc
d'Aiguillon, qui ou par reconnoiſſance, ou par
intérêt, voulut encore faire parade de ſon attachement pour cette femme, dans un tems où il
pouvoit prévoir, qu'il lui ſeroit plus nuiſible qu'a-
vantageux, & pour qu'il ne manquat rien à ce

coup d'éclat, Madame la Ducheſſe d'*Aiguillon*, fut faire les honneurs de ſa maiſon pendant le ſéjour qu'y fit M^d. *Du Barry*. Dès cet inſtant toute ſa nombreuſe Cour s'étoit diſſipée, ne lui reſtant que ſes domeſtiques & le fidèle M^r. d'*Aiguillon*, elle commença à entrevoir le peu de fonds qu'il faut faire ſur des amis, qui ne le ſont que par crainte ou par intérêt; à peine en effet l'idole eut-elle été enlevée du Temple, que bien-loin de former des vœux pour ſon retour, tous ceux qui avoit paru les plus aſſidus à ſon culte, auroient, s'il leur eût été permis, renverſé l'autel, & ſe ſeroient même fait honneur d'en arracher juſqu'à la pierre fondamentale. Louïs XV. aïant ſuccombé le douzième jour de ſa maladie, & aïant payé le tribut ordinaire de la nature, ſa maîtreſſe ne fut pas long-tems dans des incertitudes ſur le ſort pont elle jouïroit à l'avenir la bonté & la juſtice de Louïs XVI. ne lui laiſſeroit preſque pas un inſtant pour enviſager dans un lointain éloigné le triſte avenir qui ſe préparoit pour elle; le nouveau Monarque lui épargna des conjectures qui ne pouvoient être que triſtes & allarmantes; elle n'eut en un mot preſque pas le tems, de ſentir toute la grandeur & la conſéquence de la perte qu'elle venoit de faire, en perdant le feu Roi; la nouvelle de ſa diſgrace ſuivit de près celle de la mort du Roi; M^d. *Du Barry* les apprit preſque toutes les deux en même tems, & ſi ſon cœur eût été véritablement attaché à Louïs XV., à peine auroit-elle commencé de donner quelques larmes de tendreſſe à ſon amant infortuné, qu'aïant un motif particulier d'en verſer ſur elle-même, ſa douleur & ſon chagrin euſſent changé d'objet: mais M^d. *Du Barry* n'étoit l'amante du Roi qu'en figure ; ſa tendreſſe pour lui n'avoit jamais été que ſur le bout de ſa langue, & ſon cœur plein d'autres objets, n'étoit pas même ſuſceptible de reconnoiſſance pour un Monarque qui lui prodiguoit ſi mal à propos ſes faveurs & ſon attachement ; elle eût bientôt oublié ſon bienfaiteur & ſon ami, ſi après l'avoir perdu, il lui eût été permis d'aller étaller dans Paris tout le faſte & tout le Luxe qu'elle auroit emporté de la Cour, & d'y ramener avec elle tout le vice d'une conduite honteuſe qui l'avoit ſuivie à Verſailles; un cœur de *Boüe* qui ſe livre à tout venant, ou plutôt qui ne ſe donne à perſonne, que le libertinage & la crapule peuvent ſeuls émouvoir, peut-il être vertueux? & peut-il y avoir de véritable tendreſſe ſans vertu? il étoit donc de la ſageſſe, de la charité, & de la prudence du vertueux Roi qui a ſuccédé à Louïs XV. de ſignaler les premiers inſtans de ſon règne, par un acte d'autorité, qui en mettant un frain aux déſordres trop publics d'une femme qui ne méritoit aucun ménagement, donnat à ſes ſujets l'idée la plus flateuſe de ſon amour pour le bon ordre, & leur fit entrevoir ce que le vice avoit à craindre ſous ſon empire.

Après que le nouveau Monarque se fut livré aux premiers moments de sa sensibilité, & qu'il eut donné de justes larmes à la mémoire de son ayeul, sa tendre douleur sembla ne se calmer un peu, que pour lui faire appercevoir toute l'étendue de ses devoirs ; il crut qu'un des premiers & des plus pressans dans cette triste conjoncture, étoit de faire expédier des ordres à M^d. *Du Barry*, pour lui enjoindre de se rendre sur le champ, dans l'Abaïe du Pont-aux-Dames, & y attendre ses dernières volontés ; ce coup imprévu & inattendu, effaçant dans son cœur toutes les autres impressions, le rendit sensible peut-être pour la première fois, & toute la honte de sa vie passée se peignant alors à son imagination, sous les plus vives & les plus vraies couleurs, forcée de se rendre justice à elle-même, elle vit dès-lors, qu'une honnête prison, à laquelle elle se voyoit condamnée, deviendroit sans doute perpétuelle, & qu'inutilement elle se flateroit de retrouver un jour, une liberté dont elle avoit trop abusé, pour qu'il y eût de la prudence à la lui redonner. Si dans le commencement de son exil, les nouvelles publiques ont de beaucoup exagéré la rigueur des ordres que l'Abesse, du monastère avoit reçu au sujet de cette illustre prisonnière, cette exagération même prouve combien le public la jugeoit digne d'une plus grande sévérité, & la fausseté de ces nouvelles, démontre la bonté, la bienfaisance, l'humanité & l'inclination compatissante du Monarque qui fait efpérer à la France le règne le plus doux, le plus jufte, le plus glorieux, & le heureux règne, dont le commencement eft déjà marqué au coin de la prudence la plus confommée, de l'équité la plus exacte, de l'amour le plus tendre, de l'affabilité la plus marquée, de la religion la plus éclairée, & en un mot de toutes les différentes vertus que Louïs Augufte a hérité de fes illuftres Ancêtres; les François fe plaifent déjà à admirer en lui l'affabilité populaire & la franchife d'Henri IV., fans y découvrir fes inclinations trop galantes; la juftice de Louïs XIII. fans en avoir la pufillanimité; le difcernement, la pénétration & le coup d'œil heureux de Louïs XIV., fans en avoir le fafte, le luxe & l'ambition outrée; la bonté & l'amour de la paix de Louïs XV., fans en avoir les grandes foibleffes; & en un mot la religion de tous fes ayeux, fans en avoir les défauts. Puiffe l'Europe ne lui donner jamais un jufte fujet de faire voir, que s'il eft en quelque forte fupérieur à fes Prédéceffeurs, par l'affemblage de toutes les vertus morales & chrétiennes, il ne leur eft pas inférieur par les vertus militaires, qui caractérifent le véritable Héros, & qu'il eft auffi digne de commander à une Nation que l'amour de la gloire & l'honneur de fon Nom rend invincible dans les combats, quand elle y eft menée par des chefs animés du même motif qu'elle, qu'il eft digne de la gouverner au fein de la Paix, & de faire le bonheur & les délices d'un peuple, dont la jaloufie même de fes voifins, démontre la nobleffe des fentimens, la grandeur, le courage, & la félicité.

M^d. la Comteffe *Du Barry* actuellement enfermée dans fon couvent, cherche à y chaffer fes ennuis, en fe faifant batir un appartement affez commode, pour s'y livrer à un très-petit diminutif de la moleffe de la Cour à laquelle elle s'étoit livrée fans referve : fes foins & cette attention de fa part, ne permettent pas de prévoir qu'elle imite la célèbre M^d. *de la Vallière* dans fa disgrace, auffi n'en a-t-elle ni le cœur, ni l'efprit, ni la force ; la première aimoit réellement Louïs XIV., elle l'eut même aimé, quand il auroit été le dernier de fes fujets ; la feconde n'aimoit dans Louïs XV. que fes libéralités ; M^d. *de la Vallière* étoit vertueufe, & fon exceffive tendreffe la rendit criminelle à l'égard d'un Roi, qui lui avoit juré l'amour le plus tendre & le plus conftant, & qui par fes agrémens naturels étoit fi fort capable de féduire un jeune cœur ; M^d. *Du Barry* ne connut jamais la vertu, & pêcha toujours par goût & par inclination, & en fe donnant à Louïs XV., elle n'envifagea que fon orgueil & fa fortune ; il n'eft pas donc furprenant, que la Religion n'ait pas le même pouvoir fur le cœur de l'une & de l'autre de ces illuftres *Réclufes* ; M^d. *de la Vallière* écouta fes remords, revint à la raifon, & finit fa vie dans les exercices de la plus rude, & de la plus févère Pénitence, fi

M^d. *Du Barry* l'imite un jour, on peut renger cet évènement au nombre de ceux qu'il n'eſt pas poſſible de prévoir, & on ne pourra plus douter de *l'efficacité de la grace par elle-même*, dont les théologiens ont tant diſputé inutilement; Magdelaine & Paul ſe convertirent; la fille d'un Capucin ſe convertira-t-elle? c'eſt au tems à nous l'apprendre, & à Dieu à opérer ce Miracle.

F I N.